女性たちだけで作った「歓び」の教科書

LOVE Technic《ラブ・テクニック》

監修

ゆうき れい

二見書房

より高く より深く歓びを迎えるために

あなたは本当の愛の歓びをご存知でしょうか。彼との愛のふれあいの中で、本当に深く愛され、高い歓びを得られていると感じているのでしょうか。

私は長いあいだいろんな女性たちの「愛と性」について相談を受けてまいりましたが、そこでいつも感じ続けてきた疑問は、「この女性たちは本当の歓びを経験していないのではないか」というものでした。

相談を受ければ受けるほど

「もっと豊かな愛が欲しい。もっともっと感じてみたい」
「一度でいいから自信に満ちたセックスをしてみたい」

といった彼女たちの本音が透けて見え、あぶり出されてきます。

きっと彼女たちは本物のセックスを知らないままに過ごしてきたのでは……、そんな気がしてなりません。

もちろん女性によってそれぞれに感じ方は違います。

絶頂感、エクスタシーはいろんな形や感じ方があって、けっして同じものはありません。深さや高さに差はあり、人によってそれぞれの感じ方、それぞれの歓びがあるのは事実です。

でも一方で、多くの女性たちが、歓びの「ふり」をして

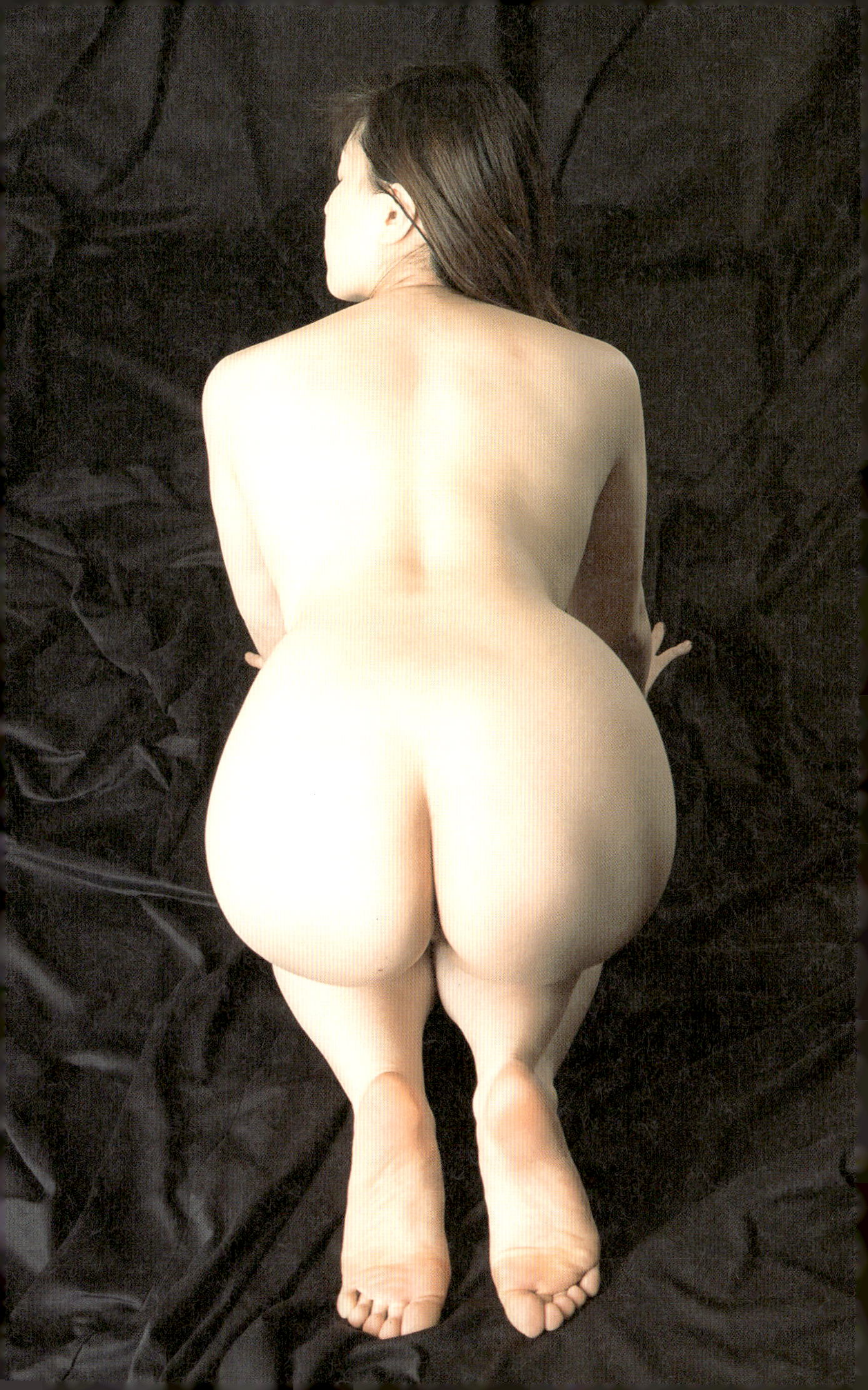

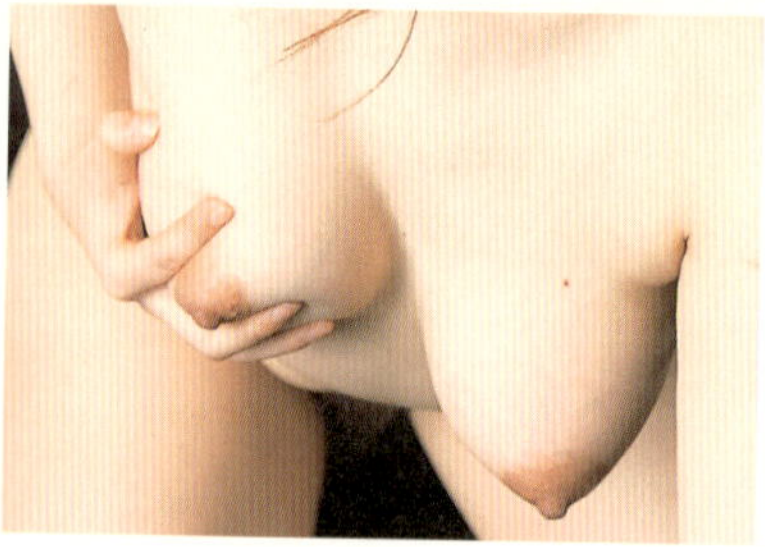

いるのも見逃せない事実であり、自分の歓びが「本物」であるかどうか、女性たちが疑問を感じているのもまた事実なのです。

男性の絶頂感に比べて、女性のそれは複雑で一口で表わせるものではありません。

男性は行為の果てに「射精」をして終わります。それそのものが絶頂感の現れであり、エクスタシーでもあるわけです。

しかし女性にとって、現象面で見られるような、男性の射精に当たるものはありません。男性がアダルトビデオから得た知識に「潮吹き」と呼ぶものがありますが、あれははたして絶頂感に裏づけられているのか……、といえば、そうではない、というほかありません。むしろ、潮吹きそのものを疑問視する向きもあるくらいです。

「顔射」にしてもそうでしょう。あれは誰が始めたものかわかりません。

外国のビデオの演出で行なわれたものでしょうが、それをまねていると思われます。ある女性は「気持ち悪いったらありゃしない」と唾棄するようにいっていましたが、たしかに愛を高め合う意味では無駄だといえます。ただし、

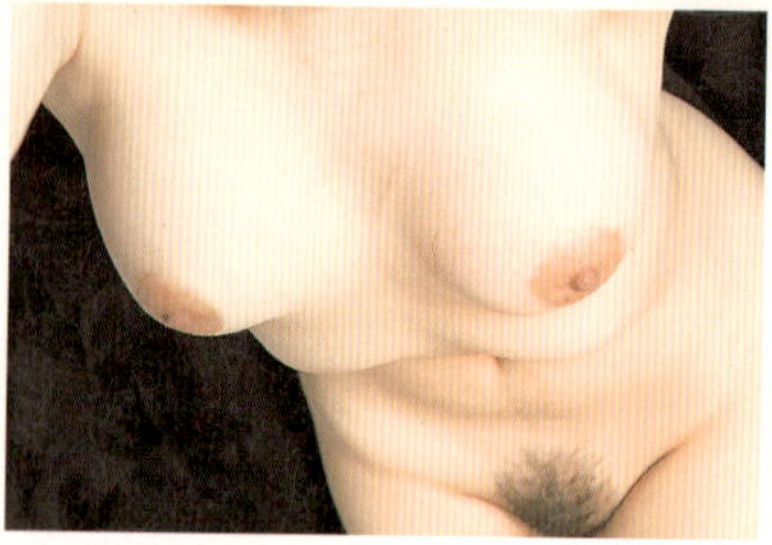

それはお二人の考え方によります。

お二人が快感を感じたり興奮を導き出されるものであるのなら、「セックスにルールはない」というのが基本でしょう。

人それぞれに好みや趣味もあり、それについて「とやかく」いえるものではありません。あくまでも、お二人の気持ちを中心に動くのが、性の世界だと考えます。

問題は男性にしても女性にしても、思いがけないくらいに「性」についての知識がない！　ということ。

私もかつてそうでしたが、無我夢中の、つまり女として可愛い時代にはわからなかったものが、経験と工夫を重ねてくることで、ふいに目の前が開けてくるようにわかってきます。

そうです、工夫がポイント、気持ちよくなるために真面目にお二人で行なうことが大切なんだ、そんな気がします。

この本は、セックスに対して真面目に工夫して、自分たちの抱えている問題をひとつひとつ解決していくためのもの、と考えます。それが自信をつけ、豊かな性生活を約束してくれる一番の近道なのですから。

だって、セックスって、生きていくうえでものすごく大

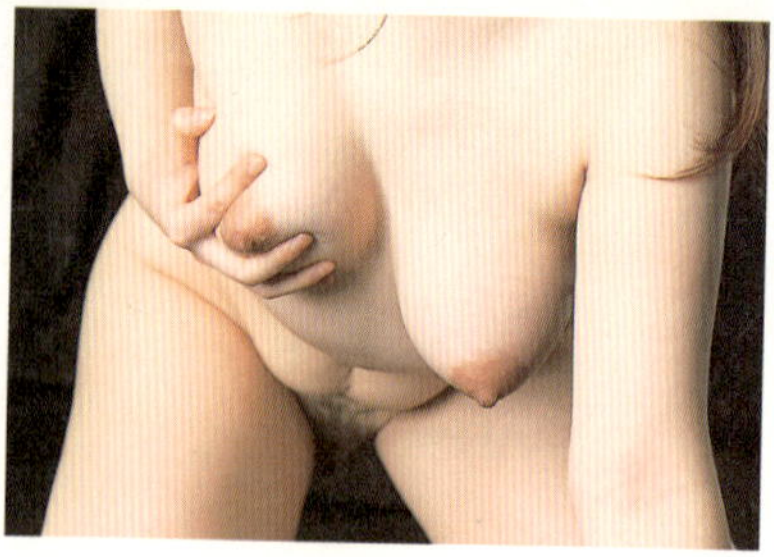

きな位置を占めているって感じませんか？　私たちは自分の気持ちや生理に正直に生きて、せいいっぱい気持ちよくなることが、自分の生命への誠意であり、生命力を確認できるたしかな方法だと考えます。
　この本が、工夫のヒントとなって、お二人の人生をより豊かで実り多いものにすることを願って……。

平成15年4月吉日

監修者　ゆうき　れい

目次 —— CONTENTS

STAGE 1
「女性の体の秘密」

STAGE 2
「男性の体」

STAGE 3
「愛撫」

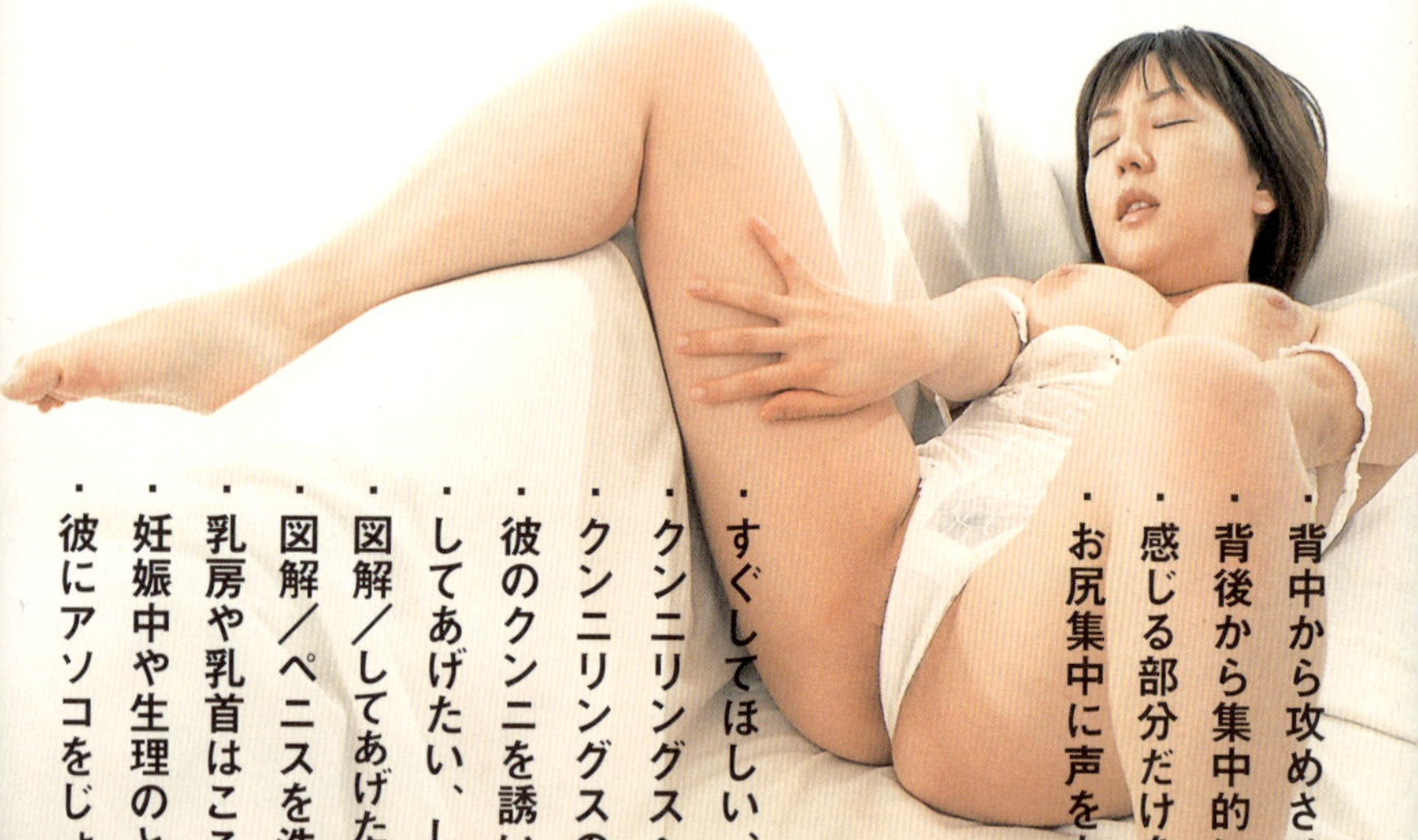

STAGE 4
「性交」

STAGE 5
「刺激の愛技」

STAGE 6
「避妊法」

STAGE 7
それぞれの性の「悩みとこわい病気」

STAGE 8
「性の相談Q&A」

STAGE 1

「女性の体」の秘密

自分の体に なにが起こるの？

人によって女性の体ってかなり違うみたい

成熟した大人の女性であり、陰毛も発達してよく茂っています

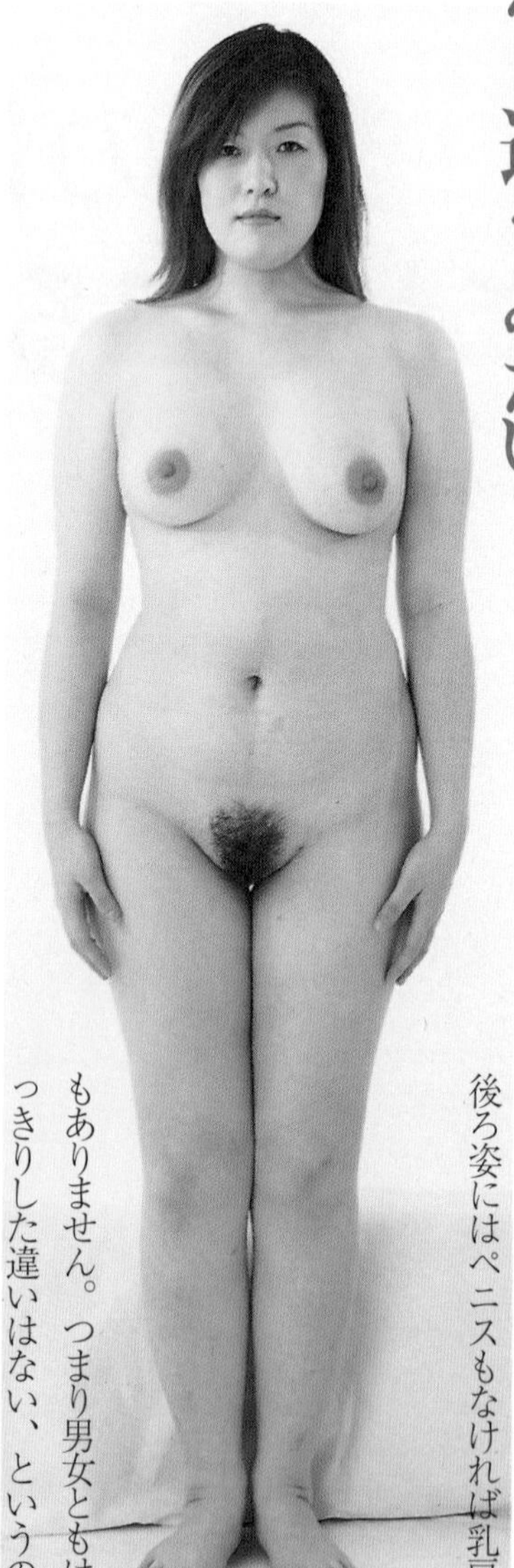

お尻の張りもあってしっかりと骨盤も張っているのがわかります

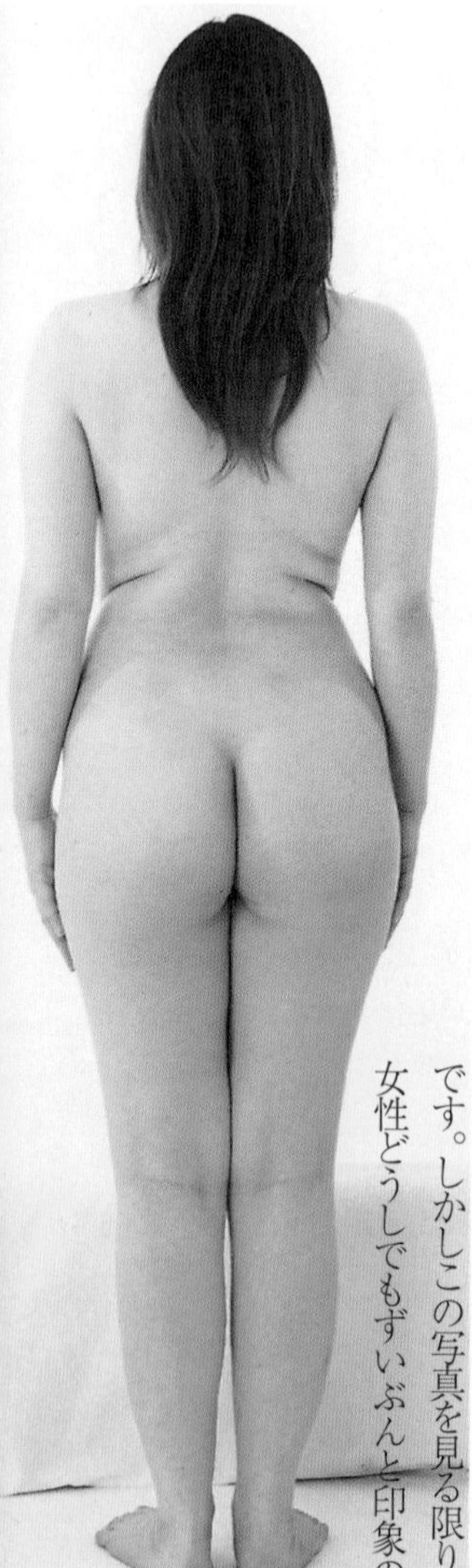

女性の体も後ろ姿だけなら男性とは変わらない、という意見があります。たしかに前の姿と違って後ろ姿にはペニスもなければ乳房もありません。つまり男女ともはっきりした違いはない、というのです。しかしこの写真を見る限り、女性どうしでもずいぶんと印象の

後ろ姿には大人の女としてのものやわらかさが感じられます

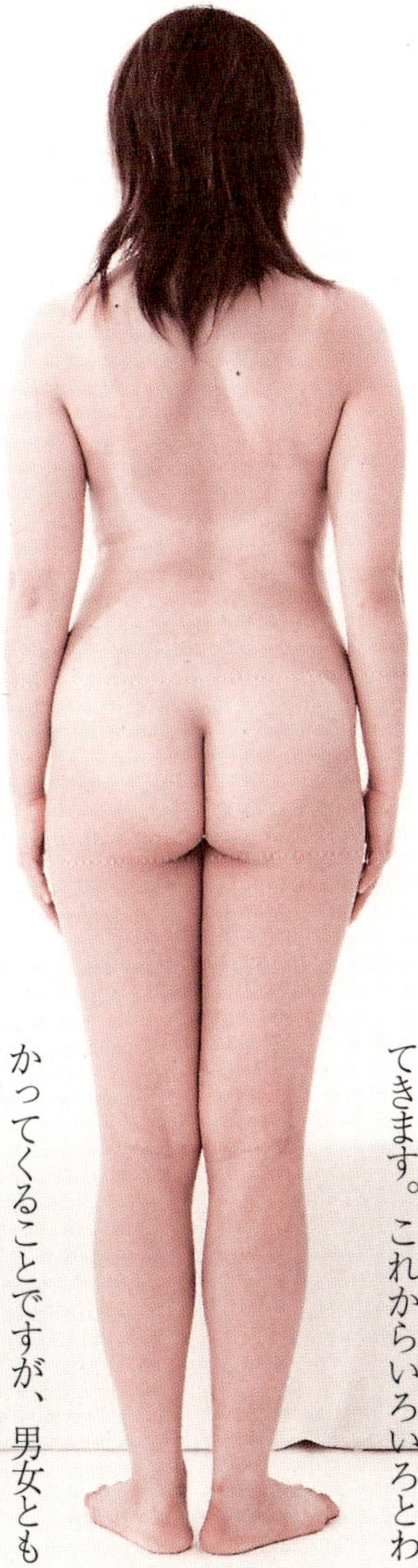

ウエストにはまだ幼さが残っていて、陰毛の発育はいくぶん少ない

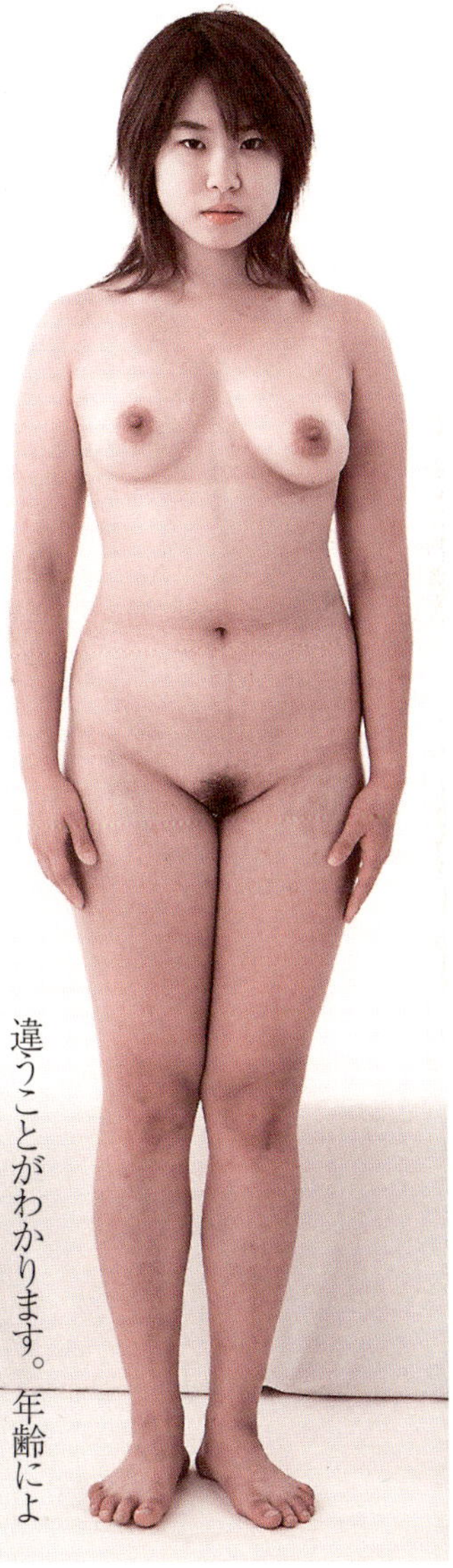

違うことがわかります。年齢によっても体型はかなり違ってきますし、生活によっても体型は変わってきます。これからいろいろとわかってくることですが、男女ともにみんなそれぞれに体は違っており、それぞれの個性に満ちている、ということです。

「女性の体の外と中」はどうなっているの？

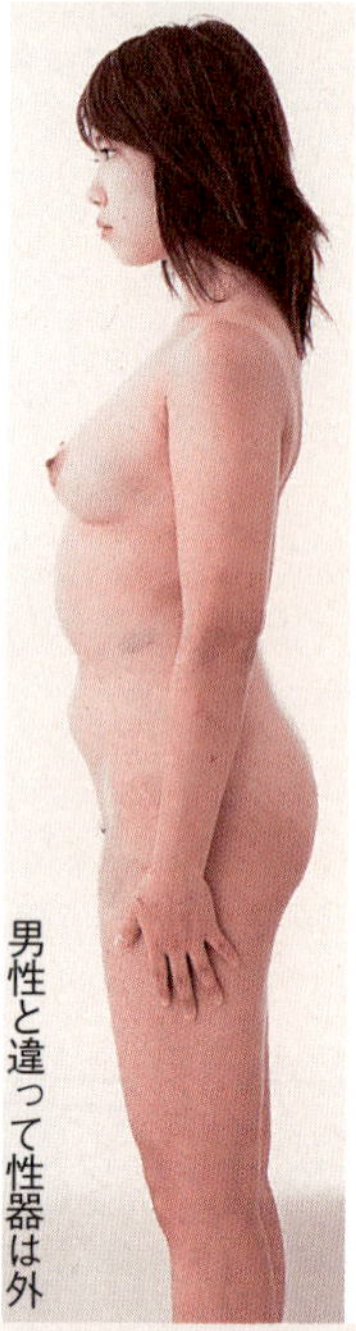

男性と違って性器は外からは見られません

保健体育の時間に習ったことなので、いまさら説明はいらないでしょう。ただ、あなたが彼と素敵な夜を作り出し、幸せな時間を持とうとするときに最低必要な知識は持っていなくてはなりません。外性器でもクリトリスは一番敏感で、とくに膣口の近くにあればセックスでイキやすいといわれています。長さは1～3センチですが、人によってまちまち。男性の亀頭部にあたり、刺激されれば皮が剥けて驚くほど膨らみます。大小の陰唇も膨らみ、口を開けて濡れてきて、ペニスの受け入れの準備をします。

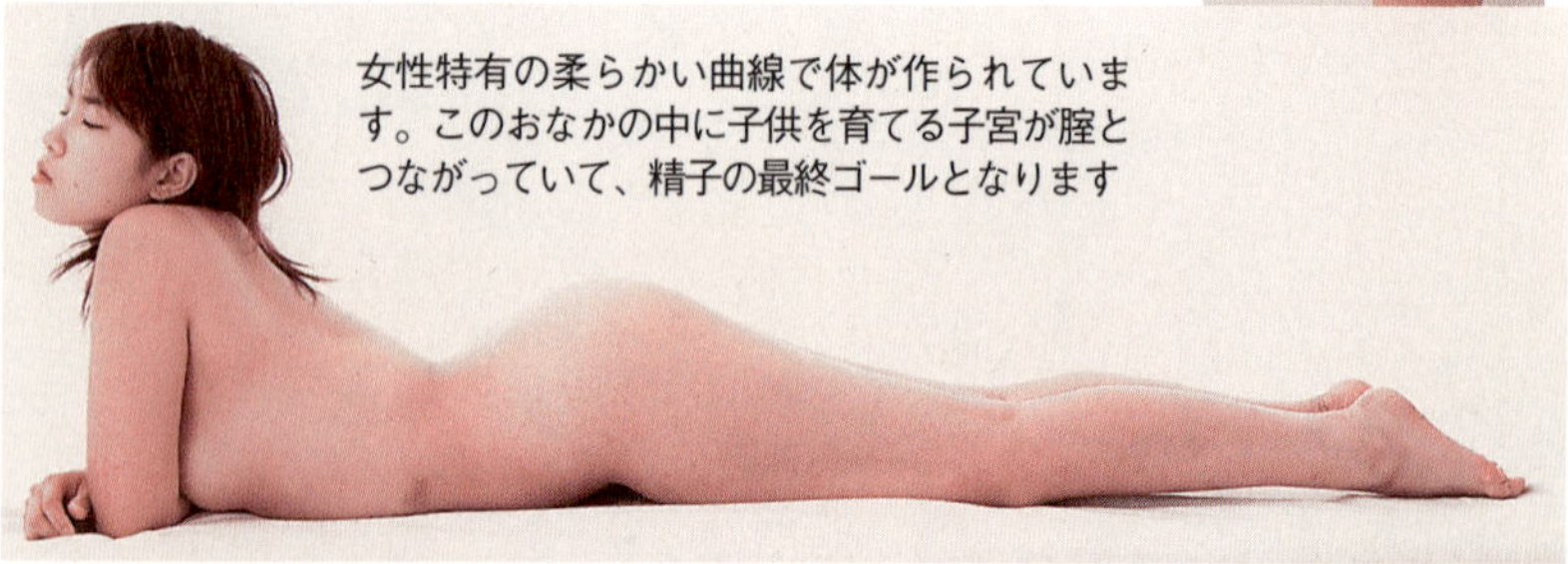

女性特有の柔らかい曲線で体が作られています。このおなかの中に子供を育てる子宮が膣とつながっていて、精子の最終ゴールとなります

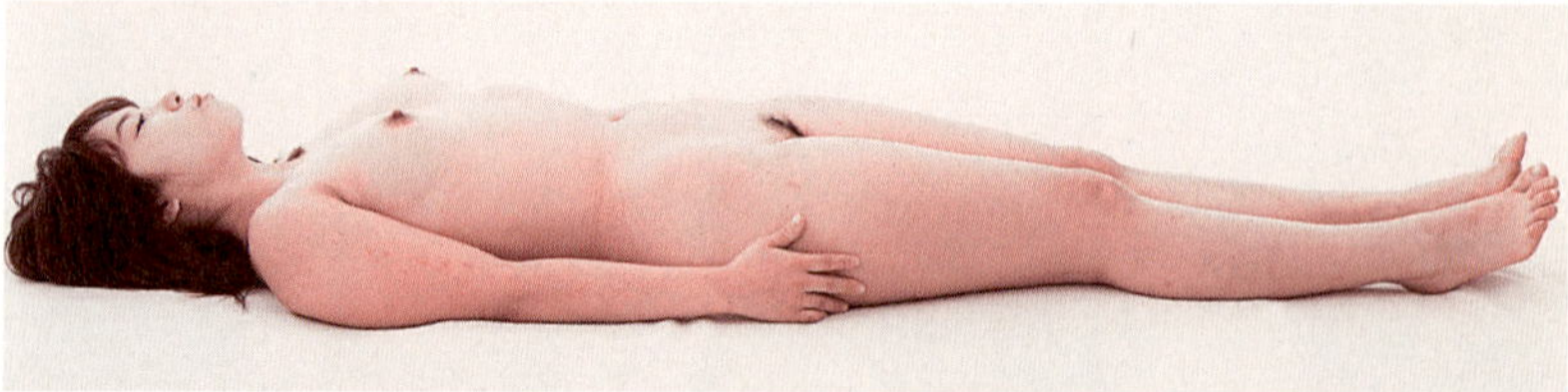

妊娠に必要な内性器は股間部の奥に秘められていて、子宮や卵巣、卵管などは男性と違って外から見たり確認することはできません

●女性性器

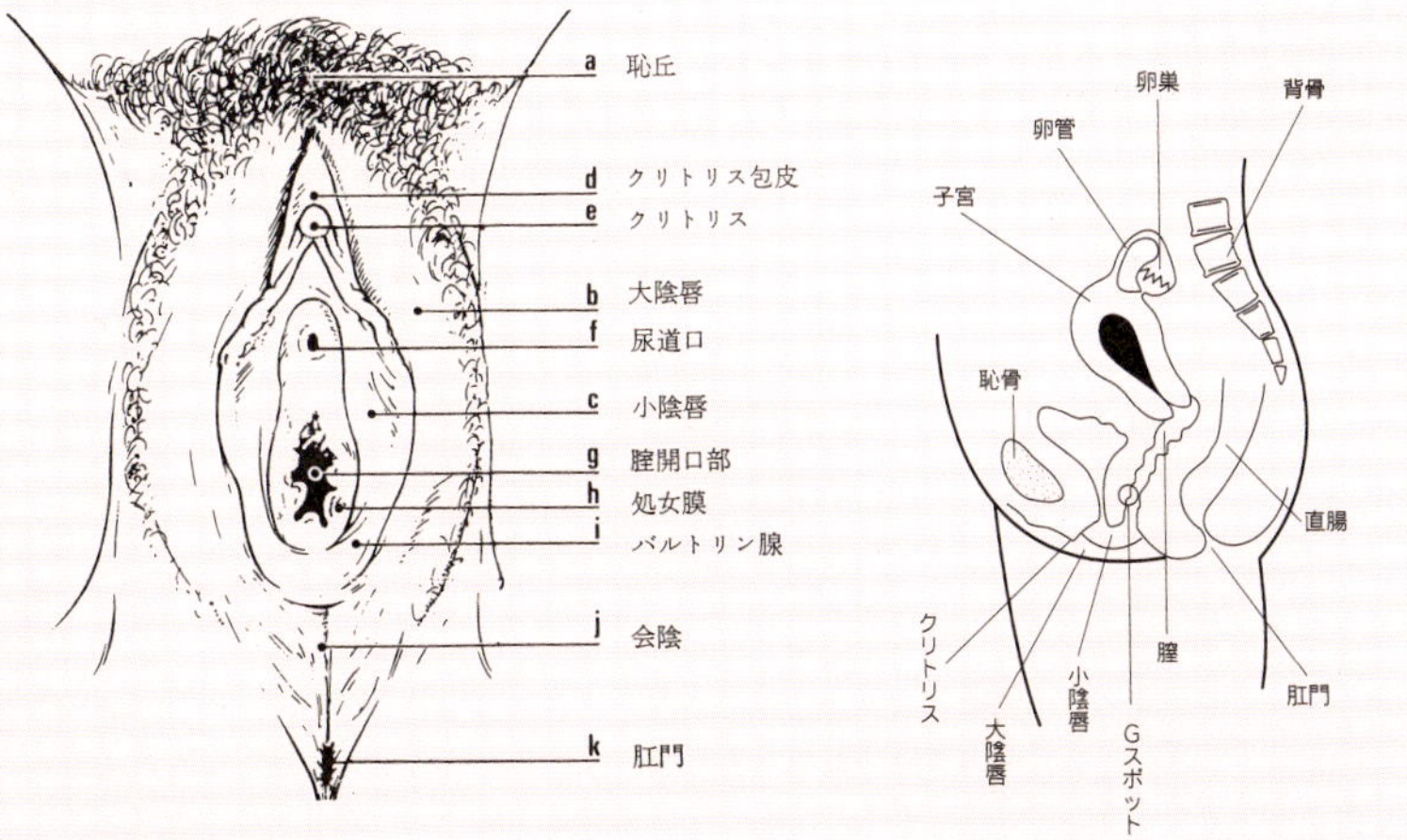

陰毛におおわれているところが恥丘であり、その中に恥骨が内性器を守るように張り出しています。恥骨の出っ張りが強いと男性はセックスのときにぶつかって痛いので、体位を工夫しなくてはなりません

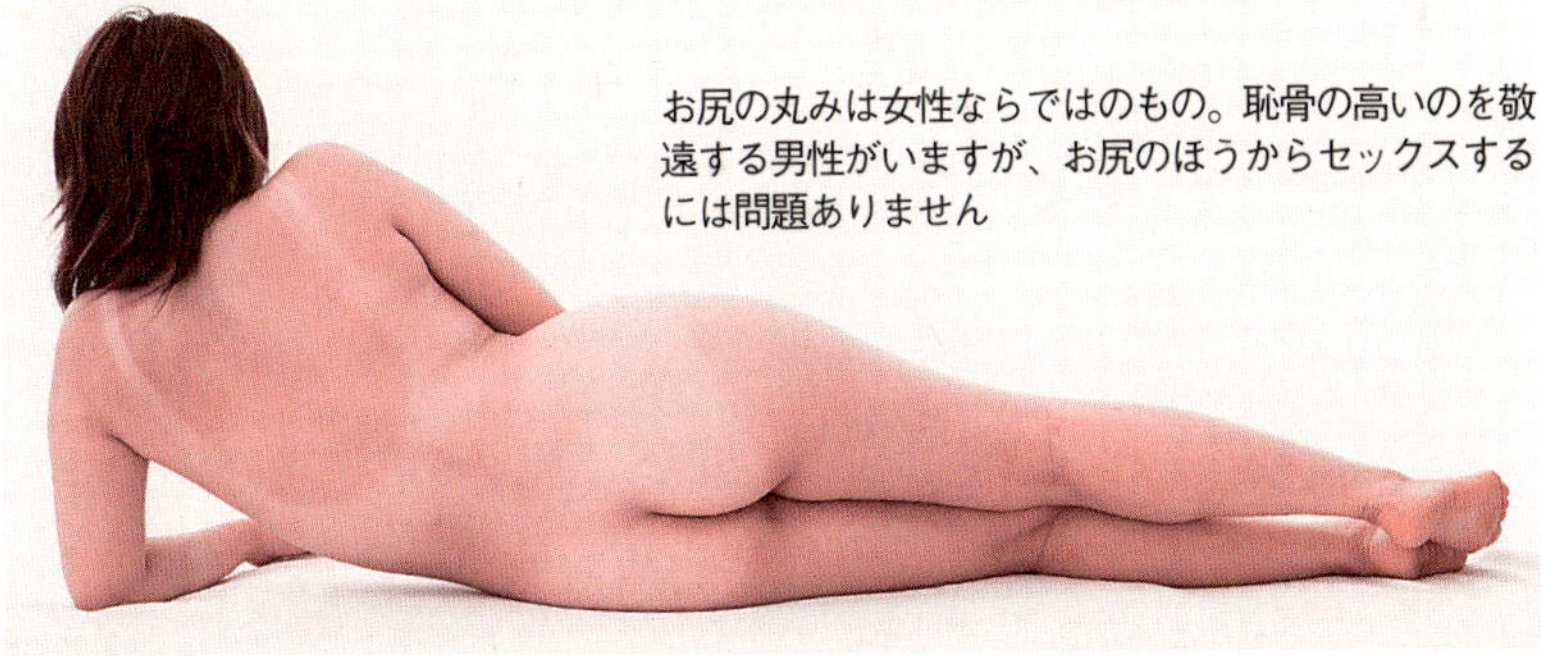

お尻の丸みは女性ならではのもの。恥骨の高いのを敬遠する男性がいますが、お尻のほうからセックスするには問題ありません

自分のだけは「特別」だなんて思わないで！

花びらにたとえられる女性器。でも、それを知ると驚いたり悲観する人も少なくありません。だけどそれが個性的で魅力でもあるのです。

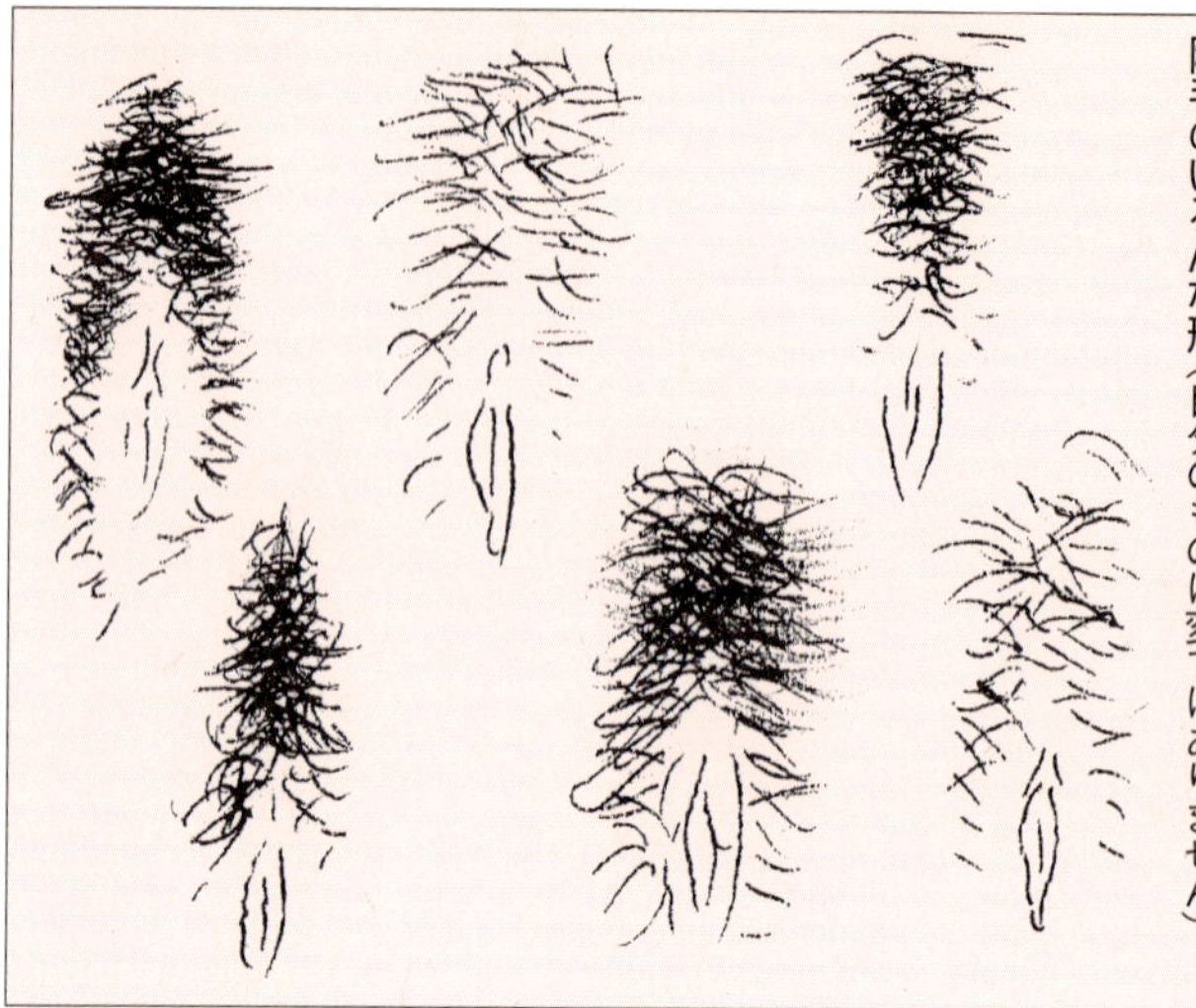

陰毛のいろんな形（自分のものは変ではありません）

草むらもお花もいろいろ

女性で自分の性器の形を知っている人はほとんどいない、といってもいいでしょうか。股間部の奥深くやおなかに隠されていて、鏡でも使わない限り見られるものではありません。また見ると、それは美しいものからはほど遠くて、驚くくらいにひどく、醜く感じられるかもしれません。自分の小陰唇を見て「死にたくなった」と漏らした女性もいますし、整形手術をした人もいます。でも、あなたを好きな彼にはそれがとっても可愛く、美しくも思えるのです。とくに彼の愛撫であなたが興奮をし始め、だんだん小陰唇が赤みを帯びて膨らみ、滴をたたえて大きく口を開けてくると、彼は感動さえすることでしょう。そんなあなたのことをとても愛しく思うものです。草むらにたとえられる陰毛も、人それぞれ。いろんな形のものがあります。たわしのようにゴワゴワのものもあればフワフワ、ふさふさしたものやチョロチョロなど千差万別。しかし、それが個性なのです。

性器のいろんな形
(いずれも決して醜くなんてありません。
それぞれに個性的で素敵です)

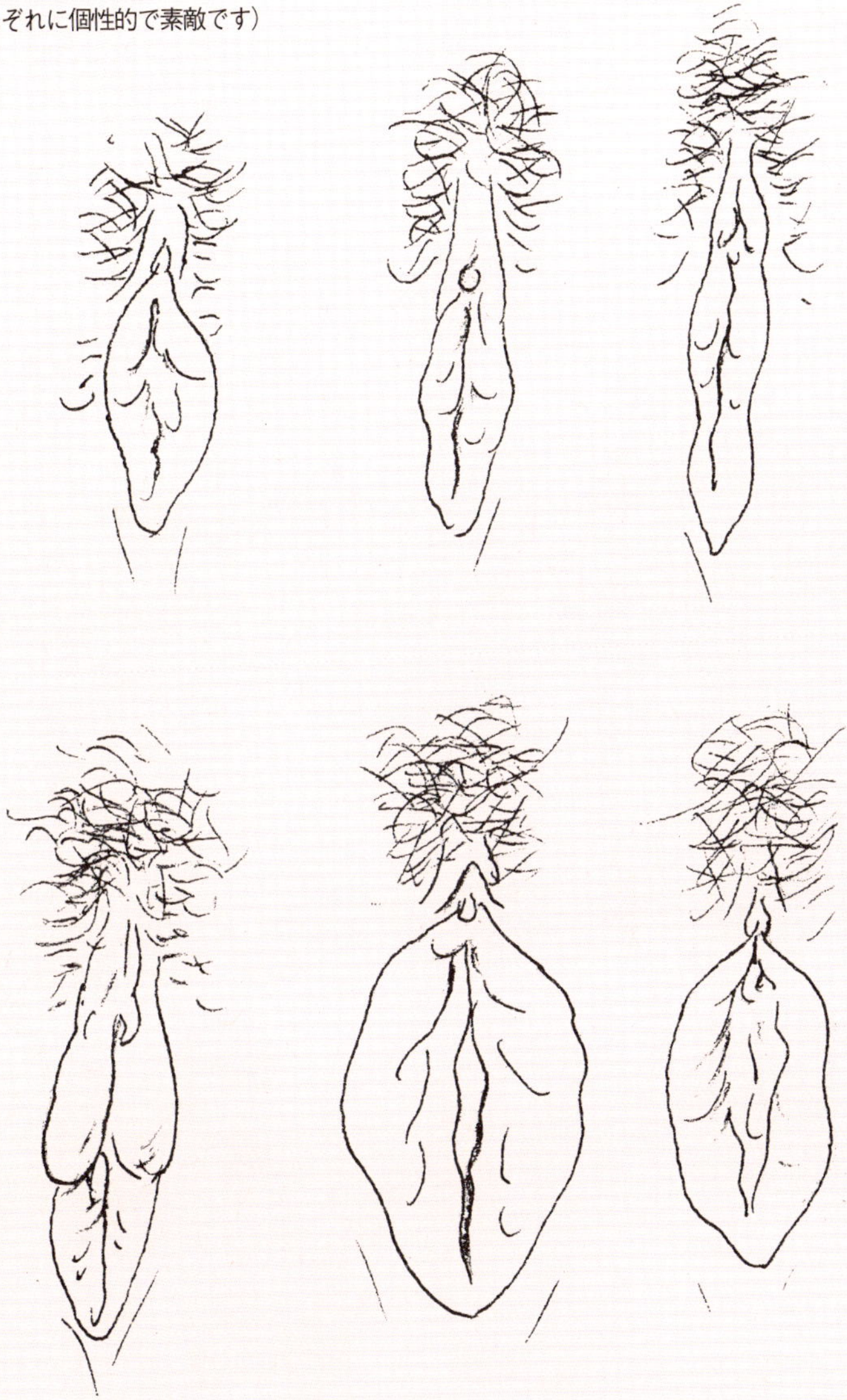

女性の発育と衰えの過程を知ると自分が好きになれます

人は皆成長し、美しく花を咲かせ、そのうちに衰えしぼんでいきます。美しいときは人生のほんの一時ですから今を大切に過ごしたい。

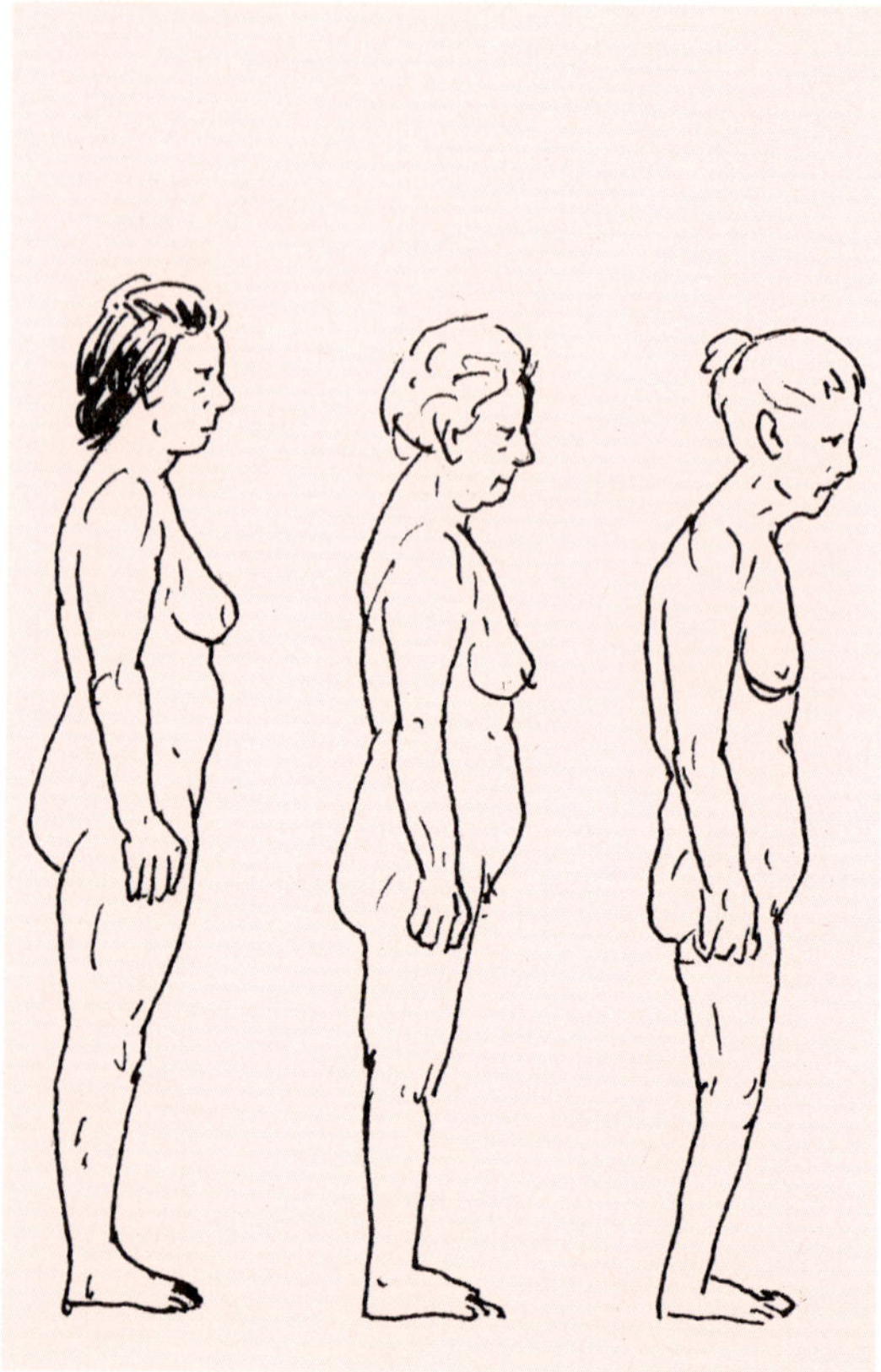

鏡で自分の性器を見るのも、自分を知り、セックスの感覚を高めることに役立ちます

●老化は早く始まります

華やかで美しいのは、長い人生のうちの一時でしかありません。体の中の老化のプロセスは驚くほど早くて、たとえば肉体的には少女時代（12～13歳くらい）にピ

●女性の成長過程

子供のころは性器の割れ目は正面から見られますが、大人になるにつれて性器は股間部に下がって、前からは見られなくなります

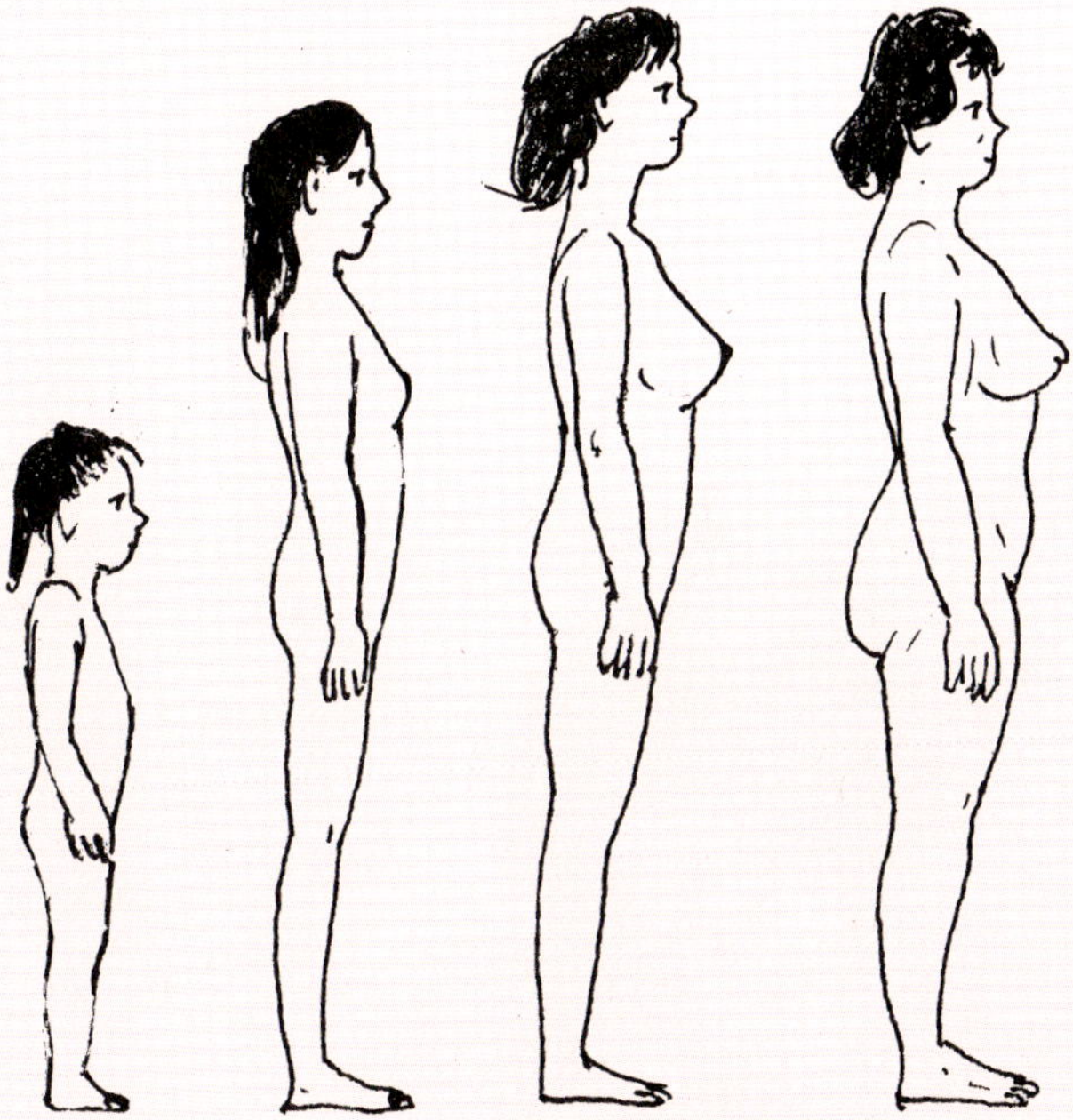

ークを迎え、目の焦点を合わせる能力は衰え始めます。

さらに20歳前から脳と脊髄の損傷が始まり、これは元には戻りません。このころには、いつ妊娠するのか予想のしにくい体に変わっています。

あとはおわかりのように老化の一途をたどっていくのです。

このように女性の人生を考えたとき、一番美しいときが、一番感じられるときでもあることがわかります。昔から「20見せごろ、30させごろ、40しごろ、50茣蓙《ござ》かき」といいますが、それはセックスの味わいの深さをさす言葉で、本当のところは若い肉体があるからこそ歓びも大きいといえます。今が旬なのです。

「女性の興奮の過程」を知って挿入のタイミングをはかります

二人が同時に歓びを感じあえるためには（実はこれがとても難しい）互いに高まりあえる挿入のタイミングを知る必要があります。

二人が愛し合う前にはしっかりとキスや愛撫を繰り返して心と体の準備をしておきます

女性器は普段ならぴったりと口を閉じていますが、興奮してくると、外観に変化が現れます。左の図は女性器を正面から見た変化の移り変わりです。女性が興奮するにしたがってだんだん形の変わってくるのがわかります。ここに描かれていないのは、興奮したときに女性が漏らす潤い（愛液、濡れは45ページで説明します）ですが、潤ったからといってすぐ挿入できる、と思うのは大間違い。なるほどスムーズに入りますが、潤っても女性はまだ十分に燃え上がっているとはいえません。ここはもう少し我慢して、挿入のタイミングを延ばし、これ以上我慢できない、というくらいに膣口が大きくダラリと見えるくらいに開いた段階で、初めて挿入すれば、快感が二人の体を包んでくれます。

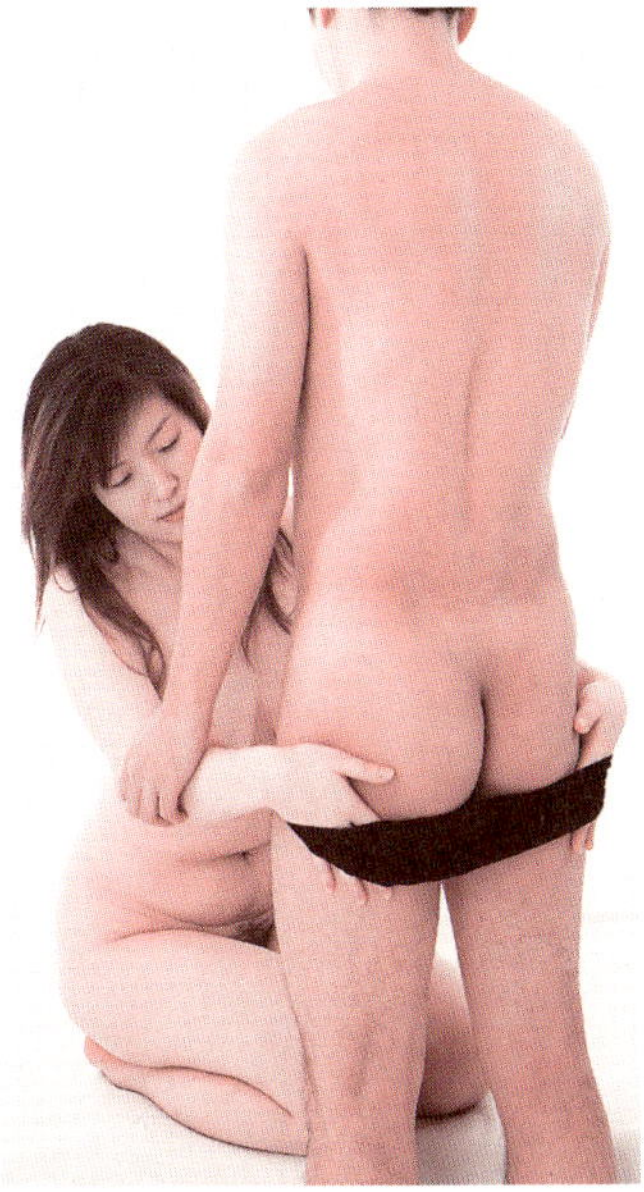

性交前　小陰唇は閉じていてクリトリスも皮をかむったままです

愛撫時　大陰唇は膨らみ始め、小陰唇も赤らみ膨らみ始めます

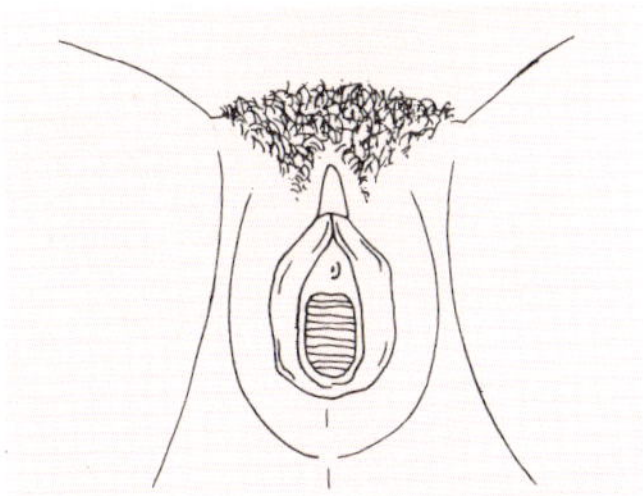

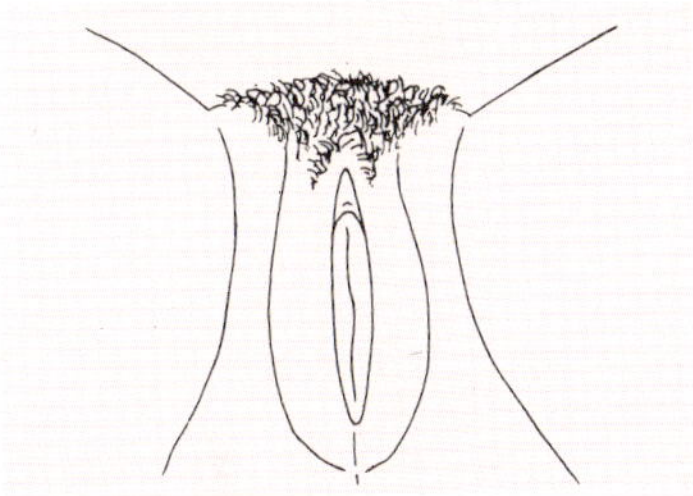

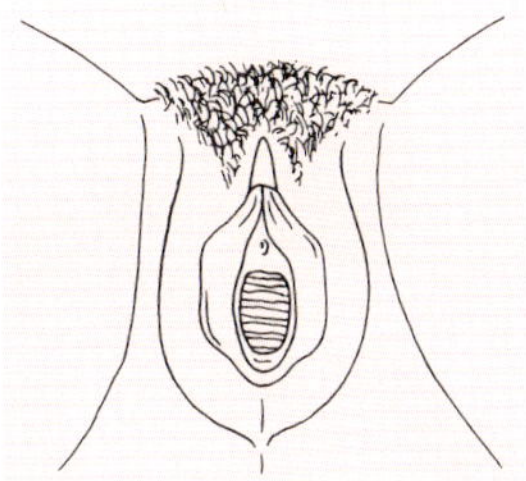

興奮期　大小陰唇は2～3倍に膨らみ、クリトリスも見えてきます

「興奮と挿入」のタイミングを間違えないで

内性器が興奮によってどのように変化するか、そのとき早漏と遅漏の人はどのタイミングで挿入すればよいかを考えます。

わかりやすい例を挙げてみましょう。早漏の人は性交時間が極端に短く（日本人の平均持続時間は20代で約7～8分、30代で10～11分、40代で12分となっています）遅漏の人は時間が長すぎるわけです。女性が性交に入ってからオーガズムに達するのに5～10分かかる（全体の70％）といわれていますから、ますます挿入のタイミングがはかりにくくなってきます。ただ、図の変化で見るように、遅漏の人は濡れてきて小陰唇が膨らむとすぐ挿入して運動しますが、早漏の人は興奮期もかなり進んだ段階で挿入します。

これならイクのにズレは出ません。

早漏の人　できる限り長い時間をかけてあなたを燃え上がらせ、クリトリスの皮を剥いてなめたり小陰唇が赤く大きく膨れ上がってから、遅すぎるくらいに静かに挿入します

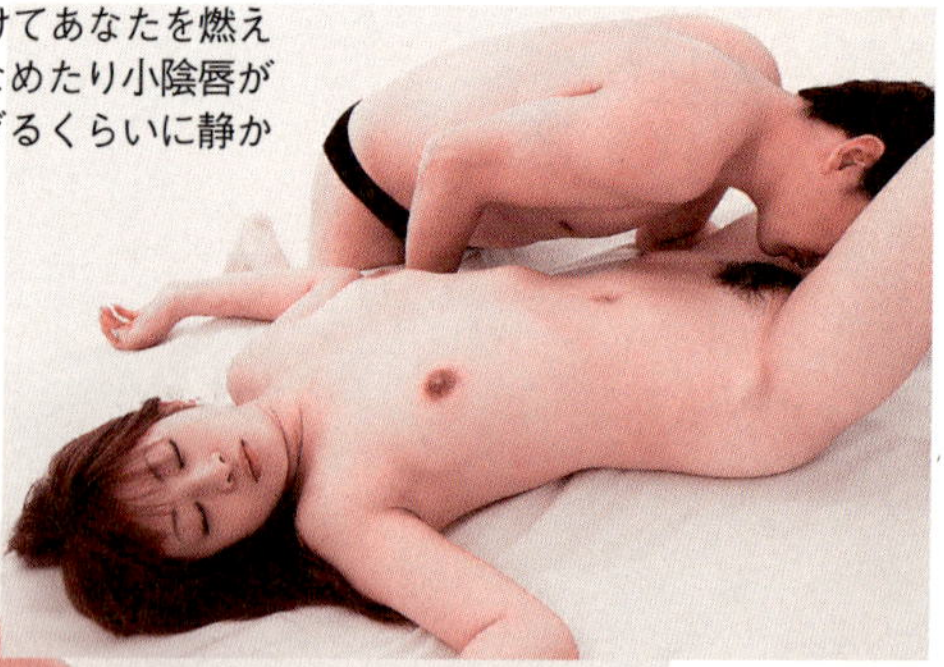

遅漏の人　あなたが濡れて、小陰唇も赤みを帯び、膨らんできたら、もう挿入してもいいでしょう。締めつけのきつい体位を選んで、変化などしないで同じ形で激しく運動します

高原（安定）期

膣の奥は広がり、膣口は収縮して大、小陰唇は赤くなり、クリトリスは膨らみ隠れることも。子宮は膣から離れる（早漏のタイミング）

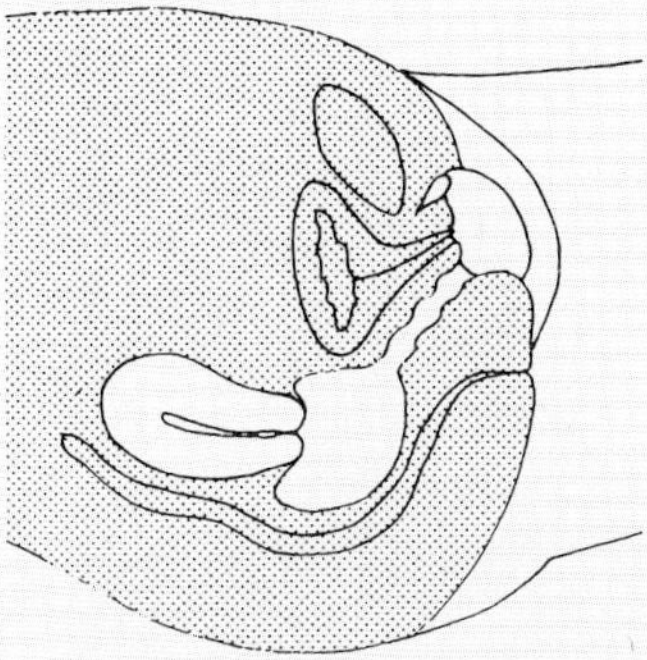

興奮期

愛液がにじみ出てきてクリトリスも膨らみ、大陰唇は広く平らになり、子宮と子宮頸は膣から引っ込む（遅漏のタイミング）

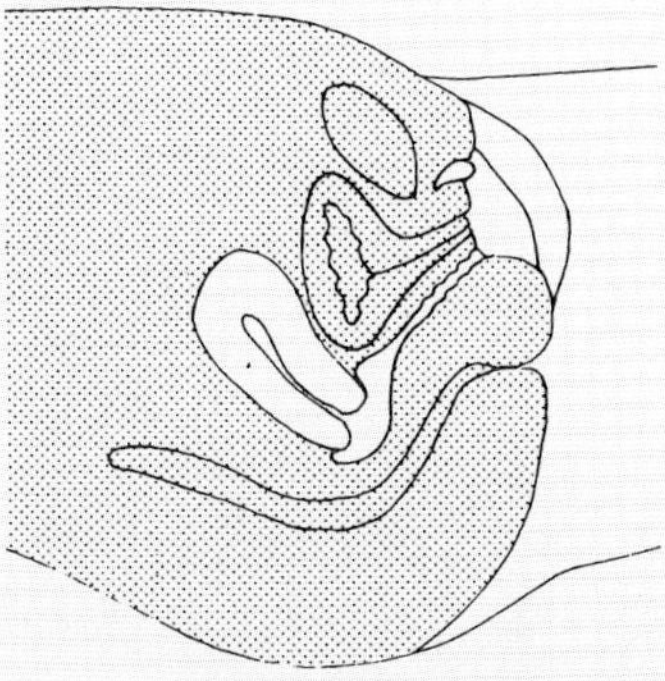

緩和期

オーガズムが終わると徐々に筋肉が弛緩し、１０分以内に体は元に戻り、刺激のなかった状態になる

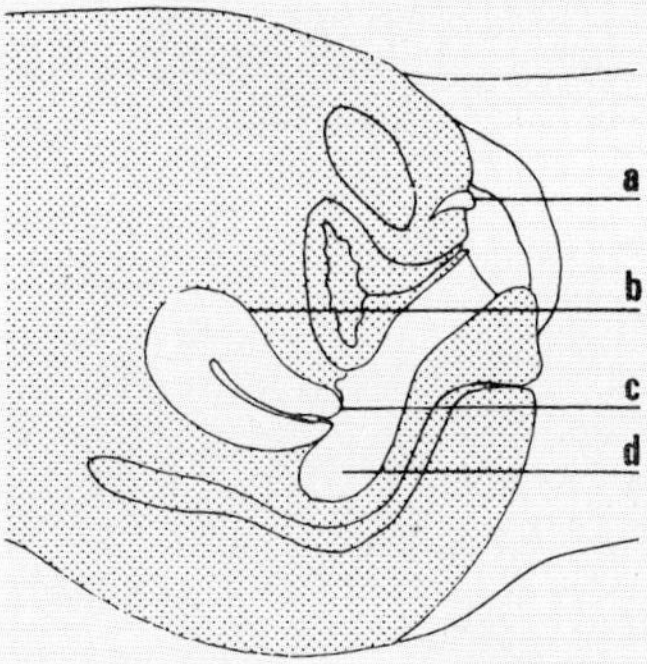

a=クリストス　b=子宮　c=子宮頸　d=膣

オーガズム期

子宮と膣口は収縮したり、ときには痙攣も起こる。ほんの数秒のことで個人差がある

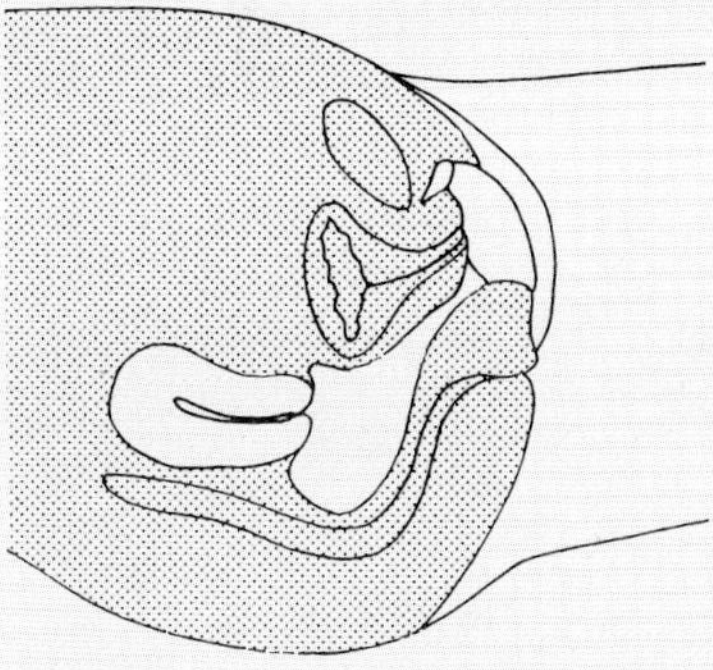

※愛液とは、興奮したとき分泌される体液のことで、主にバルドリン氏腺液、スキーニ腺液、挿入されるとムコイドと呼ばれるものが膣壁から分泌されます。衛生面と運動を助ける役目です。

「オーガズム」ってなに? どんなこと? どんな感じ?

「死ぬ」「イク」「落ちる」「飛んじゃう」「気をやる」など、いろんな言葉で表現されるオーガズム。でも、人によってその実像はかなり違っています。

●体はこんなふうになる

女性は性的に興奮すると体のあらゆる部分に変化が現れ始めます。赤面するのと同じで、耳朶や乳房は膨らみ、唇が充血して、体のいろんな部分が赤みを帯びてきます。よくいわれる「よがり声」の実態は、普段の心拍数は毎分70～80くらいのものですがオーガズムに達した瞬間には180にも上昇し、血圧も下限65くらいのものが160へ、上も250にまで達することで引き起こされています。つまり空気、酸素不足に陥っているわけで、それがあの「ハッハッ」といった声になるのです。また首筋、足は突っ張り、筋肉は痙攣と弛緩を繰り返し、女性器も震えたり収縮します。とくにオーガズムの原因を作っている性器は図の説明のように大きく変わります。

●意識と状態はこう変わる

男性のオーガズムは射精という形に現れますから、はっきりしています。そのとき放出感でさばさばしたスッキリした気分になる、といってもおかしくありません。たまった小便を一息に出した気分、といった人もいるくらいです。しかし、女性への現れ方はかなり違います。まず達した状態では数秒間は意識がとぎれ、瞳孔は広がり視野は狭くなり、聴覚も働かなくなります。つまり、ほとんどの感覚は麻痺してしまい、「小さな死」を迎えることになります。

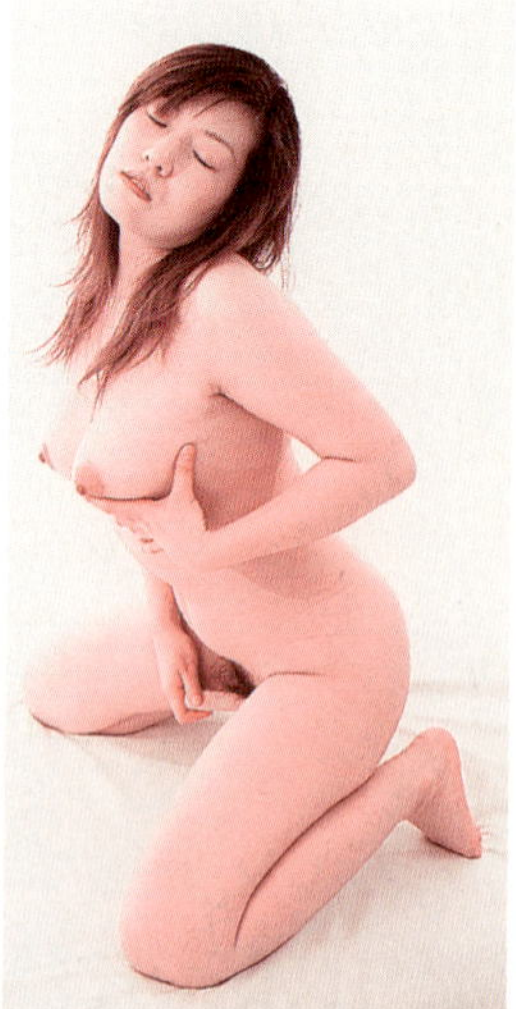

早漏の場合の男女のオーガズム

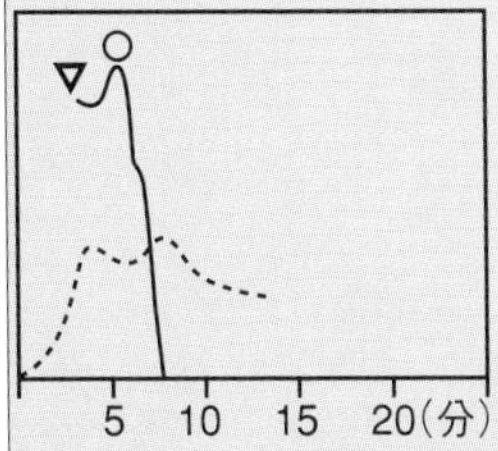

理想的セックス時の男女のオーガズム

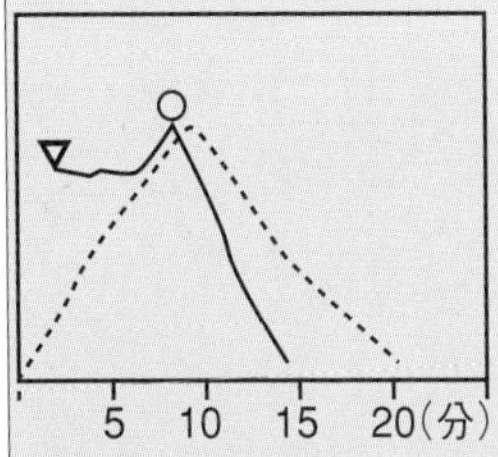

―――― 男性
‐‐‐‐‐‐‐‐ 女性
▽ 挿入
○ フィニッシュ

あなたがオーガズムを得やすいのは、どんな方法ですか？

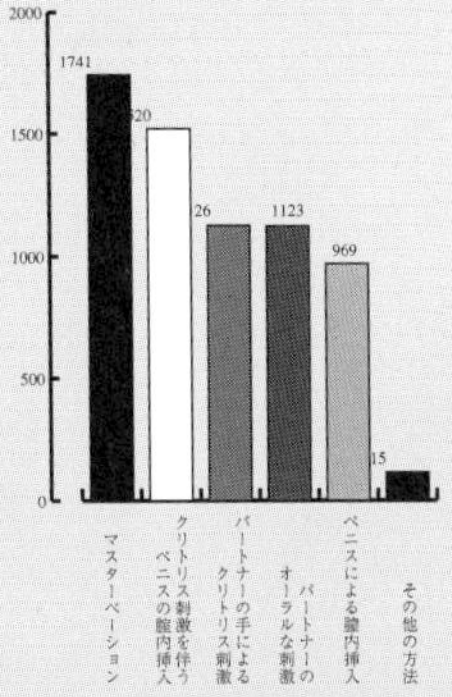

日本人の継続時間

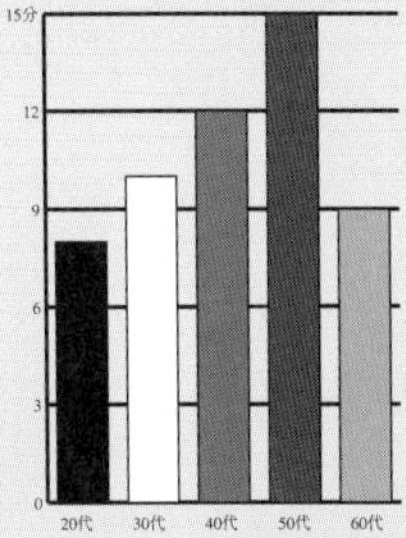

あなたはオーガズムを得たことがありますか？

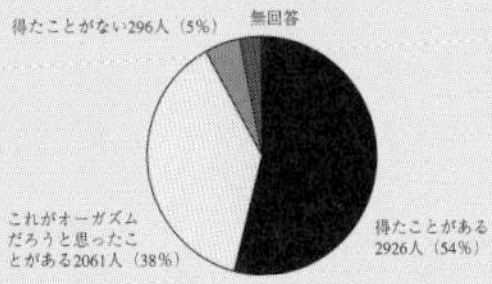

女性がオーガズムに達するまでの時間

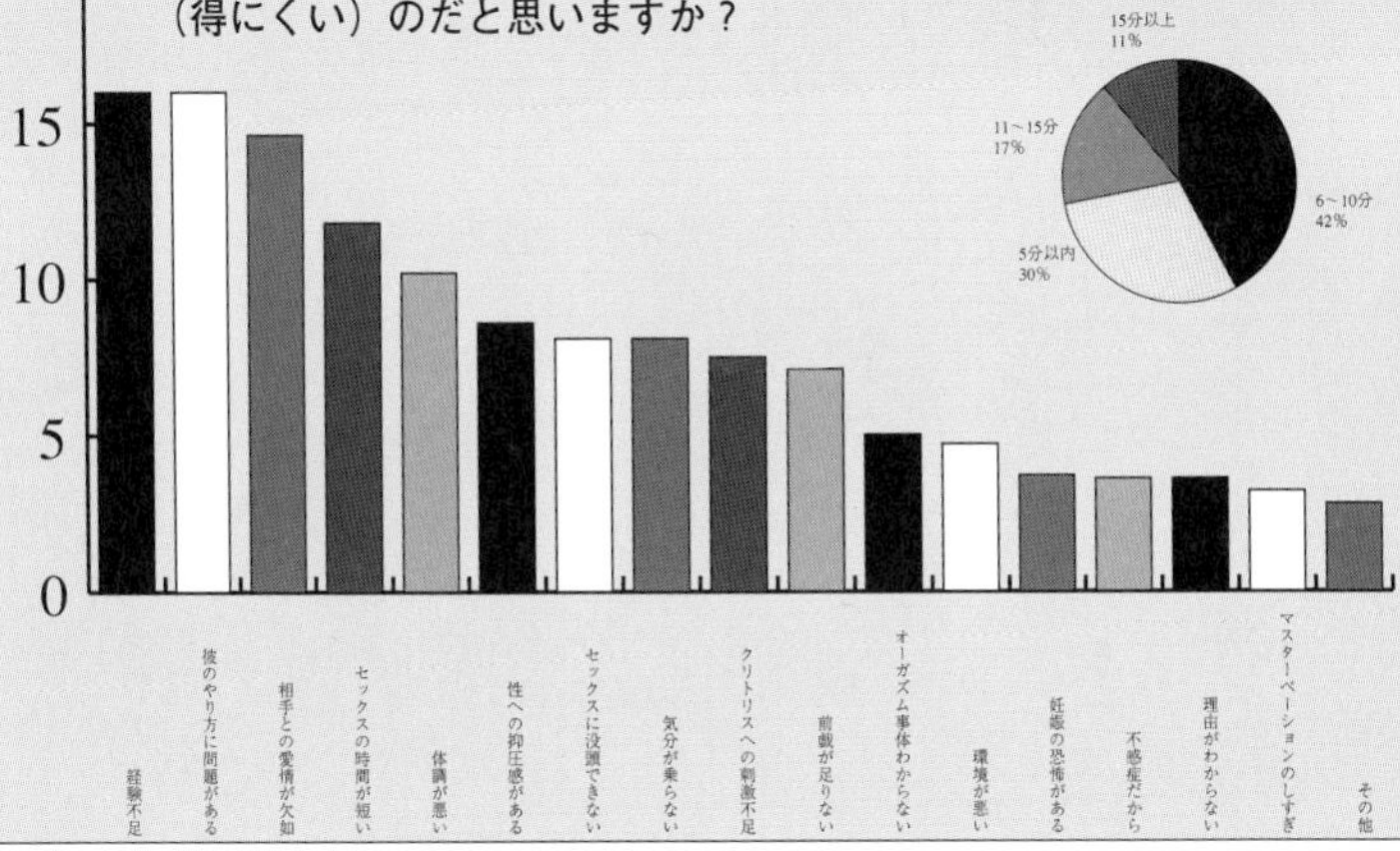

なぜオーガズムが得られない（得にくい）のだと思いますか？

「オーガズム」がやってくるのはいつ？ どんなふうに？

男性と違って女性のオーガズムには、それなりの条件や環境が必要となります。精神的なものから時間的なもの、場所といった条件が整って初めて、そのときがやってきます。

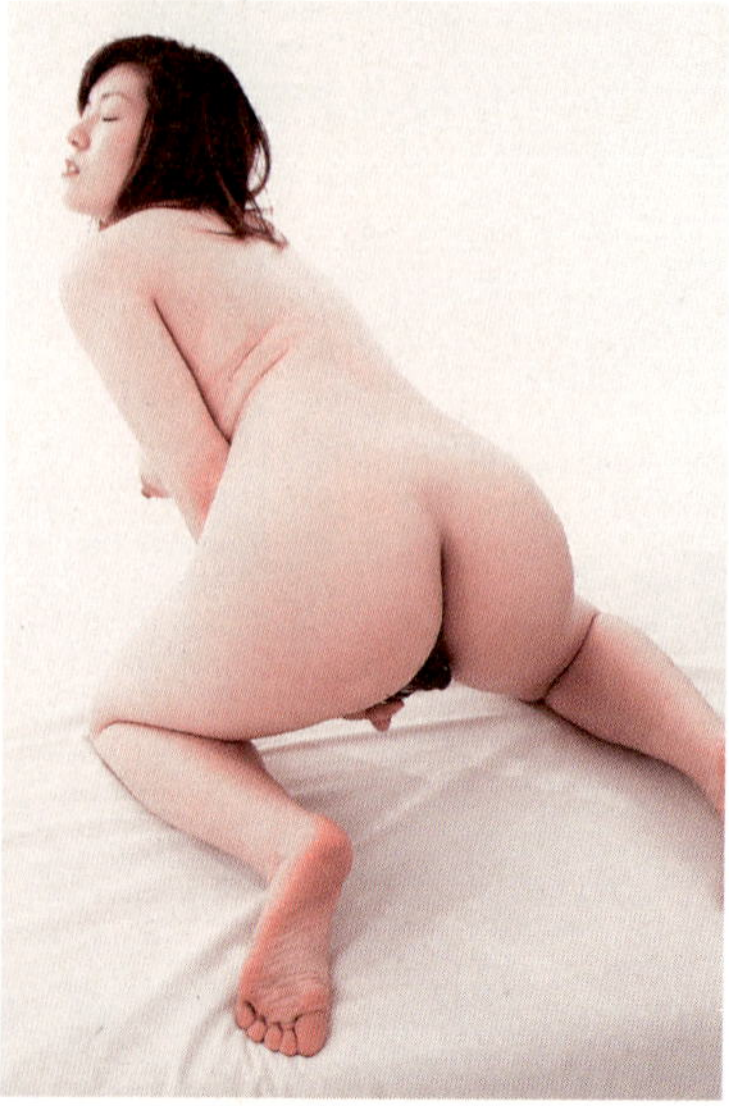

自分の体が十分に彼を受け入れたがってくるまで挿入は我慢する方がいいでしょう

男女のオーガズムの違い

早い話が男性の場合は「射精」をすれば、それから急速に快感も興奮も消えていきますが、女性の場合はそうではありません。オーガズムに近づき、膣の中が充血し、子宮や膣周辺の筋肉が収縮運動を起こし、膣の奥が震えだして収縮を激しく繰り返すうちに内部が硬直してきます。膣の周りの筋肉が盛り上がって（オーガズム隆起）痙攣を起こし、それがサワサワと全身に広がっていくとき、強烈な快感が体を貫きます。これが絶頂感、つまり女性のオーガズムと呼ばれるものです。

オーガズム曲線を見ても、その時間というか瞬間は長く持続して、達してからもすぐに覚めていくことはありません。ゆっくりと曲線を描きながら消えていきます。また人にもよりますが、こうしたオーガズムを一度のセックスの中で数回も得られることがあります。そしてオーガズムのあとは、女性はひどく疲れてしまうものです。

得られる条件と気持ちは？

男女のオーガズムの違いはシステムの違いによるものですが、それ以上に精神的なものや

オーガズムに達するためには前戯にたっぷり時間をかけ、心も体も準備が整うのを待ちます

環境に左右されます。編集部で取ったアンケートによりますと、女性がオーガズムを感じるには「愛・幸福感・彼との一体感・充実感」が必要だと答えています。またそれらが満たされたとき、オーガズムを得ることができる、とも答えています。

つまり心の問題が大きいということです。反対に不安感や嫌悪感、恐怖心や罪悪感などがあれば、もちろんオーガズムを感じることはできません。とにかく基本は彼と一緒に溶け合いたいとか愛し愛されたい、といった気持ちが大切であり、セックスをしたくなったときが大切だといえます。セックスを「彼とのコミュニケーションであり愛の確認である」と答えている人が多いのも、安心や幸福感を求めているせいでしょう。これらがセックスには重要です。

どうすれば確実に得られる？

まず心の準備ができていて、気持ちも高ぶっていなくてはなりません。場所も安心できるところか（アンケートのように）きれいなホテルなど、環境を変えることも必要です。あとは前にも述べたように二人の高まりぐあいと挿入のタイミング、体位の選び方が大きくものをいいます。ちなみに女性が一般的に好む体位は正常位、後背位、騎乗位の順となっています。

隣の人はどんな「オーガズム」？

イク感覚を言葉に変えると「真っ白」「飛ぶ、落ちる」「ふわふわ」「死ぬ」など。みんなはどんな体験をしているの？

隣の芝生は青く見えるといいます。実際アンケートを取った結果、まだオーガズム、エクスタシーの経験がない、なにがエクスタシーなのかわからない、という答えの人が半数くらいになりました。では実のところ隣の人はどうなのか。まずオーガズムの実態は、なんとなく経験したり、あれがオーガズムだったのか、という人が半数以上。それらの人はイクために自分の得意な体位（顔を見られる体位）を持っています。さらに膣よりもクリトリス派が多く、Gスポットを知っている人は60％あまりという結果。では、どのようにしてオーガズムを体験できるようになったのか。多くの人はオナニーで経験できたと答えています。そしてこの経験から彼とセックスをしてもオーガズムが得やすくなったとも答えています。またセックスとオナニーではかなりオーガズムに違いがあるとのことです。

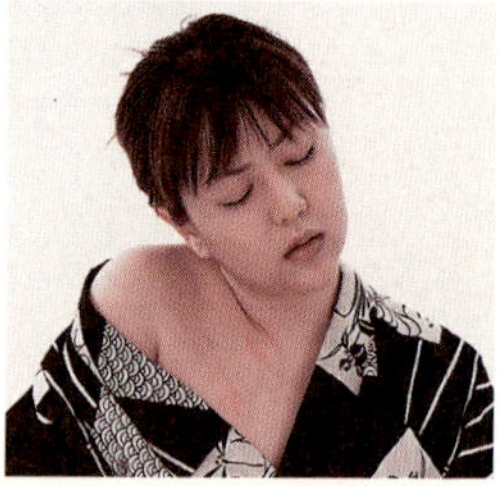

隣の人のオーガズムはなんで得られているのか知りたい

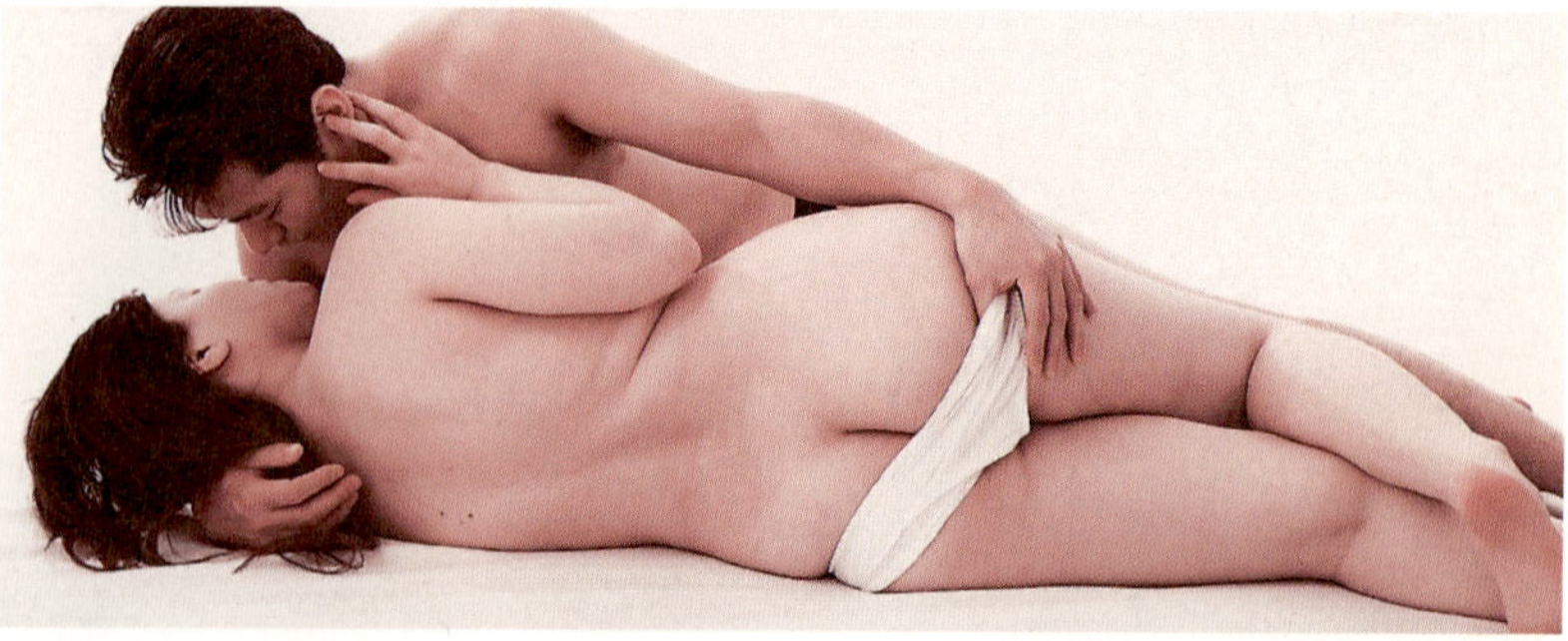

一度知ると、その経験からオーガズムは得やすくなり、セックスに期待できるようになる

自分が飛ぶ浮遊感と意識の断絶がやってきた

愛されている自信と安心感から心が解放されて達しやすくなる

自分は不感症？それとも冷感症？
そんな不安を取り除くために

エクスタシーの経験のない人や、セックスをしても楽しくない、感じないという人がいます。そこには原因があるのですから、それを解決すればいいのです。

冷感症や鈍感症、不感症は心の底の「セックスは悪いこと」「不潔で汚いこと」といった思いが原因になっていたりします。また妊娠への恐怖感や忌避感が知らず知らずのうちに不感症を誘発していることも考えられます。こういったものは精神医学の領域かもしれませんが、しかし本人や彼との関係の中で解決していく方法もあります。

あとは肉体的な原因もありますが、それは医療として考えればいいでしょう。

心の問題の解決法

抑圧、嫌悪、忌避などはちょっとしたことが原因で起こってきます。たとえば初めてのときに失敗したり、自分の局部を醜いと感じたりしたら、心から彼とのことに没頭できなくなります。心がそこになければエクスタシーを感じられるわけがありません。

これらのこだわりから解放されるためには、彼の協力が必要になります。彼の前で正直になり、愛する彼のためにも歓びを感じられるようになろうとする気持ちが大切になります。もちろん、そんな心が負担となっては意味ありません。やはり二人してそれらから解放される方法を採るようにします。それについては後ほど説明します。

体や性器の問題の解決法

卵巣の機能が低下したり減退することで引き起こされる発育不全。これが原因で性欲が減少し、性に興味を失ったり嫌悪したりすることになって不感症につながります。

これが軽い場合には彼との性交渉や経験などから改善され、だんだんよくなっていき、また自然に成長成熟して、オーガズムを得られるようになります。一方性器の病気などは医師にかかる必要があり、治療すればこれも治ります。ただ問題なのはクリトリスそのものが未成熟で肉体的な欠陥のある場合です。医師に相談して解決するしか方法はありません。いずれにしても多くの不感症は自分の努力や彼の協力で治せるものです。次のページから解説する方法や彼の協力を得て、心を解放し、性感を開発して歓びを得られるようにします。

感じる「ふり」をしている人も多いけれど、二人の協力で本当の歓びを開発します

「オナニー」による性感刺激と開発法

感じるふりをするのはつらいものです。本当に感じられると歓びも大きく違ってきます。そのための指使いと体位です。

清潔な手や指で、自分の心がくつろげる姿勢をとり、ゆっくりとした呼吸法で始めます。クリトリスを中心に、アソコの割れ目に沿って指を動かしてもいいでしょう。好きな体位を選びます。

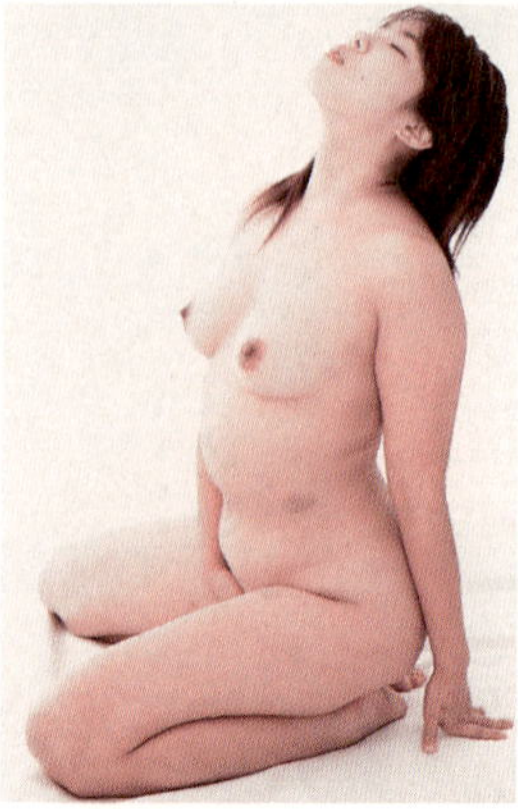

前座位の形で

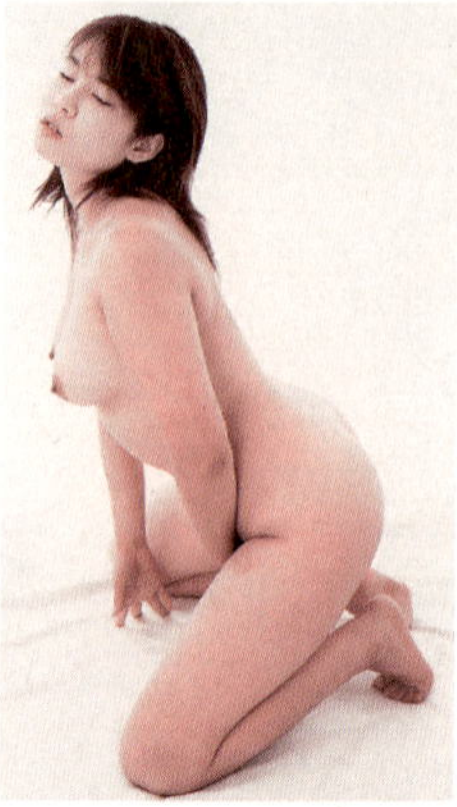

騎乗位の形で

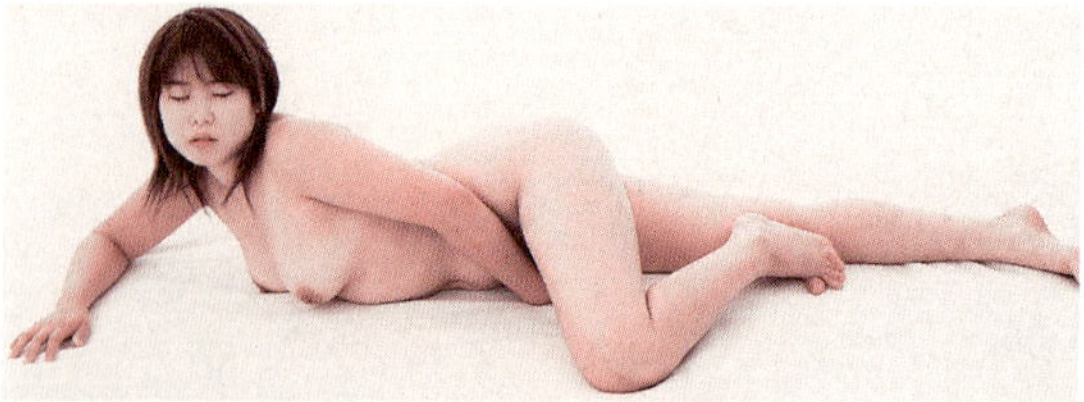

クリトリスの周りを指でクルクルと

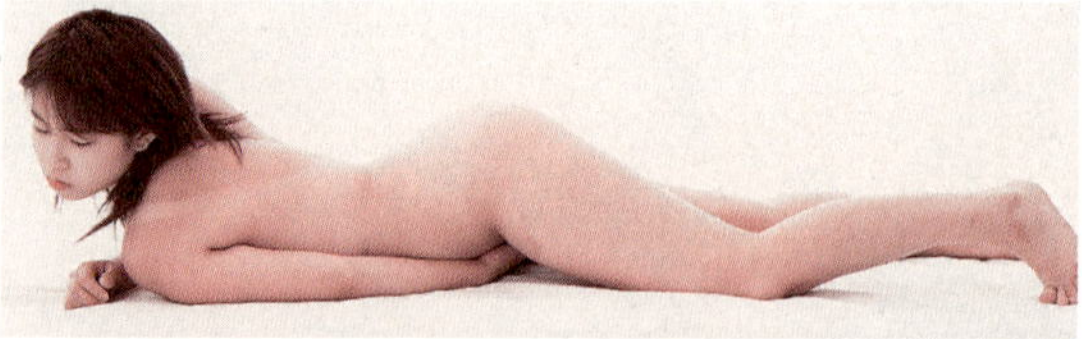

うつぶせで中指にクリトリス、割れ目を当てて

後ろから入ってくる彼を想像して

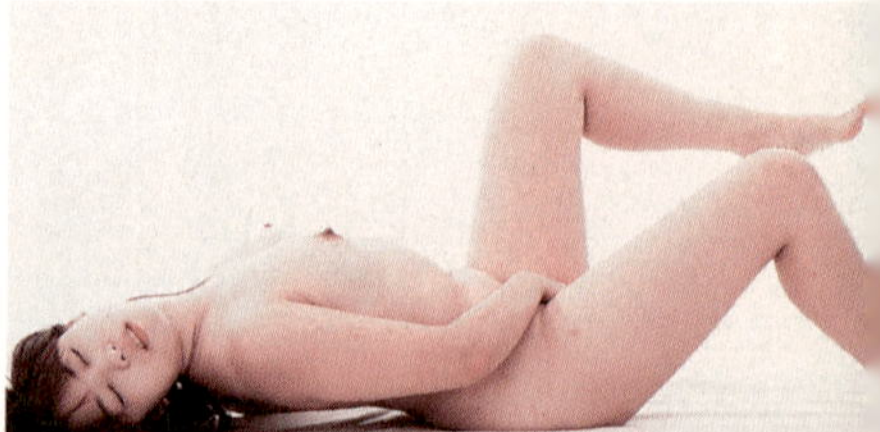

女性が一番感じられる体位。足を少し開いて

●指の使い方

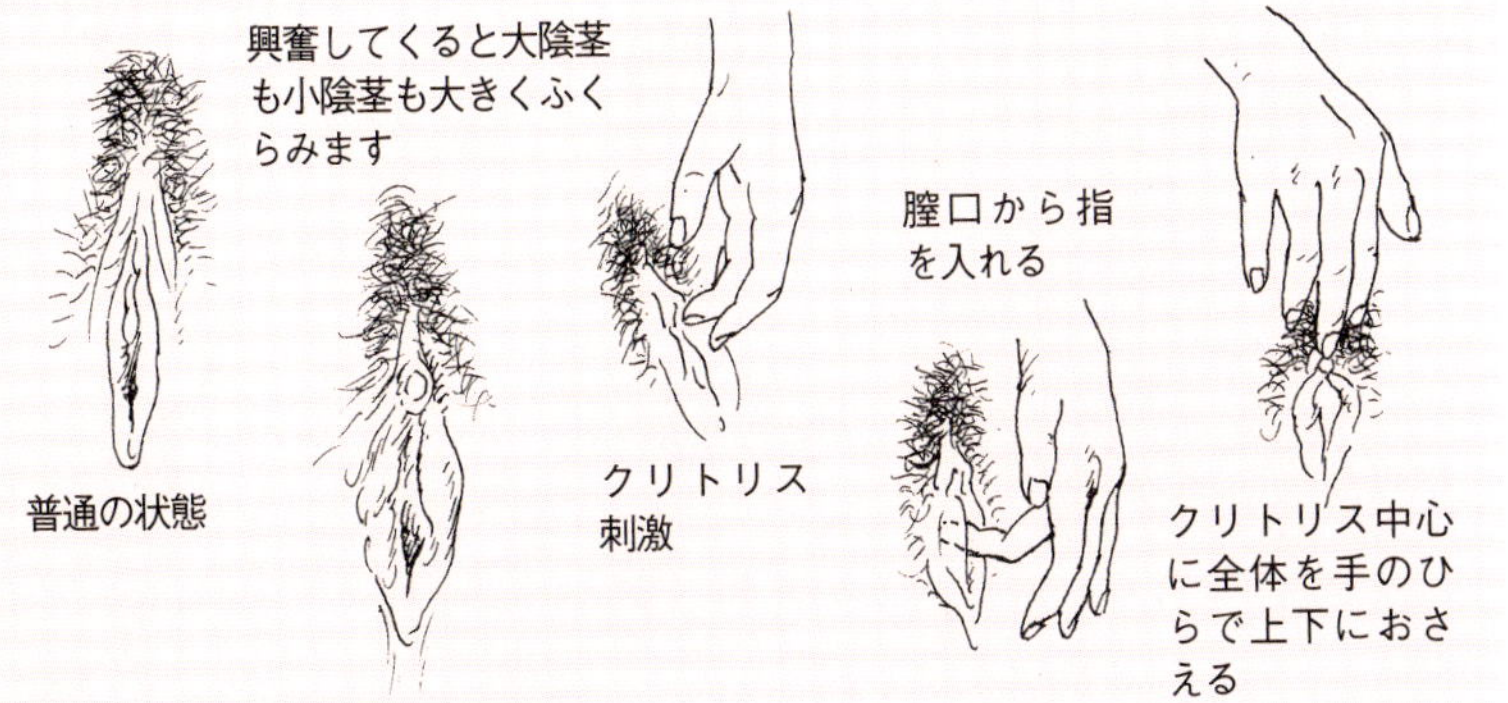

自分の楽な姿勢で最初はゆっくりと、だんだん早く

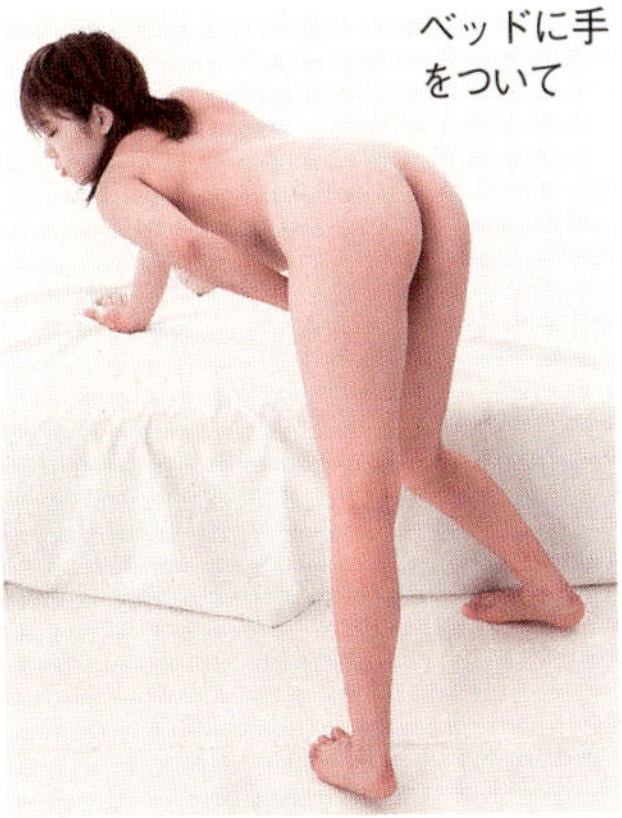
ベッドに手をついて

お風呂場でもできます

椅子にもたれながら……

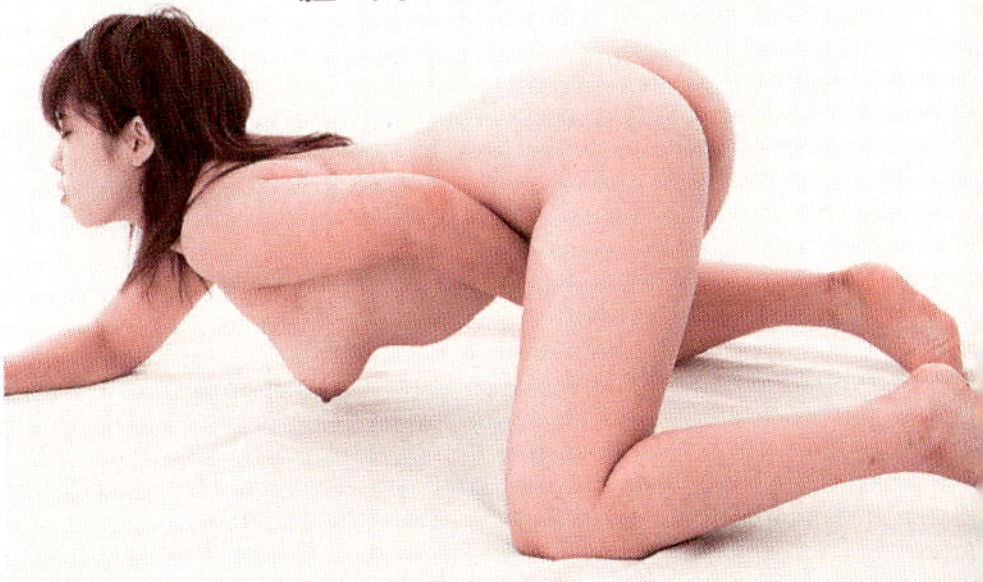
膣の周りをなで、ときどき中指を入れて

「器具のオナニー」で新鮮な快感を呼び覚まします

指や手のひらでクリトリスを中心に開発すると、次はいよいよ器具を使ってヴァギナへの挿入を試します。

ショーツの上からクリトリスや膣口を刺激します

楽な姿勢で膣中心にバイブを押し当てます

クリトリス感覚を開発したところで、次の段階に入ります。これらはあくまでも不感症の解決や彼との幸せのために行なっているもので、なにも罪悪感や嫌悪感を持つ必要はありません。まずは下着を着けた上から。次はいよいよ器具をヴァギナへ挿入して、全く新しい感覚を学びます。

バイブの動き、振動をヴァギナに感じるようにします

いよいよショーツを取ってバイブを中へ。彼のペニスを想像して

いま若い女性たちにバイブが売れている

なんでもモーテルやラブホテルに入った女の子がおもしろ半分にバイブレーターを買っていく、といいます。いわゆる大人のおもちゃ屋さんにも数人がやってきて買っていったり、インターネットで購入する女の子が急増している、といいますから、いまの女性がどれほどセックスにオープンになっているか、わかります。女性も変わった、といえばそれまで、ですがー。

バイブの動きに合わせて指でクリトリスをなでながら、お尻を動かします

腟口とクリトリスを同時にバイブで刺激します

足をピンと伸ばして腟口とクリトリスを上下に刺激します

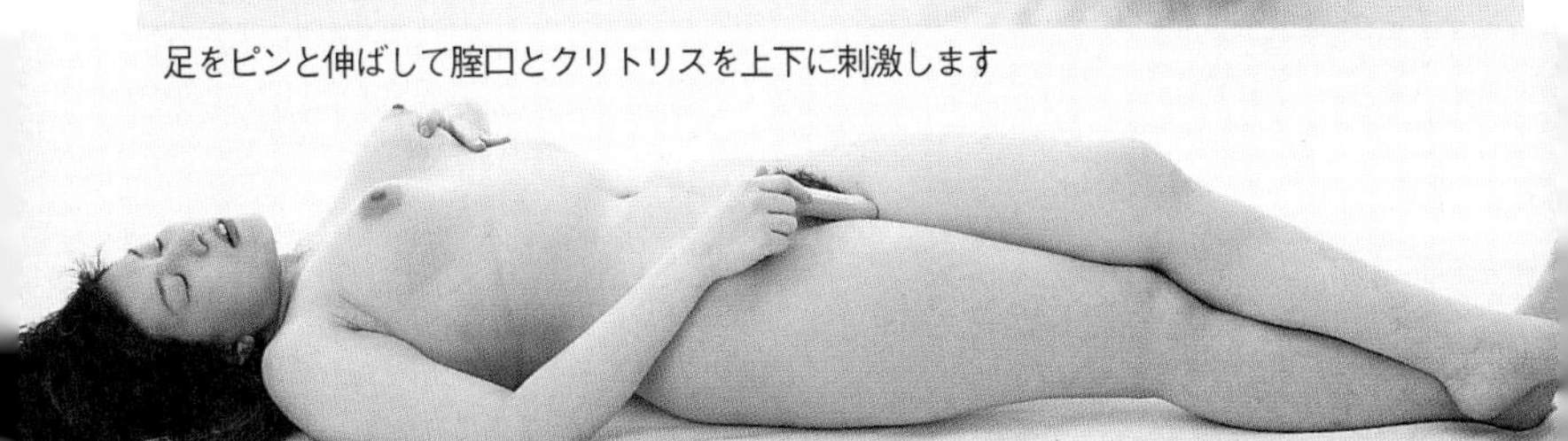

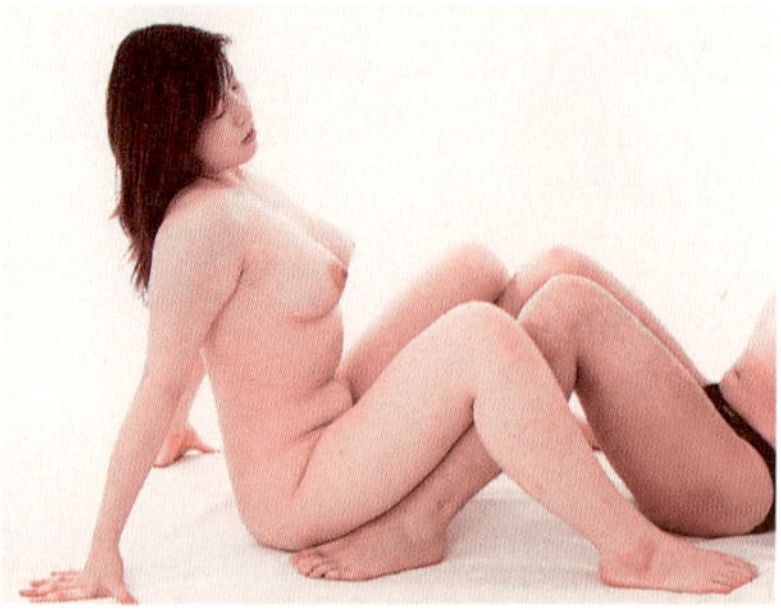

彼の協力を得て膝を組み合わせて閉じ、開きを競争します（10回）

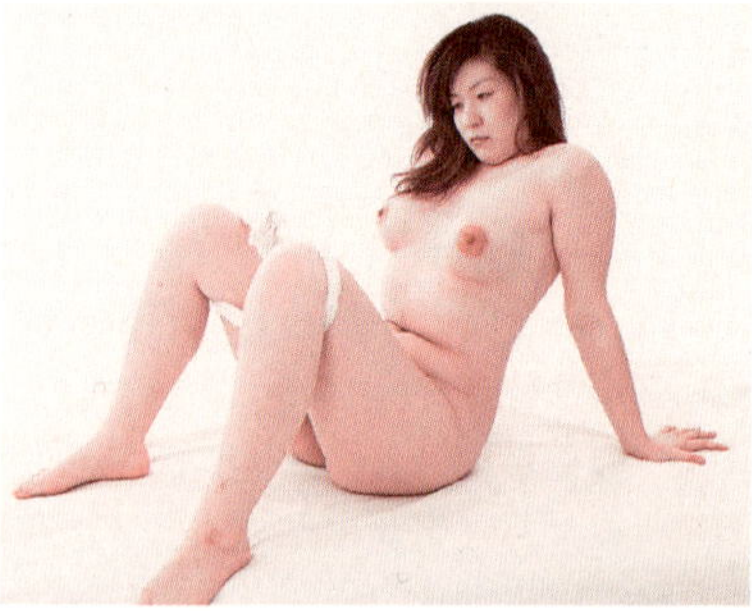

タオルかゴムで輪を作り、膝にかけて股を開閉します（10回）

運動で性感を高めて「名器」を作ります

太ももを開きます。このとき息を吐きながら肛門に力を入れます（各10回）

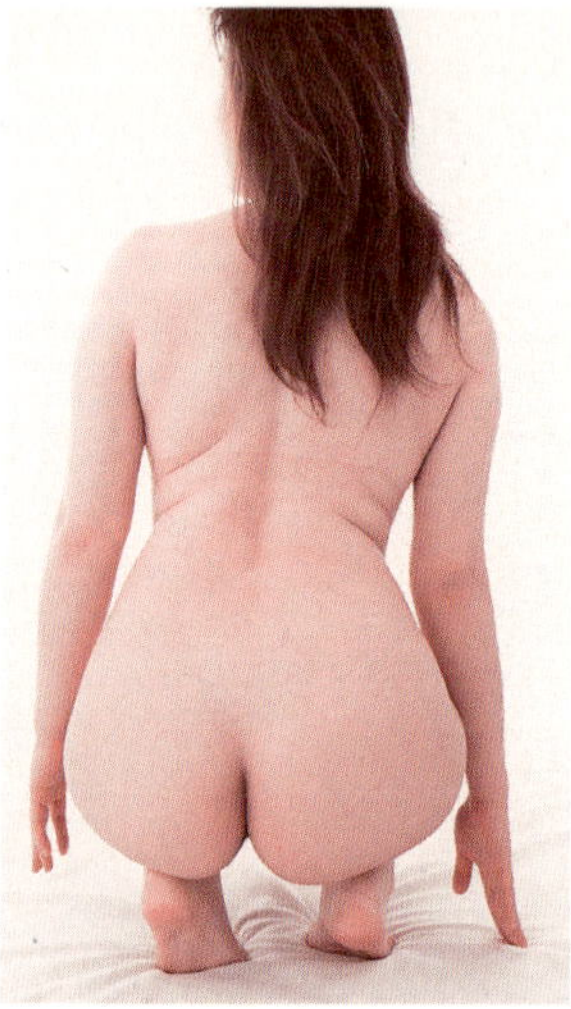

太ももを強く閉じています

「みみず千匹」「かずのこ天井」「蛸壺」「巾着」などといわれる名器は、股間部の鍛え方によってかなりのものに作られます。

「みみず千匹」（膣の中にひだが多く、ペニスにからみつく）や「巾着」（入り口が強く締まる）などは股間部や肛門、膣の周りの括約筋を締めて鍛えると、膣そのものの締まりが強くなり、鍛え上げられます。彼を喜ばせることで、自分も深く快感が得られますから実行しましょう。

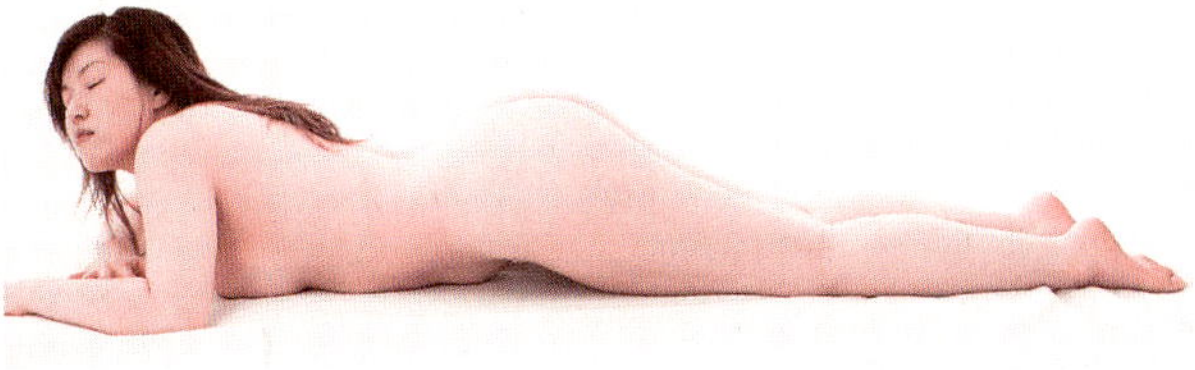

腹這いになり、子宮を持ち上げる感覚でお尻を突き上げます（10回）

彼のためにもちょっとした努力で名器の持ち主に

寝そべり、息を吐き出しながら足を垂直までゆっくりと持ち上げます（10回）

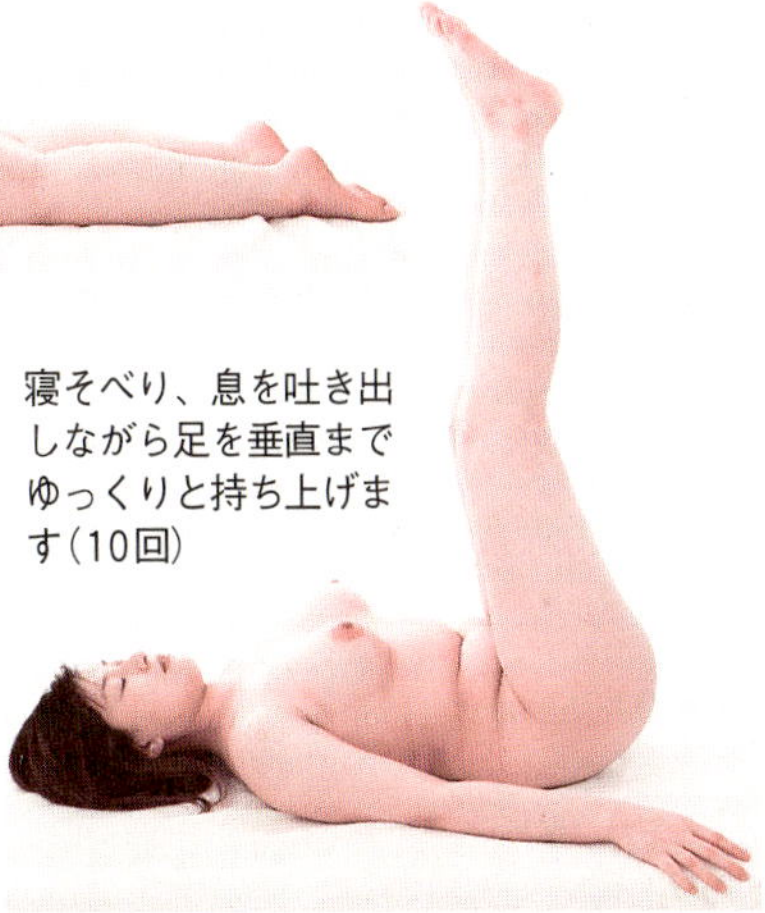

寝そべり、息を吐きながら、ゆっくりクリトリスを突き上げるように（10回）

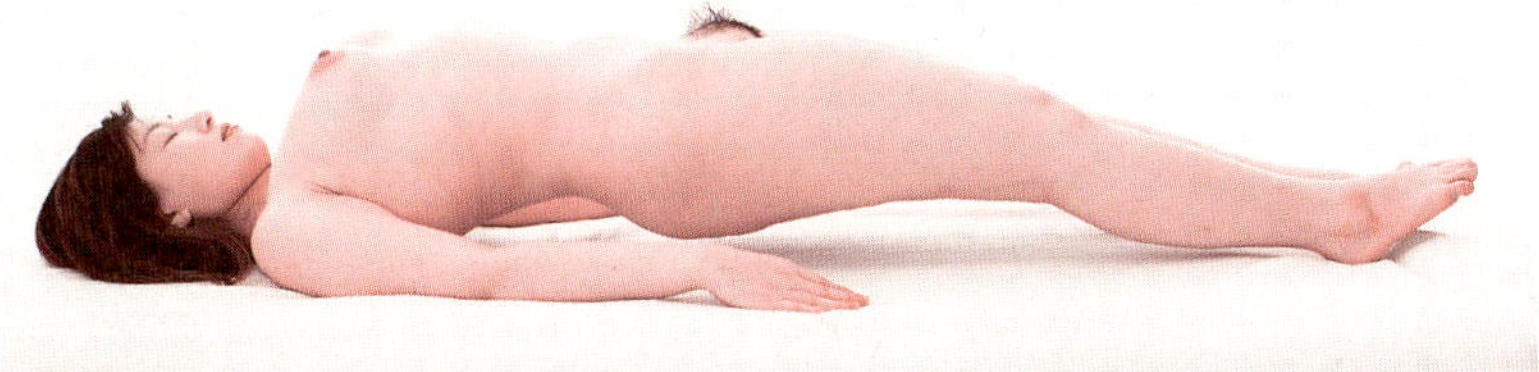

寝そべり足をピンと伸ばして足首を組み、うんと体を伸ばします（10回）

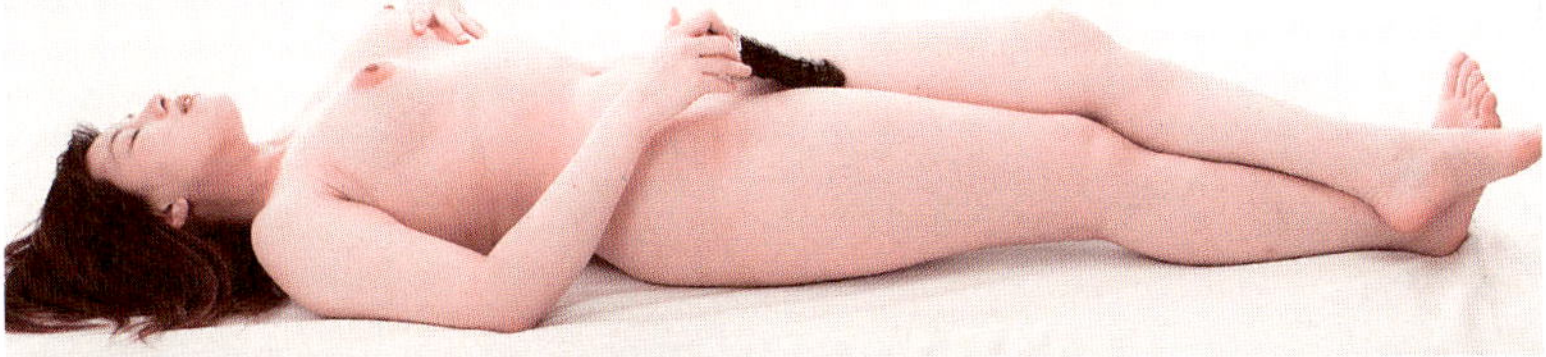

足をそろえて、ゆっくりと息を吐きながら持ち上げます（10回）

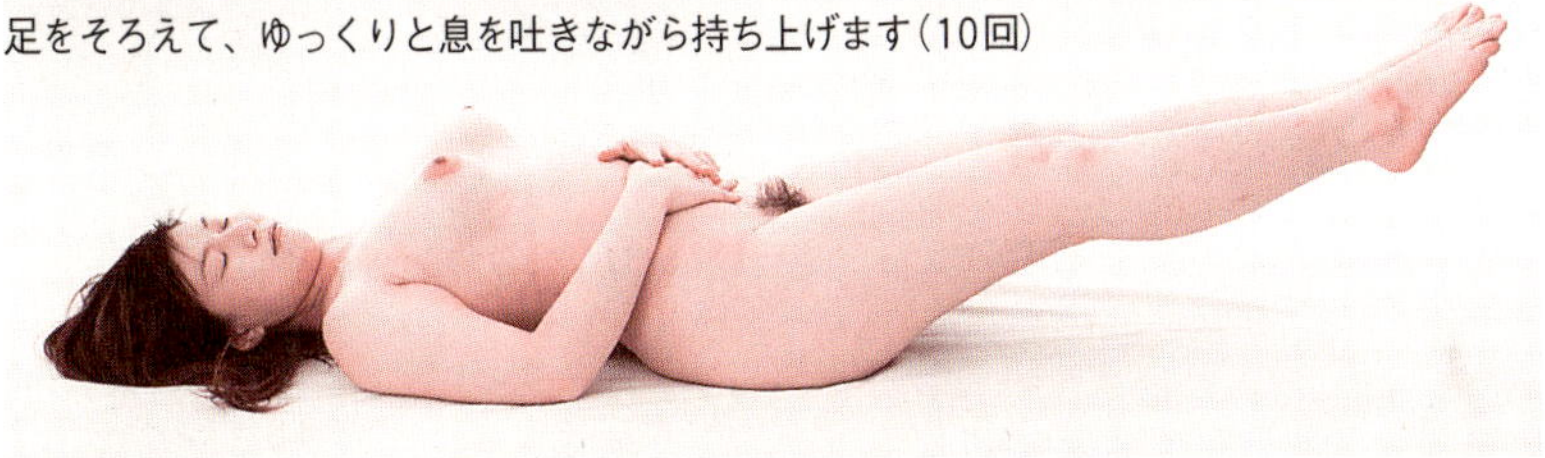

二人で「性感開発・不感改善」する

アメリカでは広く行なわれている方法。自分でオナニーによる開発と組み合わせて行なうと、効果も早く現れます。心を彼にゆだねるのがポイントです。

自分一人のオナニーによる開発は前に述べたとおりですが、彼の協力でするときは部屋の雰囲気も必要になってきます。部屋にはカーテンを下ろして静かなムード音楽を流し、二人でゆったりとした気分でカーペットの上かソファーに寄り添って横たわります。それまでに少しお酒を飲んでくつろいでいてもいいでしょう。横になると、二人で互いの体を愛撫し合い、心が解放されたところで彼の手や指でクリトリスを中心に時間をかけて刺激してもらいます。

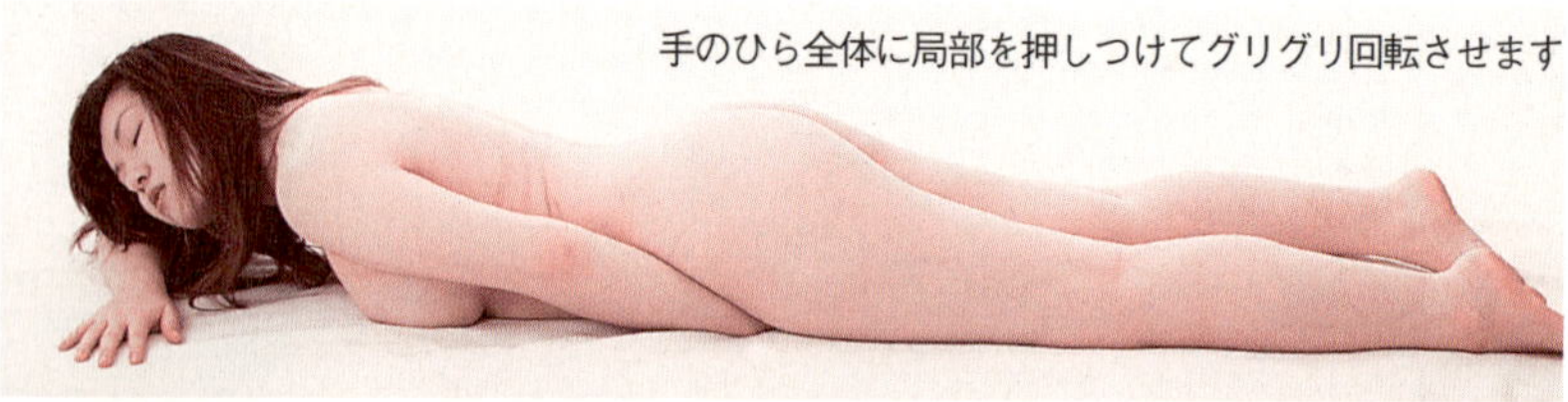

手のひら全体に局部を押しつけてグリグリ回転させます

彼に挿入されている姿を想像してクリトリスや膣を指で刺激します

器具を使ってもかまいません。いつも彼を想像するのがポイントです

彼にすべてを任せて快感だけを求めます

指や手のひらの刺激で体がものすごく熱くなってきたら、そこで彼の指を入れてもらいます。この感覚を体で学ぶことで不感症は克服され、性感も高まります

「Gスポット感覚」を開発して性感を高める方法

まずGスポットの位置を確認したうえで、そこを刺激するとどのような感覚になるのか、どうすればGスポットをじょうずに刺激できるようになるかを工夫します。

「潮吹き」ってなに？

アダルトビデオなんかを見ていると、よく「潮吹き」という言葉が出てきます。セックスの最中に気持ちよくなって、思わずアソコから、鯨が潮を吹き上げるように吹き出す、というものです。これは潤いが多いとか濡れやすいというものとは違い、おしっことも違う、体液のひとつとされています。ただ、ここで必要なのは、アダルトビデオで見られる潮吹きが、すべてGスポットの刺激によって行なわれている、という事実です。

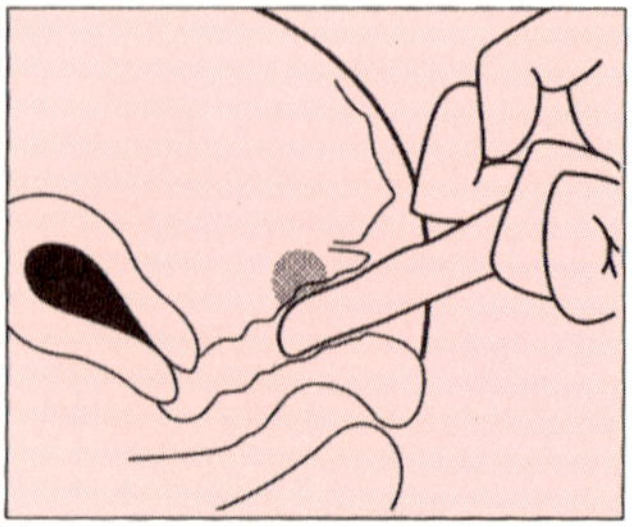

＊指先が少し皺っぽい感じに触れたらGスポット。ただしかなりの専門医でも判別はむつかしいとされている

Gスポットの位置はどこ？

Gスポットは膣の入り口から3～4センチ入った、指を入れるなら、第一関節から第二関節くらいの上に位置しています。命名は発見者グレーフェンベルクの名前から。このポイントは指を入れて上を探ると、皺っぽい、ちょっとザラザラした部分が指の腹に触ります。

この部分を刺激され興奮すると、その裏側に集まっている血管叢が充血して、愛液をたくさん分泌します。その感覚がまるで射精に似ているというのです。その感覚を学びます。

中指を挿入して膣の上側を探ります

いままでにない
新鮮な感覚を
セックスで感じる

それぞれに感性が違うように、セックスで感じるものも、人によって違います。愛撫は好きだけれど、性交はいや、という人もいれば、クリトリスセックスで得られるシャープな快感よりも、ヴァギナセックスで感じられるような、重くて響くような優しい快感がいい、という人もいます。またG感覚のように、飛び上がるように鮮烈な快感に夢中になる人もいるでしょう。ただしいずれも快感を得られるだけの感覚が開発されていてのこと。やはり自分の好みに合わせた開発が必要です。

自分の感覚に忠実になるのが快感への近道

STAGE 2

「男性の体」

彼のことよく知ってる？

男性の体には素敵な不思議がいっぱいあります

初めてペニスの勃起を目にしたときの感動と驚き。みるみる大きく逞しく変わっていくさまに見とれていましたが、まだまだほかにも不思議はあります。

男性器の構造

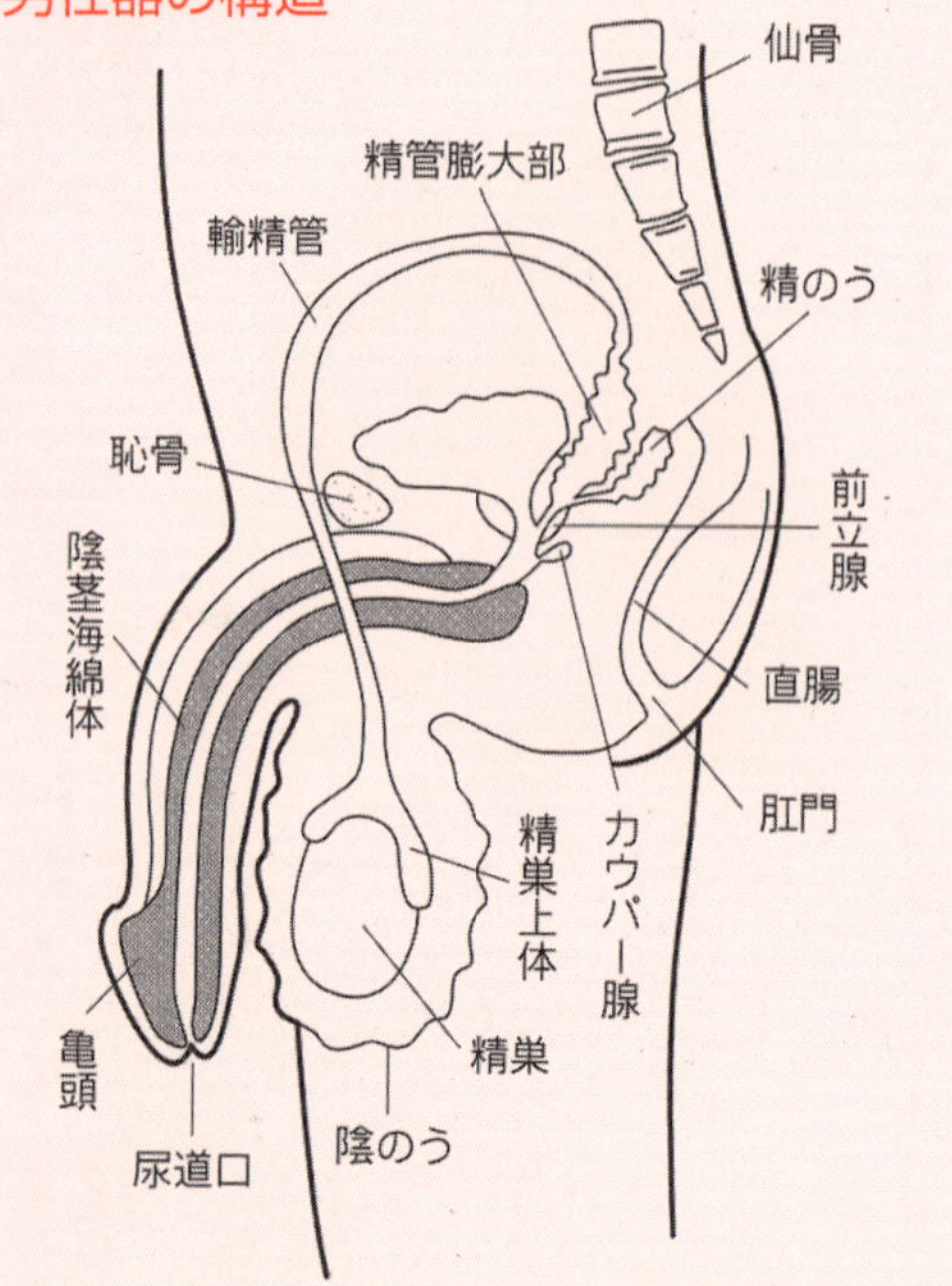

性の行為には必ず結果が伴い、女性には妊娠という形がやってきますから、そのためにペニスの勃起と射精の仕組みくらいは知っておいてもいいでしょう。ペニスは外から見える部分は棒として出ている陰茎（根元から長く伸びている部分）と亀頭の部分、それと下にぶら下がっている陰嚢からできています。

肝心なのは行為に必要な陰茎と亀頭、陰嚢の知識。ペニスはスポンジ状の構造で、軟骨はありません。左右の陰茎海綿体と下にある尿道海綿体の三つからなっており、その中心に尿道が通っています。つまりペニスは女性器と違って、泌尿器と生殖器を兼ねています。

さて彼が興奮すると、ペニスの組織に血液が流れ込み、海綿体が充血して固く勃起し、精巣のある陰嚢も固く固まり、中の二つの玉がつり上がってきます。挿入して行為で刺激されると、精巣で作られた精液が輸精管を通って運ばれ、爆発して尿道口から外に飛び出してきます。これが射精です。

男性の体

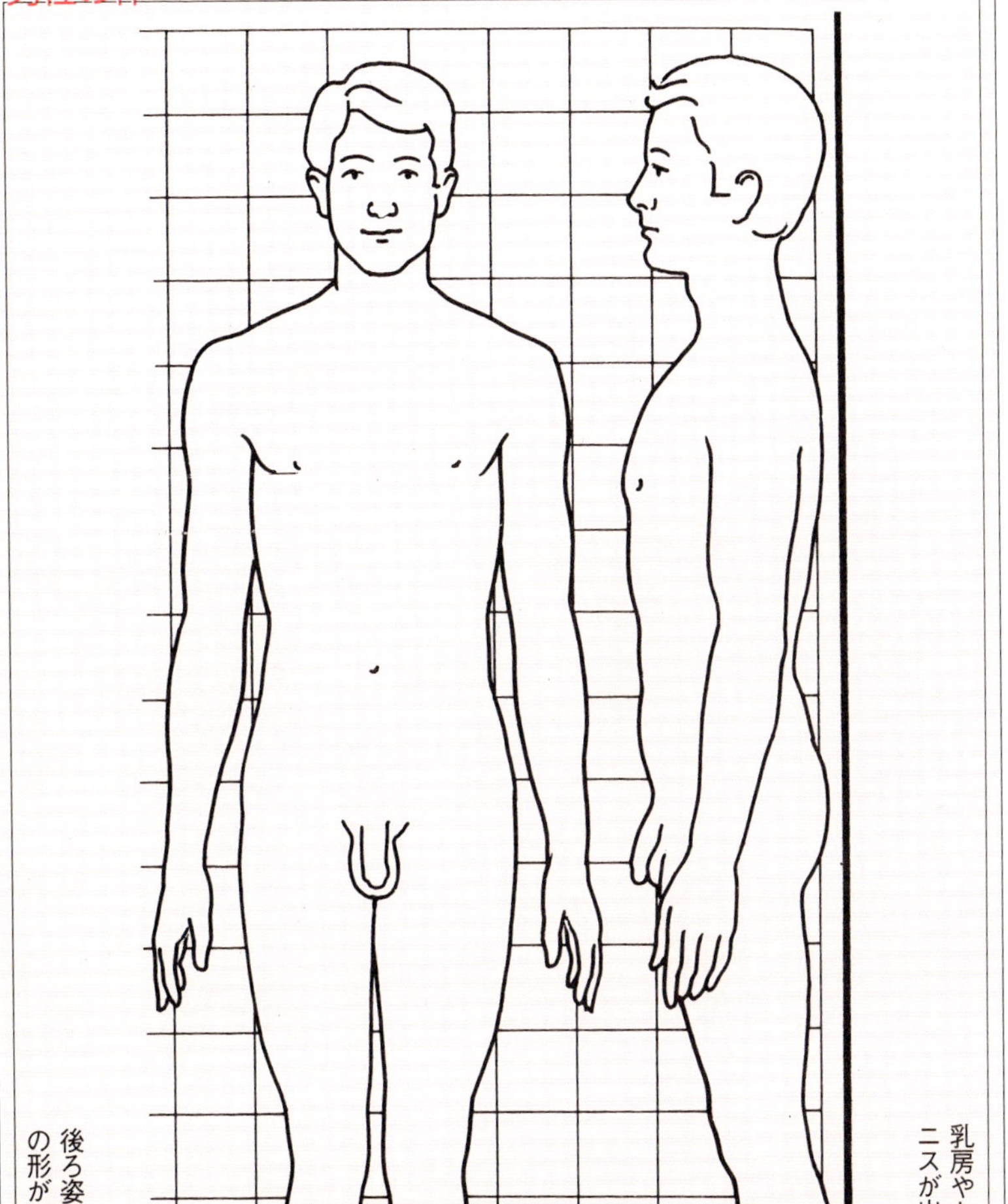
乳房やお尻のふくらみはなく、ペニスが出ている
後ろ姿とちがい、前からはペニスの形がはっきりと見える

ペニスが勃起しなければ二人の幸せはありません

いくら愛があっても、二人が愛し合えなければ歓びはやってきません。そのためにも勃起は絶対に欠かせない条件。彼の気持ちを奮い立たせてみましょう。

彼の目を刺激して
勃起を誘います

ご覧になったとおり、いろんなペニスがあります。これらはいずれも女性を目の前にして、興奮して勃起したペニスの状態です。女性の性器がいろいろと形に富んでいるの同じように、ペニスの形もさまざま。根元ばかり太いものや亀頭のえらがはっているもの、怒ったみたいなものや妙にゆがんだり曲がっているものなどと形も個性もいろいろです。これが今の日本男児のペニスです。これらも愛した彼のものとなると、愛しさもひとしおつのります。

女性にはペニスの形なんて気になるものではありません。大小や形よりも愛と愛の行為に重点を置きます。しかし男性は違います。あなたの彼も、自分の持ち物の大小にこだわります。巨根願望、巨根神話が今も男性たちをさいなんでいます。

実は女性のヴァギナは、いくら小さいものであれ大きいものであれ、形にとらわれずにすっぽりと包み込み、快感を得ようとする性質があります。必ずしも長大なものがほしいわけではないのです。大きいソーセージを口いっぱいに頬張って、美味しいわけはないのですからー。

勃起したペニスのいろいろ

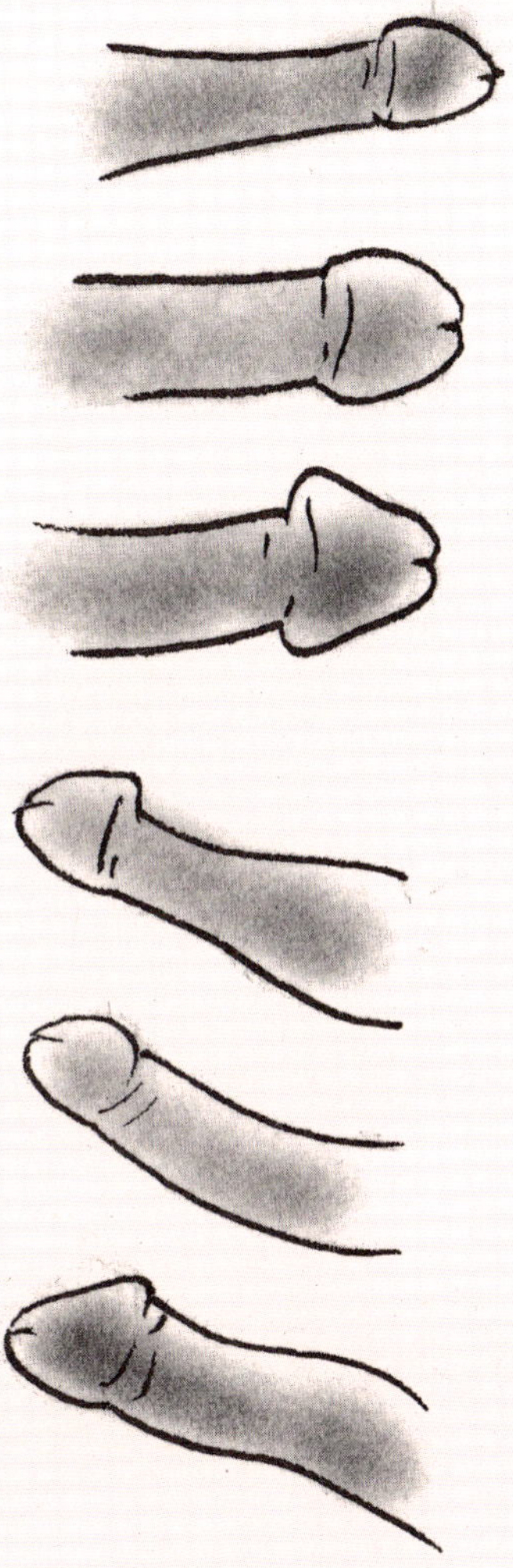

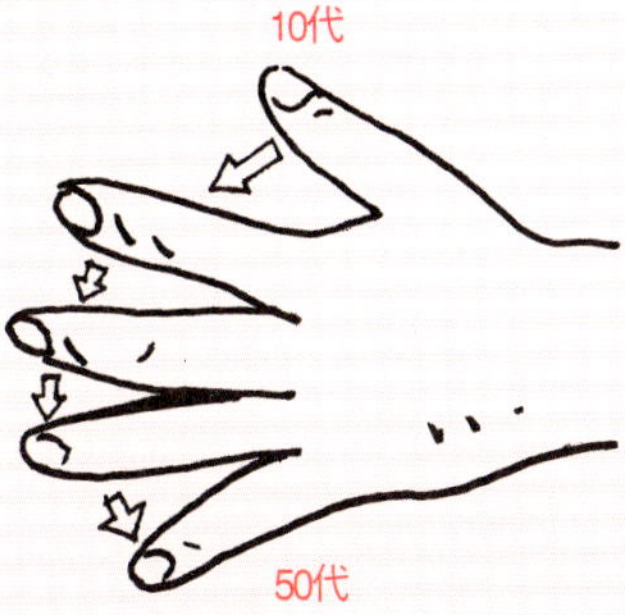

手のひらの開く角度が年齢に合った勃起角度となります

仮性包茎

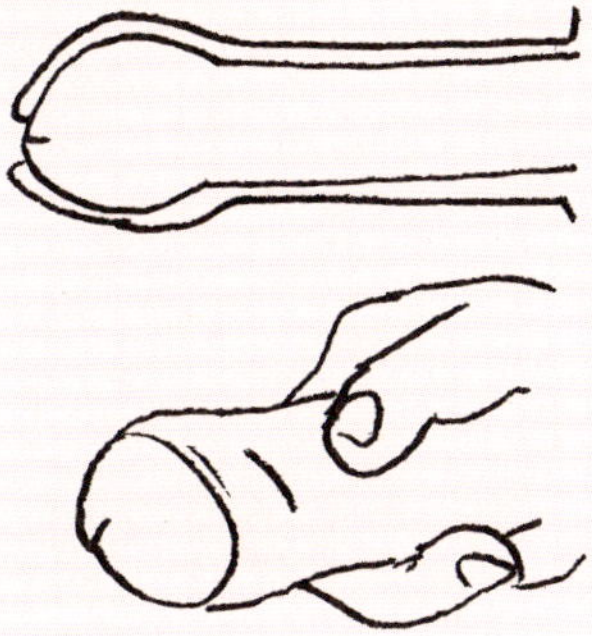

真性包茎

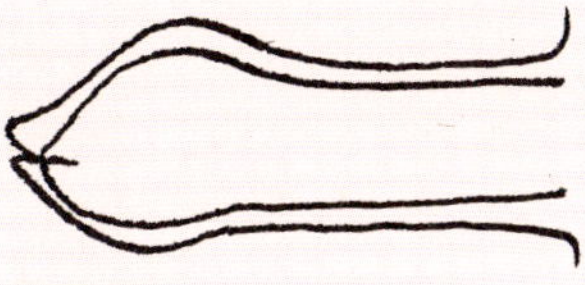

いろんな形がありますが、ペニスの大小ではなく、勃起力と亀頭の張りがセックスを決めます

仮性包茎は手でむくことができますが、真性包茎は手術をする必要があります

勃起力は年齢によって大きく違ってきます

男性の男としての証明でもある勃起。これは男性にとって想像以上に重要でデリケートなものなので、あなたのほうから気配りをします。

普段と興奮したあとの勃起

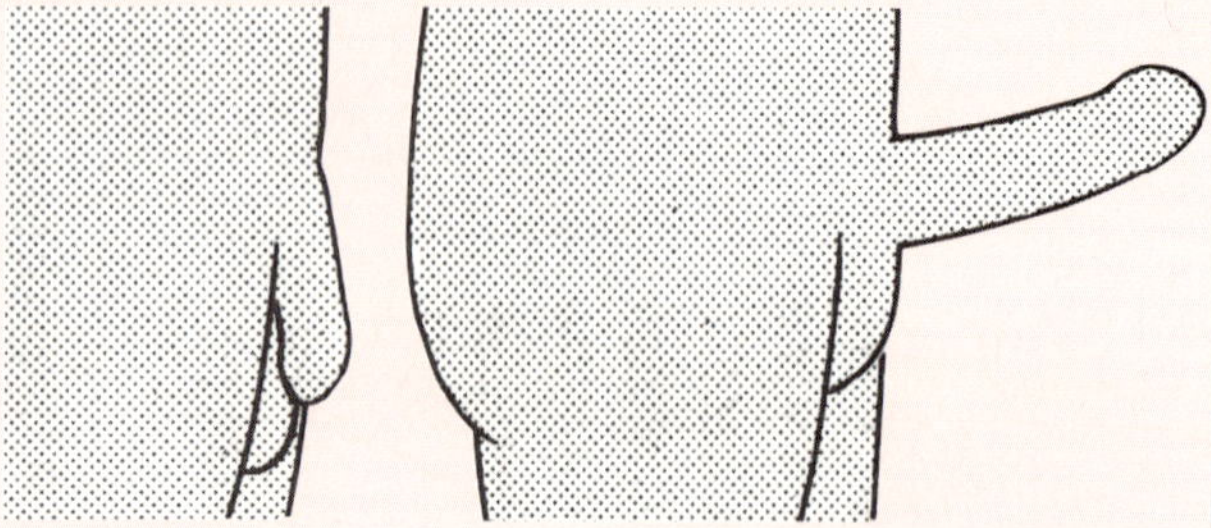

勃起にはヌード写真を見て起こるような性的勃起と、もうひとつペニスを触られることで起こる反射性的勃起があります。そのほかいわゆる「朝立ち」といわれる勃起がありますが、これは膀胱に尿がいっぱいたまることで、精嚢を圧迫刺激して勃起を引き起こします。ただ、この勃起は放尿すると急速になえていきます。もちろん性的な勃起も反射性の勃起も、射精すれば、とたんに小さくなっていくのは同じです。

　このペニスの勃起力には年齢によって違いが起こります。当然、若いころには勃起力は旺盛で、男性たちは「下腹をたたくくらい」だという表現をしますが、だんだんと年齢が進むにつれて、勃起するペニスの角度も下がってきます。図にあるように、手のひらを真横にパーの状態に開いたそれぞれの角度が勃起の状態にひとしいといわれています。親指は10代、人差し指なら20代、中指は30代、薬指は40代、小指となると50代となりますが、これにも個人差があるので、絶対ではありません。

　病気や精神的なものでも変わってきますし、若くてもインポテンツで不能になるケースも多く見られます。

彼を燃え上がらせるには
演技と姿態が必要です

性的勃起はあなたの裸を
見るだけで起こります

早漏、遅漏、インポテンツは必ず解決できます

男性の深刻な悩みに「すぐ終わってしまう」「遅すぎる」「立たない」の三つ。いずれもペニスの機能を理解して、あなたの協力で解決を図りましょう。

男性の性的プロセス（興奮期から緩和期まで）

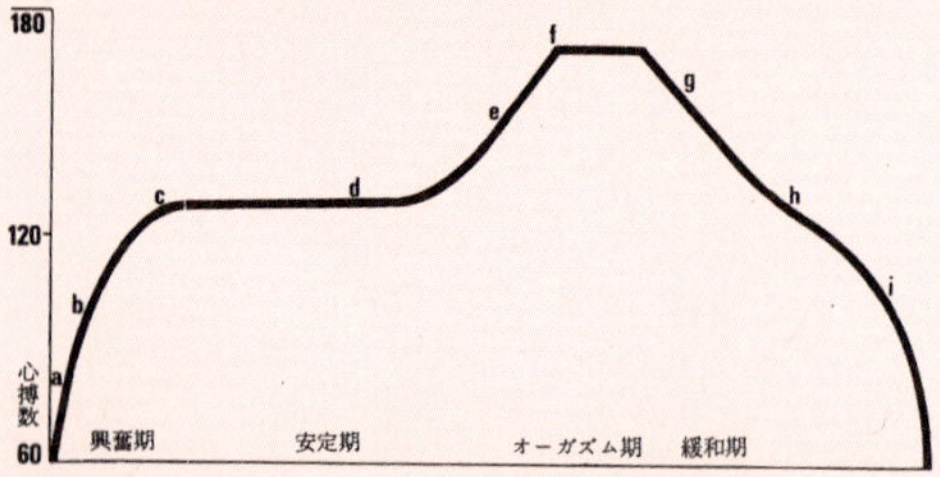

a　ペニスが勃起する
b　陰嚢が厚くなる
c　精巣が上がる
d「性的紅潮」色が胸、首、前頭部に現れる
e　ペニスの先端と精巣が膨張する
f　射精する。普通は重い呼吸と筋肉の緊張を伴う
g　性的紅潮が消える
h　勃起が消える
i　ペニスが普通の状態に戻る

早漏は持続時間が平均よりも短いことをさします。日本男性の平均的な持続時間はだいたい5分くらいですから、それよりもうんと短いと早漏、うんと長いと遅漏と呼ばれます。まず早漏の場合は女性にそれを告げて協力してもらいます。また挿入のタイミングを大きく遅らせて、相手が十分に興奮期に入り、たっぷりと潤い、膣口も大きく開いたくらいをタイミングとします。愛撫を長くされて、そのころには女性はちょっとした刺激でもイク状態になっています。遅漏なら潤い始めた段階で挿入します。いずれも体位を選べばかなりカバーできます。

インポテンツの場合は肉体的な問題や精神的なものまでいろいろ原因が考えられますから、専門医に相談するといいでしょう。たとえばタバコや環境ホルモンのせいであったり、体内の亜鉛が不足して起こるともいわれていますから、食事にも気を配り、女性との前戯に時間をかけたり性的な興奮を得るように努力します。あとは前戯と体位でカバーして、あまり精神的な負担のかからないようにします。二人の協力が前提となるでしょう。

ペニスの行動

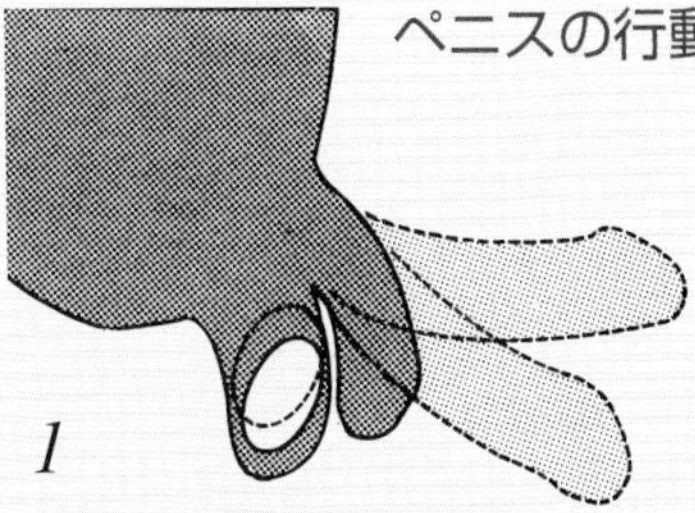

興奮期：刺激に反応し、血液がペニスへ流れ込み、精巣が上がり始めます

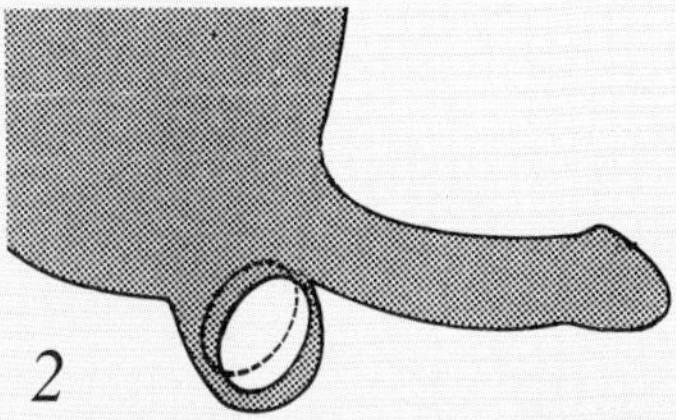

安定期：精巣は体近くに引き上げられ、ペニスの割れ目が隙間のように開きます

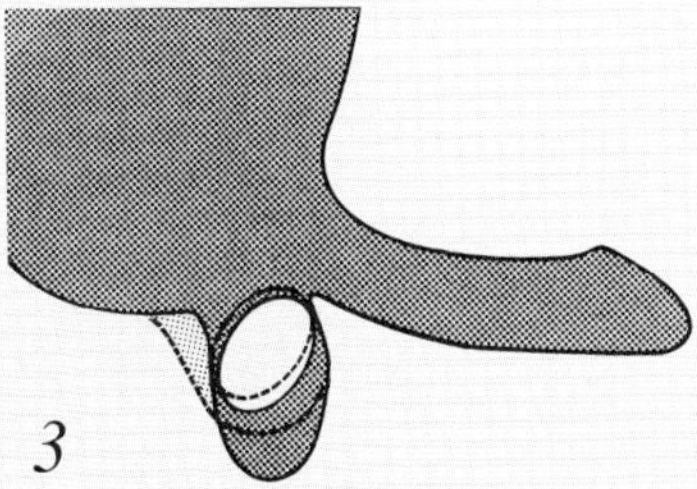

オーガズム期：ペニスの筋肉は数回収縮に精液がペニスから飛び出します

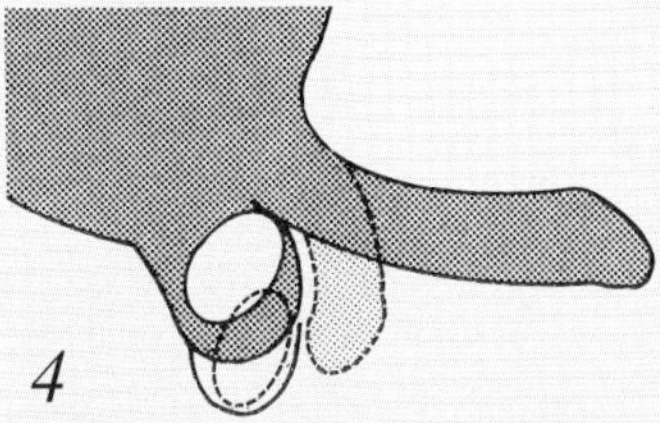

緩和期：極めて早くペニスサイズが小さくなり精巣も下がり普通サイズへと戻ります

タイミングをはかって挿入します

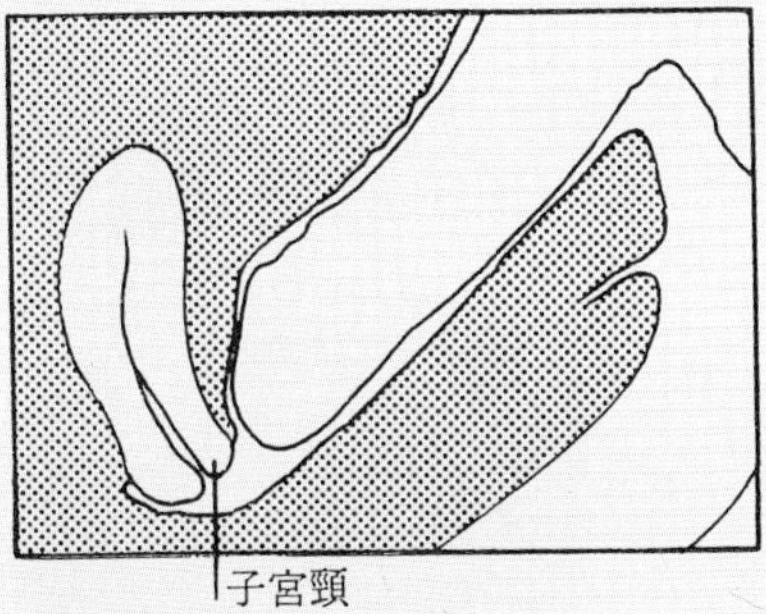

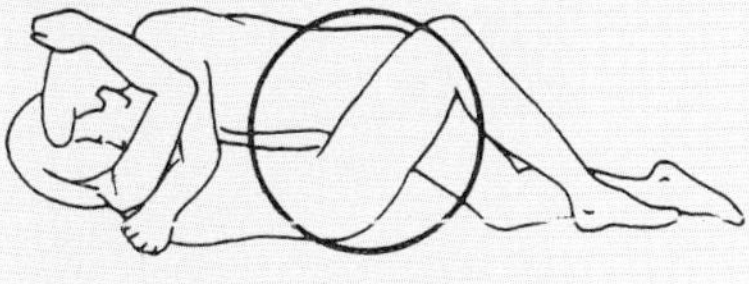

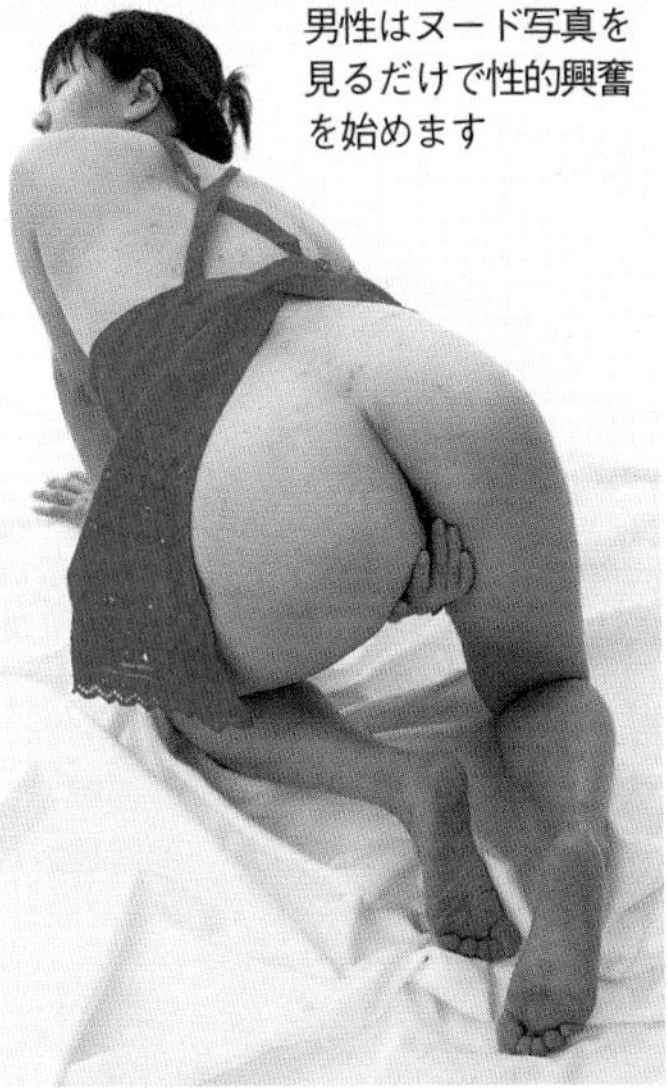

男性はヌード写真を見るだけで性的興奮を始めます

じょうずな脱ぎ方と脱がせ方があります

二人がそれぞれに燃えてくると、次には衣服を取らなくてはなりません。そのときのタイミングや体の動きが大切です。

まずムードを大切にします。二人の高まりを壊すような性急な事はつつしみ、むしろゆっくりと雰囲気を楽しむつもりで互いに協力し合います。爪で相手を傷つけたり強引に衣服に手をかけたりしないこと。時間をかけて衣服を脱いでいくと、その分だけ前戯となって燃え上がります。

ネッキングの最中も互いに相手の体に触れる

キスとネッキングから始め、手は彼の膝に

さらにボタンを外して乳房を下から触れる

彼の手は乳房に伸び、ボタンを外して

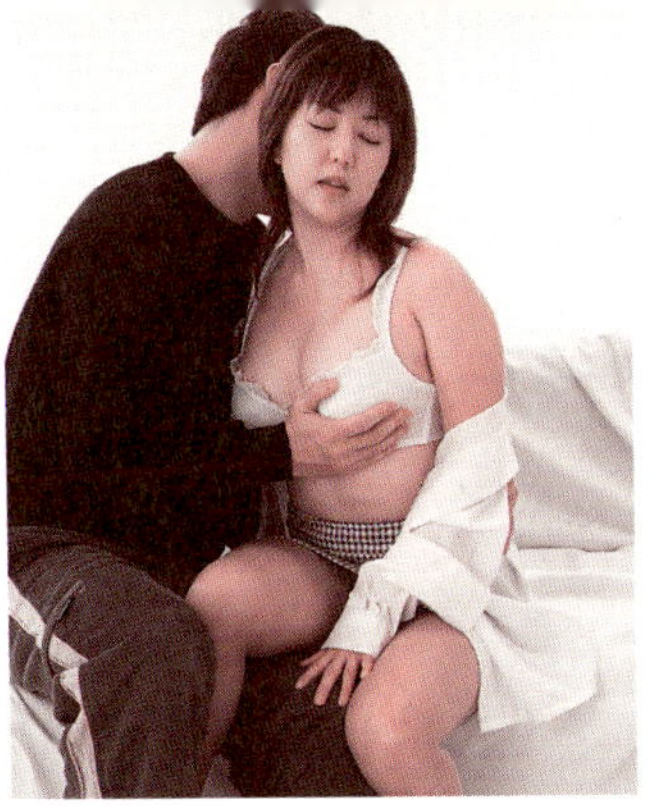

肩からシャツをずらして脱がせやすく動かす

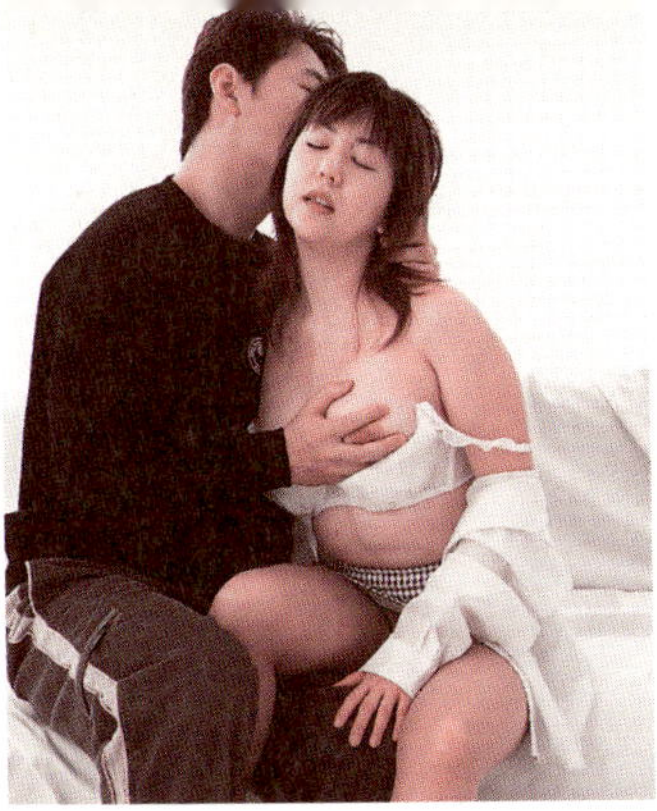

彼の手でブラジャーが外しやすいように肩をひねる

彼の膝にのって顔を引きつけ乳房に押しつける

足を開いてショーツに手がかかるように彼の手を誘う

クリトリスを刺激させながら彼は後ろに回る

立ったまま動きやすい体位を選ぶ

たまには彼の勃起誘発の刺激ポーズの研究

勃起する基本は、性的興奮を誘い、勃起をさせる視覚刺激にあるといわれています。普段よりも刺激的に振る舞います。

いつもとは違う姿やポーズは、遅漏やインポテンツの男性には効果があります。たまにはいつもとはひと味違う服装やポーズで彼を刺激し、勃起をさせましょう。

彼の前で大胆に器具を使ってオナニーのポーズをとります

古典的なコスプレ。女学生にふんして彼を誘います

イチゴを口にセクシーポーズ。表情が大切

下着を普段と変えて大胆にオナニーポーズ

可愛い下着でちょっとお尻を突き出して

下着丸見えのポーズで彼を誘う

オナニーポーズで刺激して勃起させる

オナニーポーズは男を刺激する

特異な雰囲気を作り出す

大きく大きくお尻を振り立てる

大胆に激しくして勃起の持続をはかります

遅漏やインポテンツの人に効果的な激しいポーズとセックス。環境を変えると新鮮な感動と歓びが湧き上がり、新たな刺激にこたえられるようになります。

インポテンツの人は勃起することが大仕事です。さらに可能になったペニスを、行為のあいだ持続させるのは、さらに過酷な状況になります。まずしっかりと挿入できるところまで勃起させたうえで、女性が到達するまで行為を持続させなくてはなりません。そのためにはセックス環境を変えて、外で行なうのもいいでしょう。また女性が積極的に動くのも効果的です。

フェラチオをしながらオナニーで刺激します

彼の指でアナルや膣口を刺激させて

ちょっと衣装に工夫して

持続力を高めるためにもっと激しく！

外で行なえば人の目も気になって刺激的

大胆に積極的に声を出して励まします

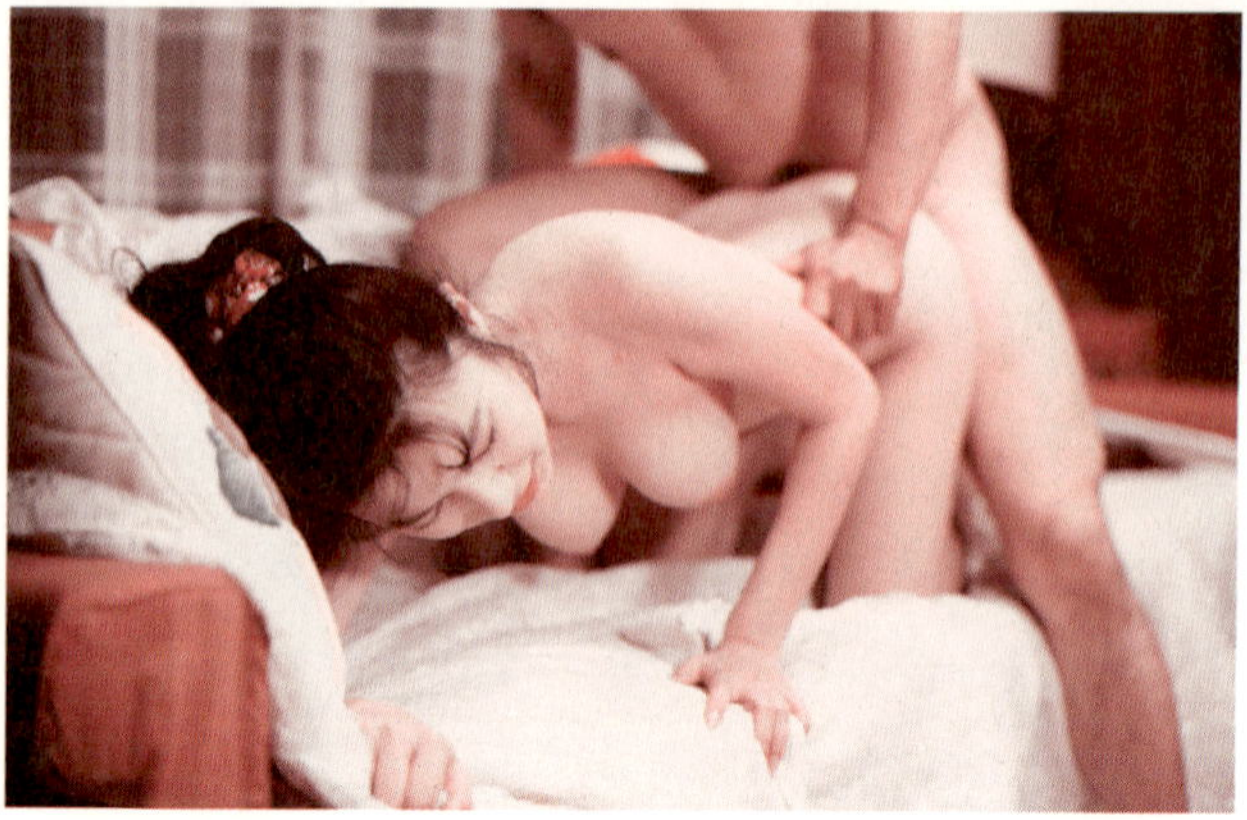

ときどき環境を変えて

遅漏や早漏、インポテンツなどのセックスの悩みの深刻さは、本人以外わからないものです。早すぎるとコンプレックスにつながり、ますます精神的にめげてきます。また遅すぎると、決して「強い」ことにはならず、女性に負担ばかりをかけて、楽しいことはありません。インポテンツに至っては、話にもならず、男としての価値さえない、と思い始めます。そんな悩みを解決する方法として、セックスの環境を変えることをお勧めします。アンケートによりますと、女性の多くが、たまにはシティーホテルとかブティックホテルでセックスをしてみたい、と答えています。つまり環境を変えて、新鮮な刺激と興奮を味わいたい、ということでしょう。そんな女性の気持ちにも応えられて、自分にも新たな刺激を作り出すことのできる環境作り。ホテルだけではなく、戸外でセックスをするのも、人の目が気にかかり、なにかしら心せいたりしていいものです。セックスの悩みも解決するかもしれません。ぜひとも一度は試してみたい方法です。思いきって行動に移してみては。新鮮な感動を約束します。

STAGE 3

「愛撫」

もっと高く もっと深く

彼をもっとその気にさせてあげたい
愛を高めるポーズ

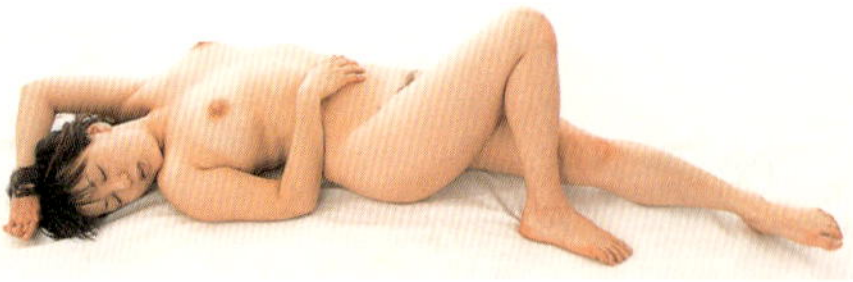

横になってゆっくりと膝を立て、手や足の動きをゆるやかに…

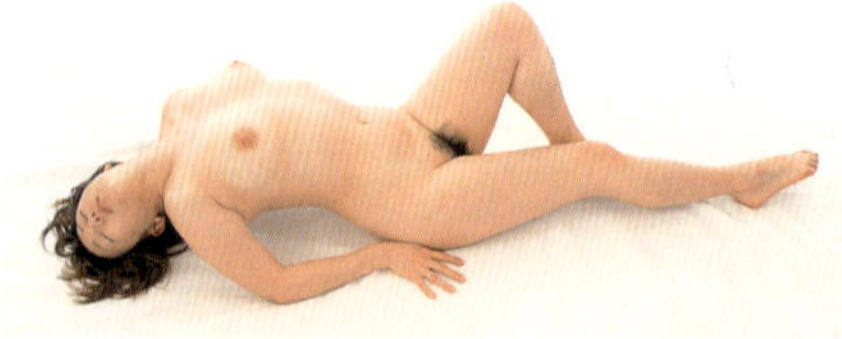

胸をそらせて背中を弓なりにすると、なんだかせつなそうに…

足を開いて膝を立て、ゆっくりと腰を持ち上げます

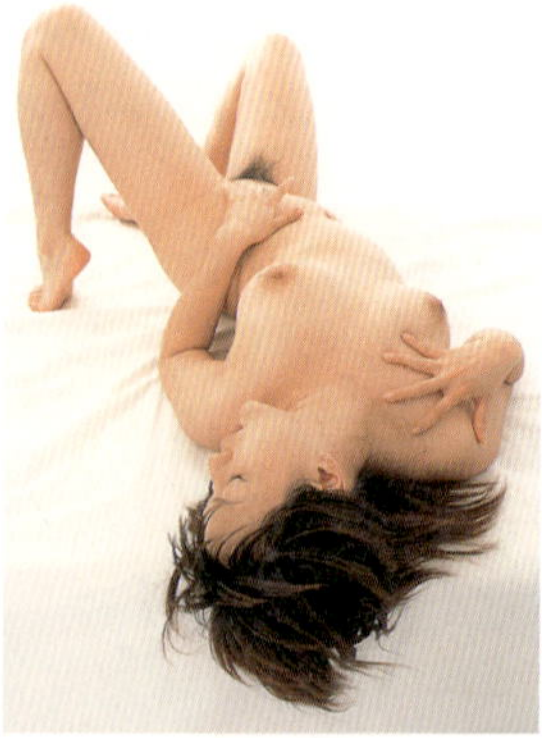

彼を見上げ、なんとなく甘える雰囲気で体をくねらせます

愛の前奏曲は愛撫から始まるものではないの……。その前に彼をう～んとその気にさせてあげるためのあなたのポーズ、姿態が大切ね。だって彼ってあなたのセクシーな体や甘えたりおねだりするポーズって大好き。ものすごく興奮するものね。

あなたの誘いのポーズしだいでもうワクワクドキドキ、彼ってセックスするときと同じくらいに感じ始めているのだから。本当の楽しい始まりは、もうあなたのポーズから始まっているの。

お尻や腰、胸に彼の熱い視線を
感じとって……

後ろ向きにお尻を突き出すだけで彼ってもう我慢できなくなってしまう…

うんと燃え上がらせてあげたいこんなポーズ

初めはお茶目に明るく可愛くが基本

ちょっとお尻を突き出して胸の強調も忘れずに……

手で胸を下からなであげるように……

なんだかムズムズしておねだりしたいとき、こんな形で彼に迫ってもいいのではないかしら。すぐ彼にその気になってもらえるように、見てよくわかる雰囲気で迫るのがポイントだと思うけど、どうかしら……。

お尻をゆっくりと横に振り回転させます

豊かな胸を強調して熱い吐息を彼に向かって……

彼に迫り、愛のサインを送ります

胸を両腕に挟むと豊かに大きく見えます。これがおねだりの基本ポーズじゃないかしら

熱い吐息とともに
鼻にかかった声で彼に……

ちょっとしたしぐさでその気にさせるこんなポーズ

ほらッ、彼の目を意識して さりげなく動きましょう

何気なく取ったポーズに男の人って、想像以上にドキッとするみたい。もちろん、あなたはそれもちゃんと計算したうえのこと、ね。明るく楽しそうに振る舞いながらも、本音は、フフッ、ちゃんとおねだりなんだ。

彼の興味をいっぱいに引き出す究極のポーズ

胸を揉みしだき、ちょっともだえる様子で……

正面から見たポーズ。胸の手の動きはゆっくり静かに……

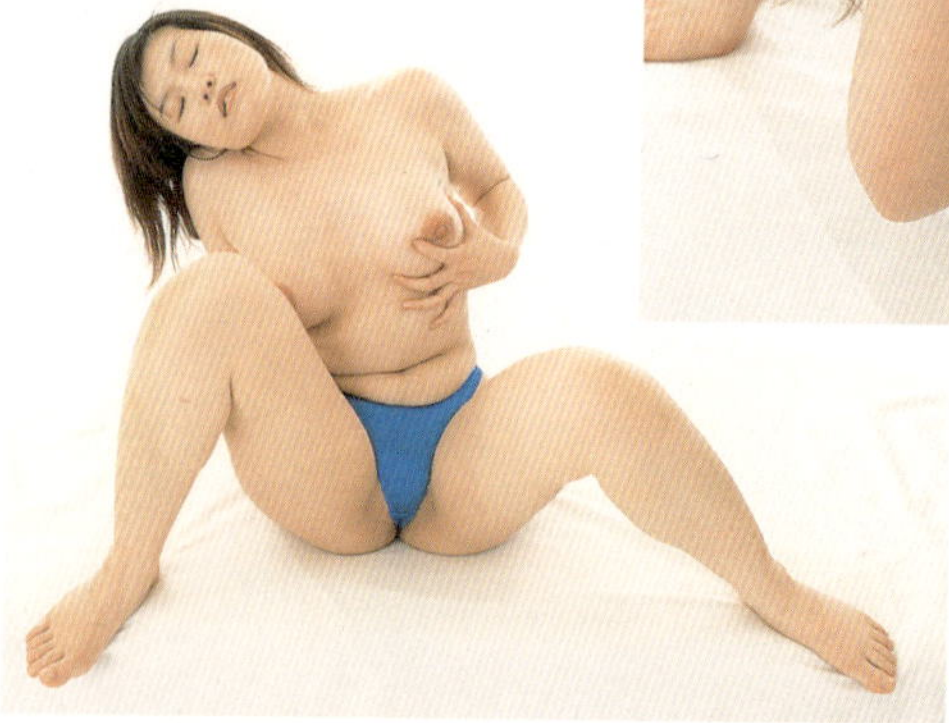

太もものうち側をなでるのは、もう限界というサイン

彼ってやっぱり、あなたのアソコとアソコが大好きなのね。男ってみんなそうみたい。だからそんな彼のために、直接「やる気」をおこさせるのもいいかも、ね。つまり女の武器を最大限に使うっていうこと。男は目で見て刺激を受けるので、そこを十分意識することが肝心なの……。

お尻を突き出し、おねだりポーズで……

お尻をくねくね、モジモジ動かすと、彼はもうたまらない

背後の彼の熱い目をとらえてはなさないポーズ

背中をうんとまげてそらせることで、後ろから見た腰とお尻の形は美しくなります

隠したり見せたり……
そのじれったさがたまらない

エプロンはつけているものの、下にはショーツをつけていない……、こんなシチュエーションって、本当にエッチだと思う。でも男ってこんなことにとっても感動するし、すぐさまその気になってくれるというから、一度試してみようね。

背後の彼の目を釘づけ。なぞってエプロンの中から可愛い真っ白なお尻が……

衣装を使って彼をそそり、その気にさせるポーズ

エプロンからこぼれる乳房が思いのほかハッとさせる

お台所でさりげなく小腰をかがめると……

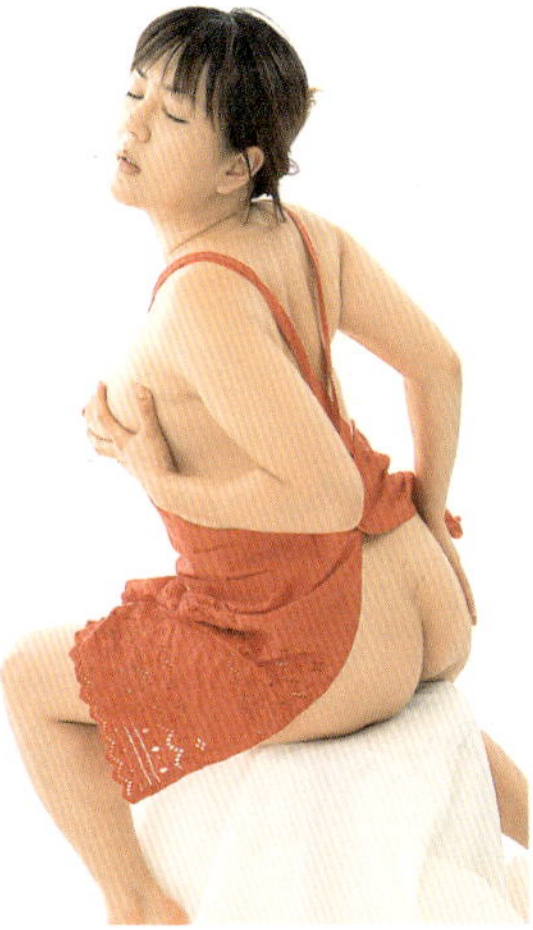

横から見せるポーズのときは腰からお尻の線を強調

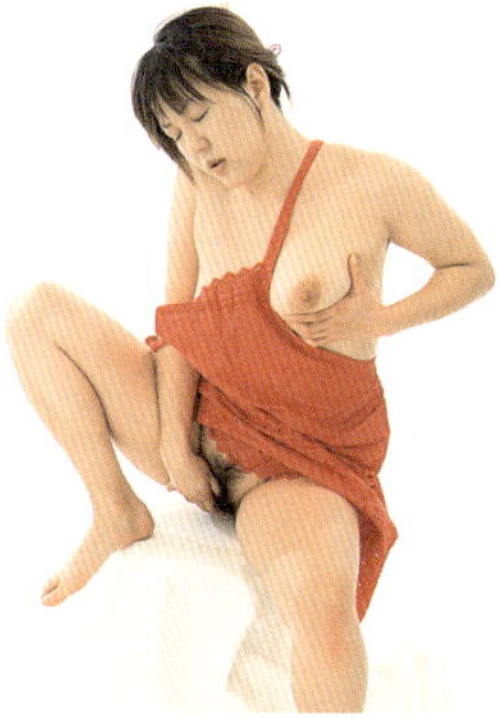

椅子に座ったポーズ。もだえる様子で

横にじりで見えそうで見えないのも悩ましい

足を開いてもそうやすやすと見せないのもテクニック

彼の弱みに直接アタックする究極のお尻攻撃

横向きではお尻と胸をつきだしぎみにその線を強調します

胸やお尻ののぞく衣装を選び、やはりお尻や胸をチラチラ露出……

おしげもなく彼の目の前に可愛いお尻を突き出せば、もうこれで決まりッ

悩ましげにお尻をなでてみます

男と違って女性の体の特徴は大きな胸と丸いお尻を持っていること。男はないものねだりで、その二つが我慢なりません。もう見るだけでムラムラ……、そんな彼への決定的なポーズです。

白くてかわいいお尻こそ
あなたの最大の武器

エプロンからこぼれ出したお尻をくねくねさせたり上下にゆっくり動かします

下着をじょうずに脱いで
セクシーに彼をそそる

1

彼に勧められてちょっと恥ずかしそうにはにかみます

2

いわれるままに上着に手をかけ、ちょっと胸をのぞかせます

3

横向き加減で恥じらいながら上着を肩から外します

4

このとき後ろ向きになるのも恥じらいが見えて効果的ですね

下着やショーツの取り方、脱ぎ方にはなんといっても「恥じらい」と「奥ゆかしさ」が求められます。なんだか今の時代にあわないわ、なんていわないで。だって男というのはほかの女性には大胆でエッチな娼婦を求めるくせに、自分の恋人や妻には処女をもとめるんだって。だから脱ぎ方はあくまでも恥ずかしそうにします。

1

ショーツを取るときは後ろ向きにポーズを取るのが原則

2

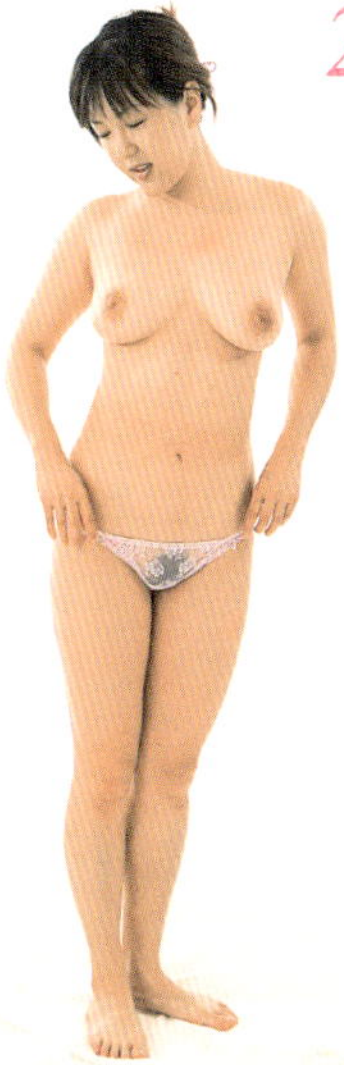

前向きならやや横に構えてショーツに指を差し入れます

3

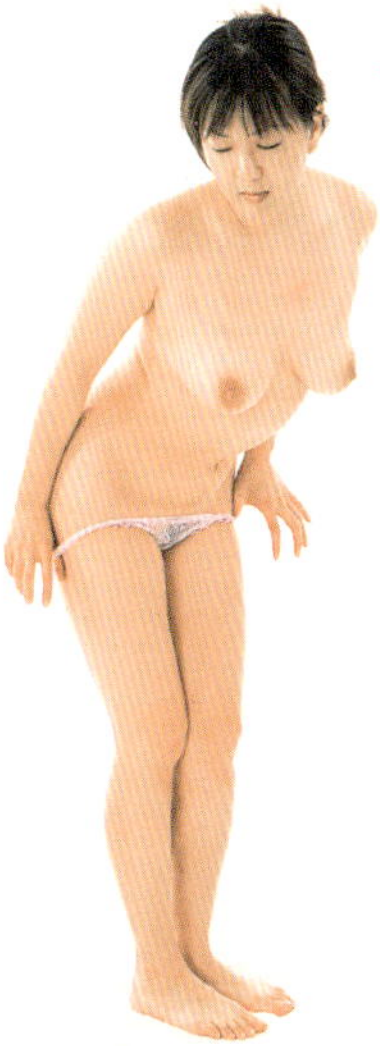

お尻の側からするりとショーツを外すようにします

恥じらいと奥ゆかしさで自分を演じましょう

4

後ろ向きにお尻の線を強調して

5 そのままショーツをずらせて取り、小さく畳みます

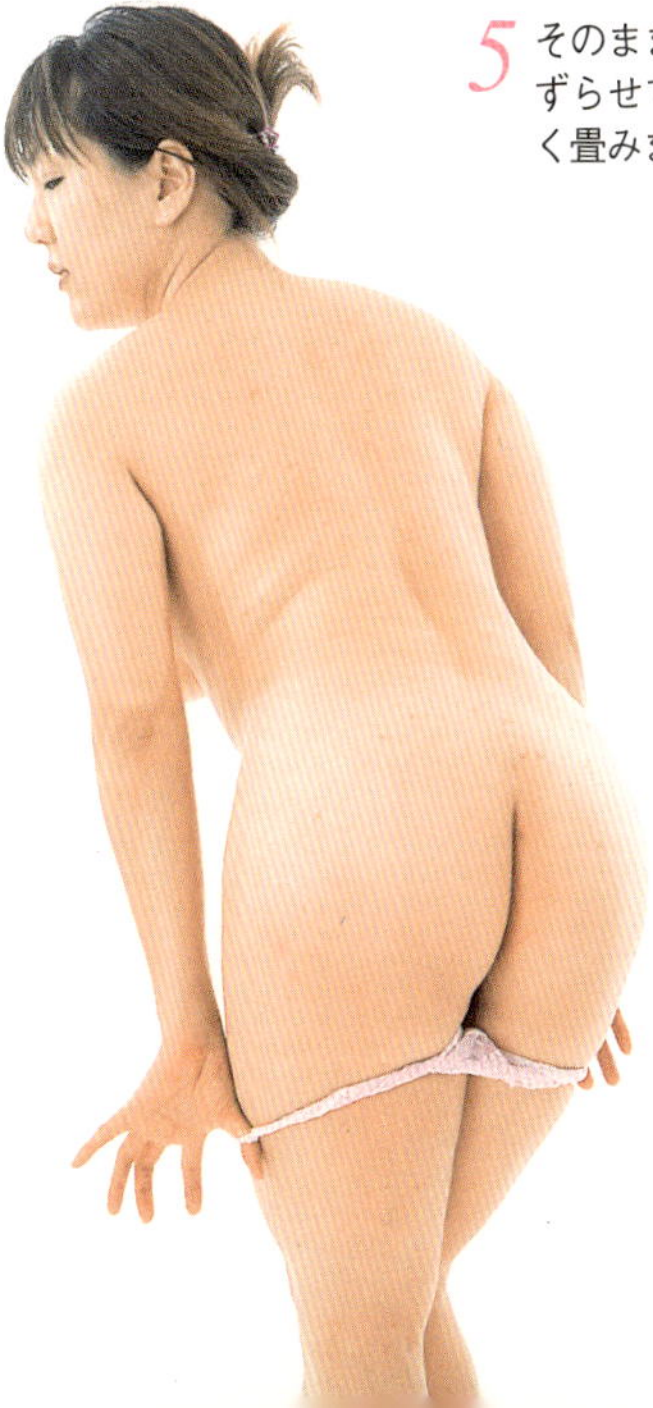

オールインワンは体の線を十分に意識して

オールインワンはあなたの体の線を守ってくれますし、強調もしてくれるものだけに、脱ぎ取りにくいのが難点ですね。そこでモタモタしないためにも、そして彼のやる気を損なわないためにも、手早く脱ぎ取るのが肝心です。あくまでも手早く、ねッ。

1

後ろ向きでも前向きでもかまいません

2

片方の肩から外しにかかります

3

もう片方の肩を外し、乳房を露出します

4

てきぱきとずらしていきます

5

とくにウエスト位置ではまとめて

6

親指を差し入れてずらせるようにします

テンポよくてきぱきと脱いでいきます

7　大胆に手早く、一息に足首まで下げ下ろします

お尻の線を意識させて
そそっちゃう……

ショーツはお尻の線に
そって後ろから横にず
らして下ろすと、妙に
セクシーと思わない？

歓びへ誘ってあげたい「愛撫」の方法

あなたが彼との楽しい時間を持つためにも、絶対欠かせないのがこのパート。おたがいがう～んと気持ちよくなるためにも、ここではいろんなテクニックを勉強してみましょう。たくさんの女性たちがそれぞれに経験したもの、また私たちが実際に学んできた事実にアンケートや読者からの質問を加えて、素敵な方法を探ります。

彼への積極的な愛の表現はキスをすることで始めます

フェラチオは彼が一番愛の証しと感じる行為だとか

愛撫の方法もときには彼の足や足の指をなめることも

彼に甘えおねだりするときは背後からが効果的です

背後によってそっとキスを……

じょうずに優しく彼から下着を取ってあげたい……

彼に自分から下着を取らせちゃうなんて愛情不足というもの。なにもしもべになるわけではなく、やはり二人の楽しい時間を作る大切な方法の一つですから、次に続く楽しく気持ちよい雰囲気も作りたいですね。

背後から寄り添い手でペニスを撫でさすりながら下着へ

背中に唇をはわせながらゆっくりと下着へ

前からお尻に手を回し下着へ

下着の上からペニスの刺激を……

下着の上からペニスをなめたりかんだり……

愛情を伝える方法として彼の下着を取ります

下着を取った後はそのままフェラチオへとすすみます

体の部分を使って彼にしてあげたいいろいろな愛撫方法

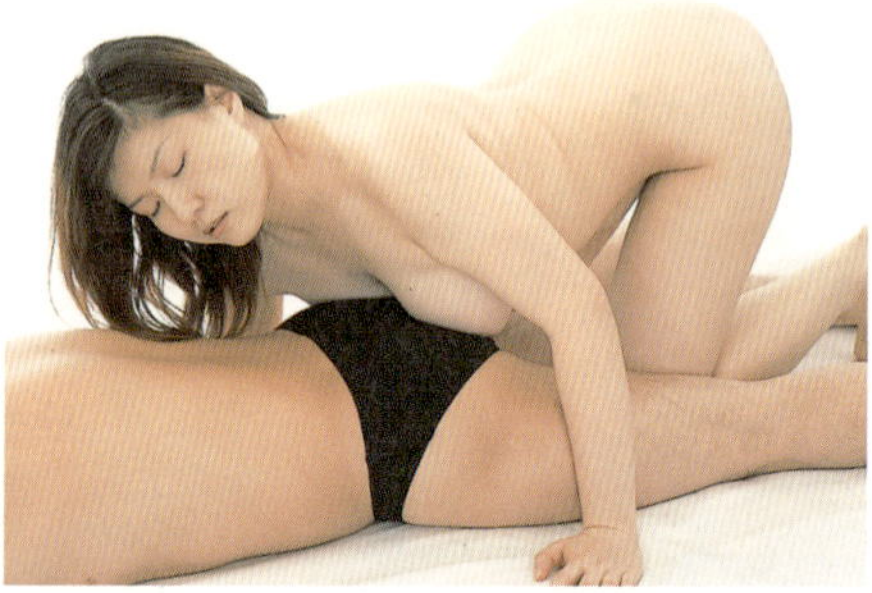

髪の毛を使って彼の背中を、乳房は彼のお尻に押しつけたまま刺激します

背中に重なり体の柔らかさを感じさせます。彼の手を握ることも忘れずに

髪の毛でくすぐり指は脇に伸ばして撫で続けます

刺激を与え、同時に刺激を感じる体の愛撫

手でペニスを刺激しつつ乳房で体を撫で続けます

背なかに舌をはわせながら乳房は彼のお尻を……

男性と女性の体の違いは、なんといっても体の柔らかさそのものの違いでしょうか。そこでその特徴を生かして思いきり彼を楽しく感じさせちゃいましょう。女性のもてる武器はじょうずに生かすのが得策というものです。だって彼の喜ぶ顔、見たいもの。それが愛だとは思わない……？

指をかんだりなめてみたり……

疲れた彼をその気にさせる背中への愛撫

後ろからそっと寄り添い、
いたわりのキスをします

いたわりと
やさしさの中に
刺激を求めます

彼を前倒しにして体を
密着させます

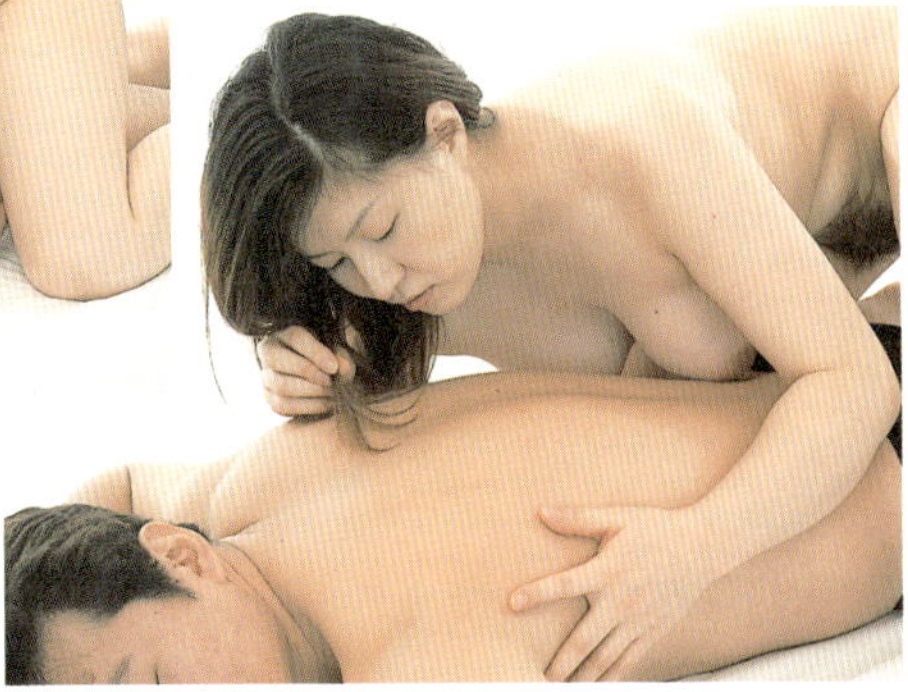

体の部位を使って優し
く刺激します

背中にくりかえしキスをします

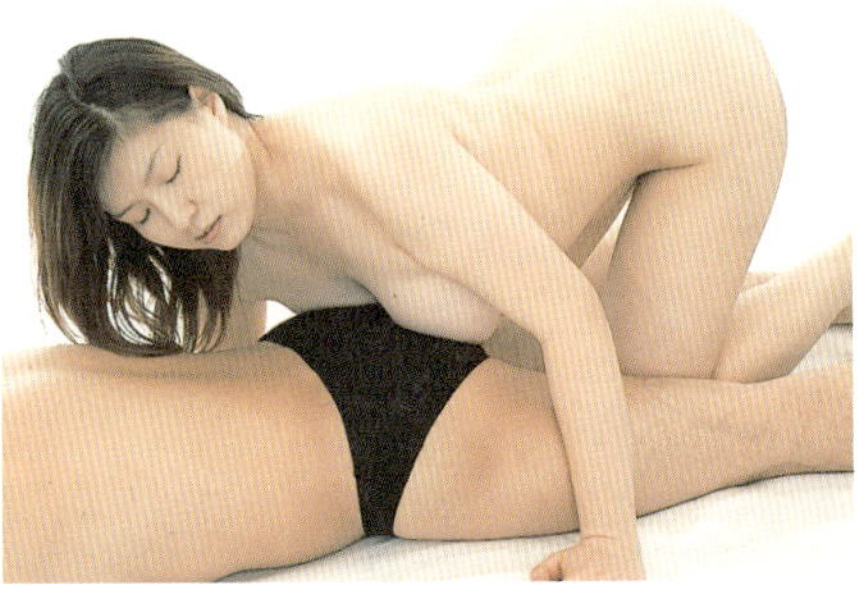

乳房の温かさや柔らかさが彼をいやします

なんとなくその気にならない彼におねだりするときのきっかけ作りは、この方法がいいですね。背後にそっと回り、疲れた彼をいたわりながらも、なんとかその気になってもらうためには、いたわりと優しさが必要です。最初は優しく甘え、最後はペニス刺激へと続けます。

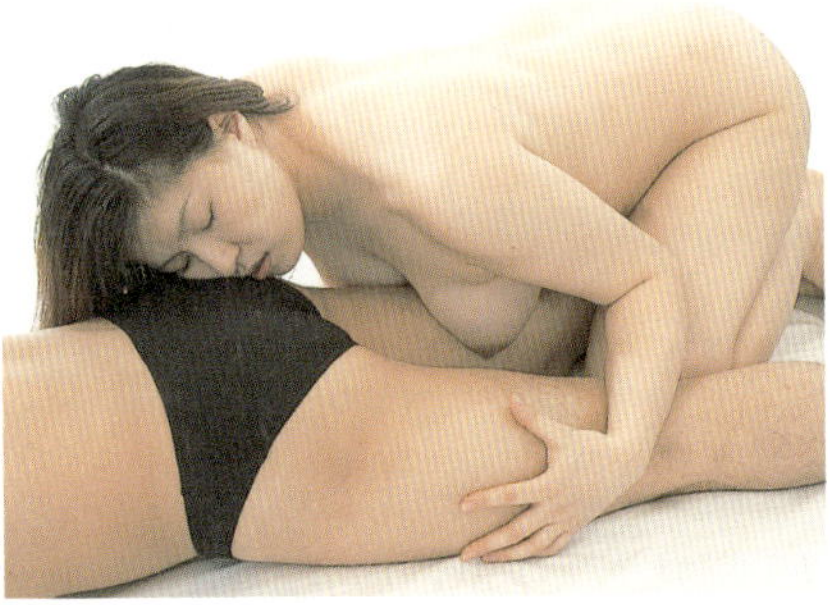

彼のお尻をなめたりかんだり、乳房で刺激を続け
手はペニスへ

おねだりの仕方ってむつかしい……。多くの女性は一度のセックスで満足のいくことは少ないといわれています。男性ほど簡単に達することができないからです。そこで二回目のおねだり……。小声でささやきを交えて、もう一度の頑張りを促すのが、背中に施すいたわりの愛撫です。

彼に寄り添い耳元にささやきます……、「とってもよかった…」と

手のひらで繰り返し彼の背中を上下に撫でさすりながらささやき続けます

首筋へのキス、耳を軽くかむ、首筋をなめ上げる……

ささやきと舌での刺激で促します

舌は背中や脇腹をなめ、手のひらは始終動かします

自分の体を彼の体にすり寄せます

もう一度、そんなときのいたわりと奮起の愛撫

お尻へのキスと同時に手でペニスとアナルを刺激し続けます

もう一度、奮起を促す下半身への愛撫

下半身への愛撫はとっても直接的で、本当に効き目があります。ここで紹介されている方法は、実際に実行されているもので、かなり刺激的なものといえます。なぜなら女性の局部を使い、男性への刺激も直接働きかけるものだからです。あなたもきっと満足いくことでしょう。

お尻をかんだりなめたりしながらアナルを指先で刺激

指や舌でペニスとアナルの周りをいじくりなめ回します

体を押しつけアナルの周辺から太ももへ舌を進めます

乳房や局部を彼の体に押しつけて
こすります

アナル刺激と
局部を使って
直接高めます

足の裏をまんべんなく
なめます

指のあいだを吸い局部
で足をこすります

彼を奮い立たせる愛への序章

愛撫はあくまでも次にくるセックス運動への導入部。男性には勃起を、あなたにはペニスの挿入をたやすくスムーズに行なえるように局部(膣)へのうるおいを促すためのものですが、愛撫だけで達してしまう人もいるくらいです。

手で髪を撫で、唇を彼の顔のいろんな部分にはわせます

首の周りも敏感なところ。ゆっくりとくりかえしなめ、キスをします

とくに男も耳は敏感ですから、軽くかむなり息を吹きかけたりします

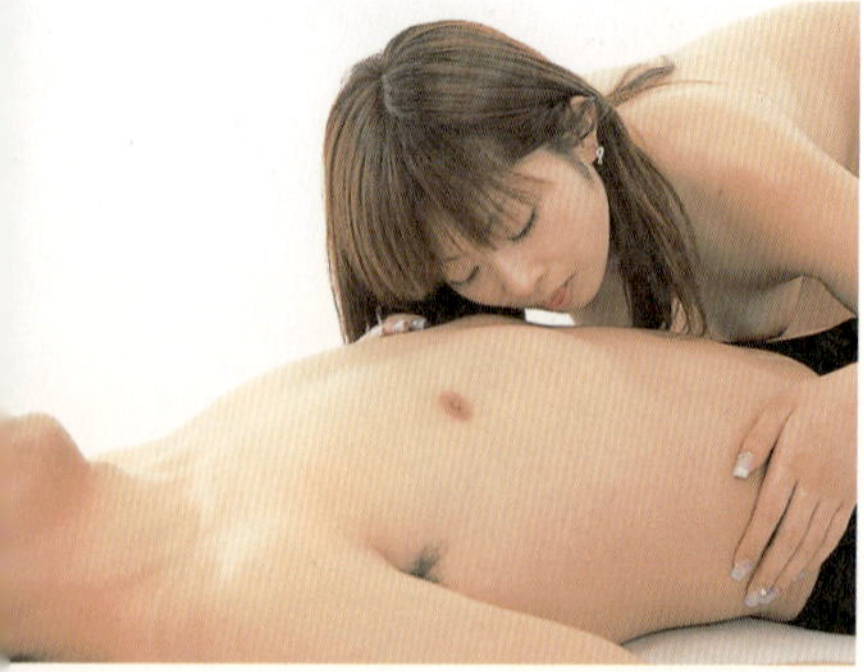

臍には息をふきかけたり舌先をさしいれたり。手は撫で続けます

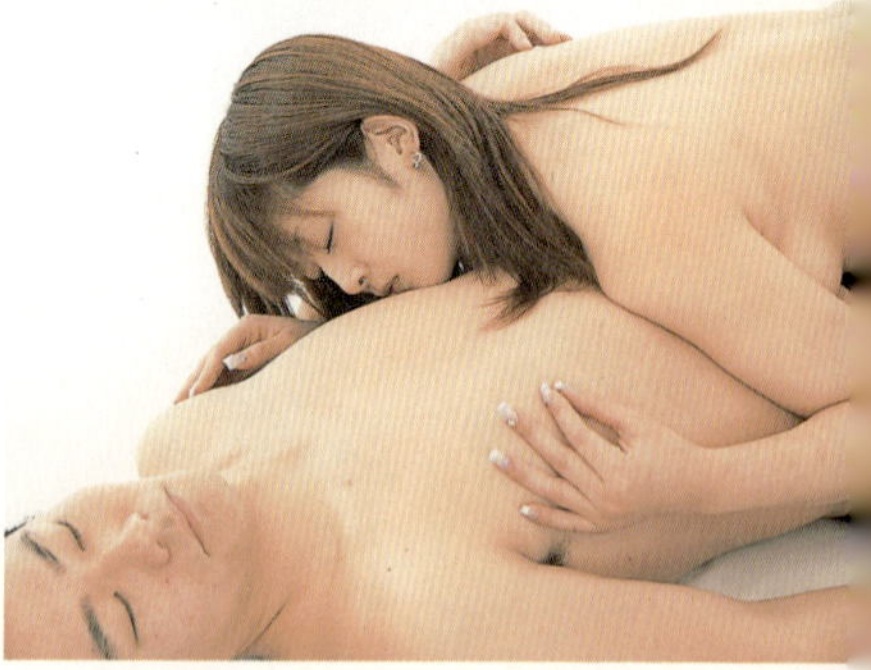

脇腹から乳首へ。男も乳首は勃起しますから、指先でクリクリと

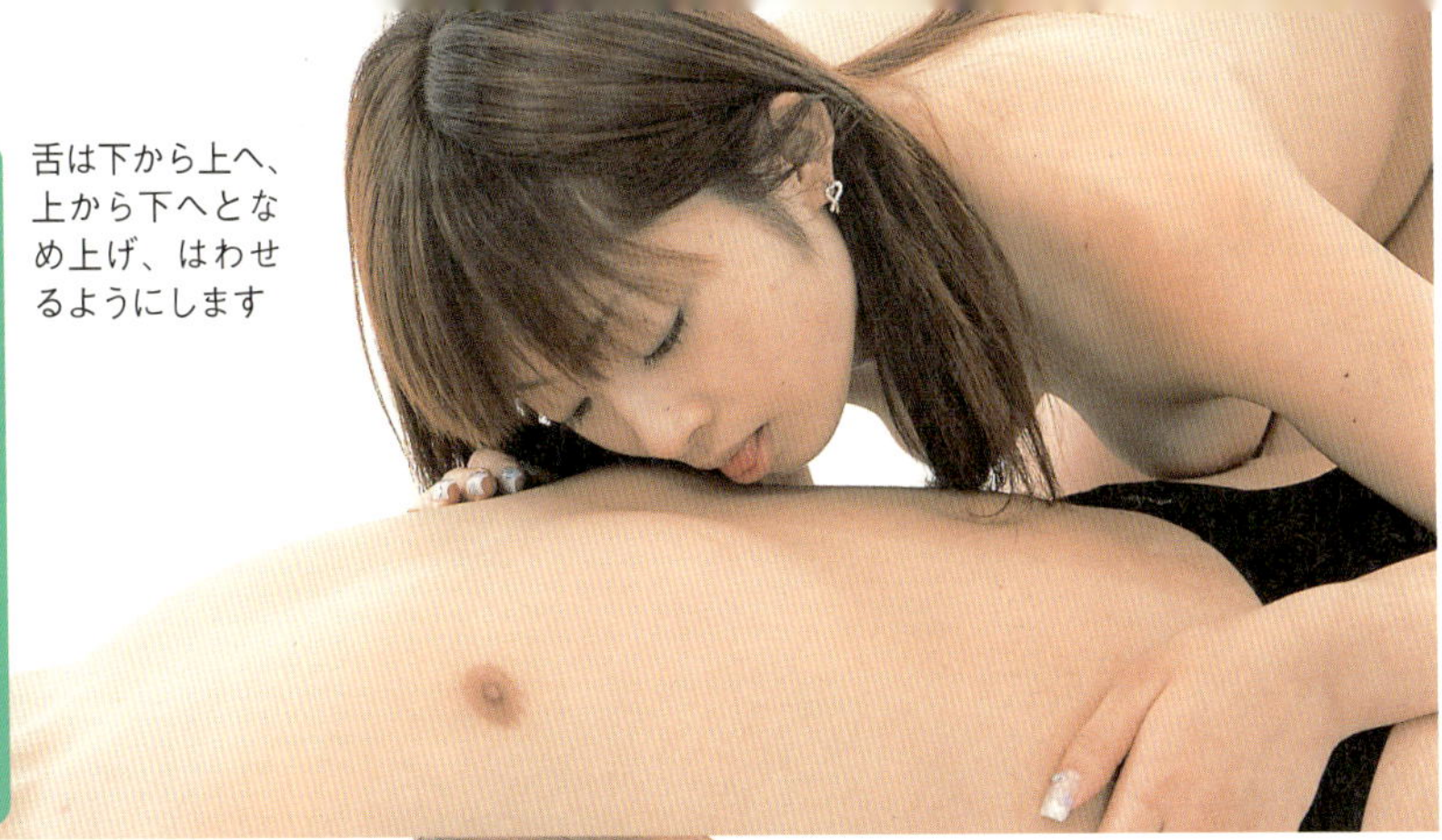

舌は下から上へ、上から下へとなめ上げ、はわせるようにします

臍周辺への愛撫と同時にペニスを手のひらや指で上下にこすります

トリプル愛撫で高揚させましょう

フェラチオと同時に陰嚢の裏側やアナル、会陰を刺激します

強烈な視覚刺激で彼を思いきり元気にする下半身愛撫

男性はなにで刺激を感じるのか、大きなテーマです。視覚と触覚、嗅覚などの中で女性と大きく違う点は、なによりも目に受ける刺激が飛び抜けて強いということ。とにかく彼を思いっきり興奮させるためには、あなたの可愛いアソコをじょうずに見せてあげることね。そこで彼の上になって彼の目に直接局部をさらしますが、ただ見せてしまうのでは芸が……。そこでモジモジお尻を動かしたり恥じらいが伝わるようにします。

お尻を小さく可愛くふりふり彼の足の指をなめたりかんだりします

指で彼の足の指先をもみながら、舌先は上の方へ

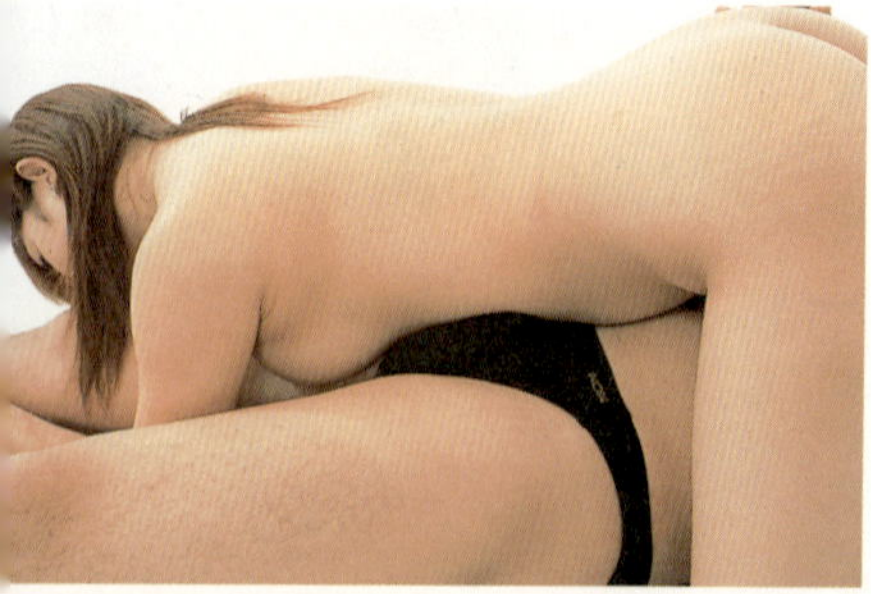

お尻は小刻みに恥じらいを込めて振りながら、舌先は膝から太ももへ

膝をかんだり膝の裏側を撫でながら乳房と股間部で彼の上半身をこすります

恥じらいと大胆さを表現しましょう

ときには大胆に彼の顔に局部を押しつけて

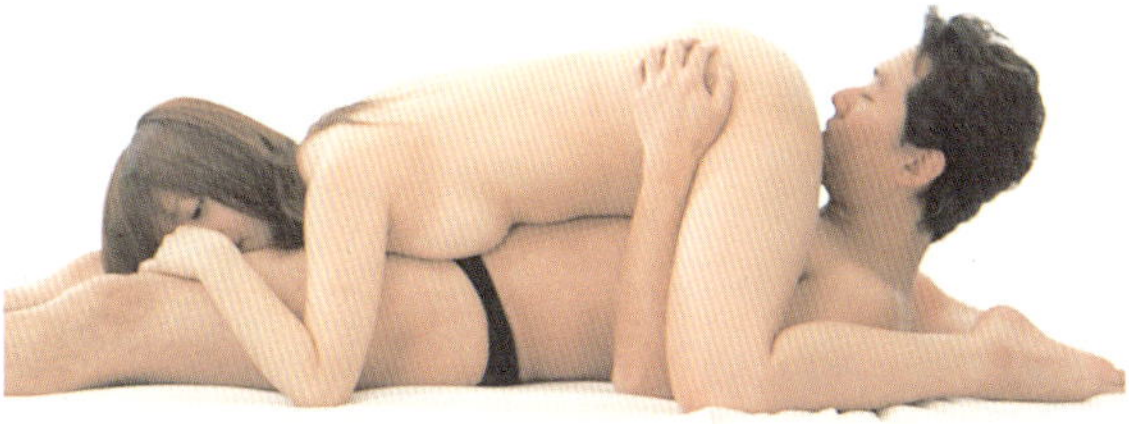

フェラチオをするときに陰嚢部分を口に含んだりなめたり……

アナルや会陰は指先や舌先で刺激をします

お尻を軽くかんだりアナルをなめてみたり、をくりかえします

あなたから彼への積極的な愛の表し方1

甘える雰囲気で彼の口周辺や顔にキスの雨を降らせます

首や喉を下から上へとなんどもなめ上げます

覆いかぶさるくらいに積極的に彼の顎をかむのもいいでしょう

汚いところだから愛情が伝わります

足は汚い場所のイメージがありますから、そこを攻めます

くるぶしや足首の周辺を丁寧になめ回します

足の裏や指のあいだを吸ったりなめたり、をくりかえします

彼を喜ばせ、自分も深く楽しむためには、あなたが積極的になるのが一番ね。なにも恥ずかしがらないで、正直に自分の気持ちを彼にぶつけるようにしましょう。

あなたから彼への積極的な愛の表し方２

この本のテーマにそったものです。女性がセックスを受け入れる時代から、男性と同じ立場で楽しむ時代へと変わっています。そこでいまあなたにとってなにが必要とされているのか、を確かめます。

背中へのキスや愛撫はあなたの積極性がうかがわれます

背中にキスするときも、手や指は彼のペニスをしっかり持って……

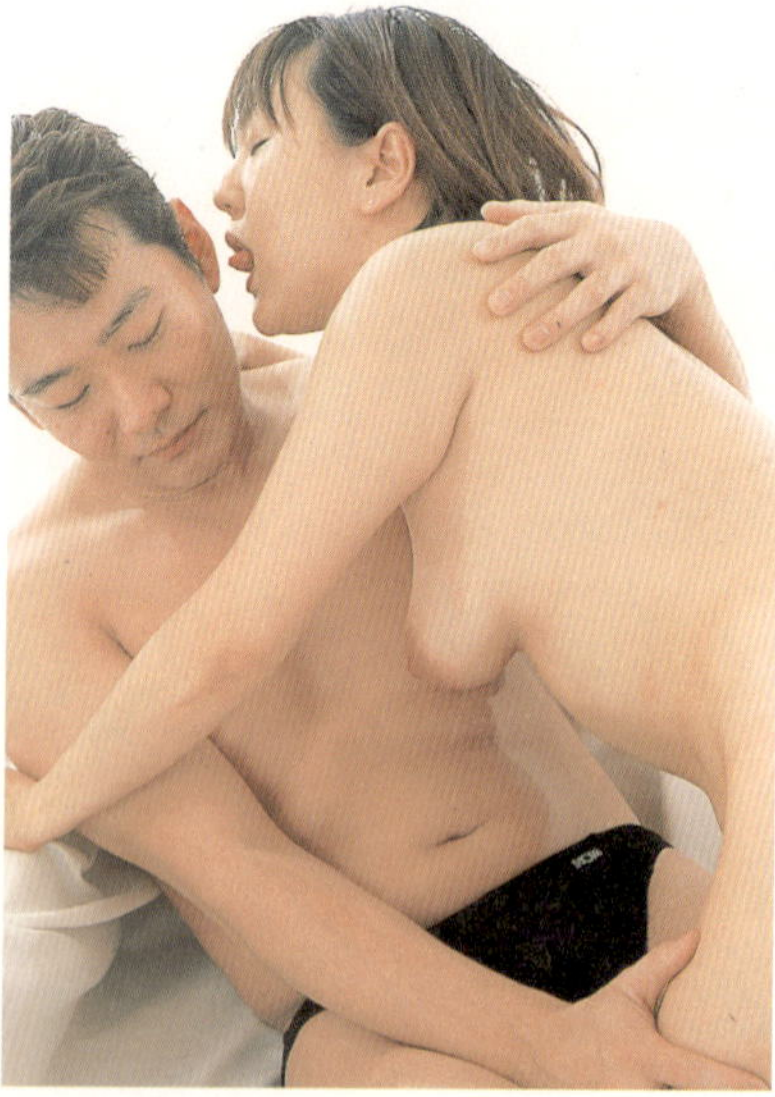

「好き、好き！」「ねッ、してしてッ！」そんな言葉のでてきそうなシーン

おおいかぶさるような積極性は、あなたのためにも必要なプレーでしょう

乳首をかんだりなめたり吸ったり……彼と同じことをお返しするつもりで……

上に重なったまま彼の乳首や胸に濃厚なキス。右手は彼のペニスへ

上になれば手を遊ばせないことが肝心です

手で太ももやペニスを愛撫しながら、彼の敏感な部位をさぐります

このまま彼にまたがり、騎乗位で挿入します

あなたから彼への積極的な愛の表し方3

大胆に自分から迫っていくのも刺激的

彼を押し倒し体全体をすり寄せるように迫ります

セックスを楽しむためにはあなたが何からも解放された気分にならなくてはなりません。だってそうでしょう、本当に気持ちよくなりたいのなら、自分の心に正直になって、自分が感じられるような形に持っていく必要があります。そこで一つの提案。彼もとっても気持ちよくて自分もよくなるためには恥ずかしがらないで、体位も自分本位に進めましょうよ。

脇の下から脇腹まで舌先を使って……

もうすぐペニス、というところで彼をじらしちゃいましょう

一番感じられる体位を選ぶために

後はそのまま対面座位で自分本位の感じる動きで……

風俗に学んで彼を夢心地にします

女性の体を思いきり生かした愛撫方法です。よく風俗の世界で行なわれている、といいますが、その背中編というところ。

腹這いの彼の上に重なります

最初は乳首が彼の背中に微かに触れるくらいにあけて

思いきり体を縮めて彼の太ももや足への刺激を

STAGE 3 —— 愛撫

ここではあなたの柔らかい体を使って、思う存分彼にサービスしちゃいましょう。とくに遊び心いっぱいに乳房と陰毛を中心に彼の体を上から下へ、下から上へ擦り合わせます。

乳房を押しつけて体全体で彼の体を覆うように密着させます

上までなんどとなく上ったり下りたりを繰り返します

強弱つけて刺激を繰り返します

体をぴったり密着させたうえでブルブル体を震るわせます

風俗のテクニックに学んで彼のやる気を引き出します

彼の体全体にかぶさるように重ねます

主に乳房を使って彼の体を上下にこするようにします

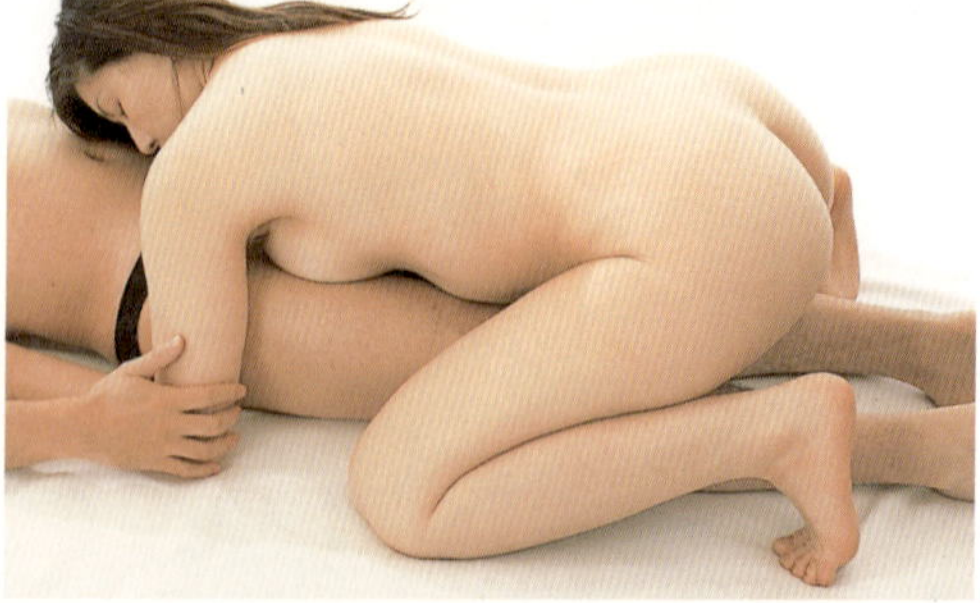

彼の太ももには股間部を密着させて上下にこすりつけて刺激を強くします

背中からする方法と違って、正面からだと、視覚の刺激が加わります。彼の体を包み込むようにまんべんなく撫でこすりましょう。とくに鼻声で「いいの?」と尋ねるなどして……。

彼のペニスが目の前にきたときには少し口に含むのもいいかも

手は彼のいろんなところを同時に撫でたりさすったり……

体をぴったり密着させて愛情を伝えます

体全体を密着させて全体で包み込むようにして愛情を伝えます

フェラチオの基本と口使い

フェラチオを好む女性が増えていると聞きますが、実際はどうなのかしら。男にとってフェラは気持ちもよくて優越感にも浸ることができると聞きましたが……、それもあなたの技術しだいということでしょうか。ここでは基本について述べることにいたしましょう。

舌先でチロチロとつつき、なめます。すぐに口に含みません

舌先で亀頭部や裏側、亀頭環などをつついたりなめたり……

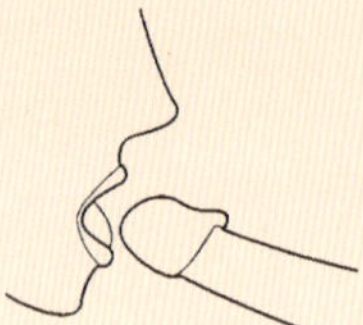

舌先で尿道口の割れ目をなめたりつついたり…

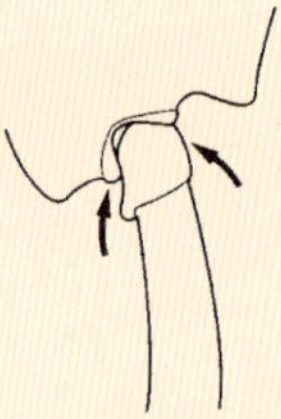

69の体位でペニスを上下に引っぱり上げるように唇に亀頭のカリをひっかけます

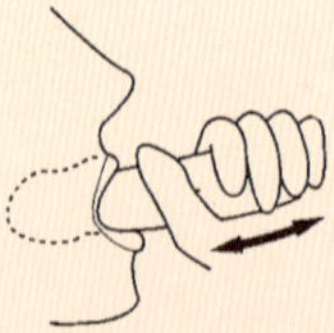

口そのものを性器として前後に動かします

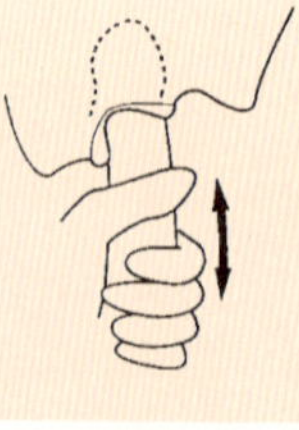

口と舌でなめながら、手のひらでペニスを上下にしごきます

陰嚢を口に含んだり、強く吸ったり、亀頭環に軽く歯を立てたり……

ペニスの横側に舌先や唇を添わせ、左右、上下に動かします

亀頭部をすっぽりと口に含み、強く弱く吸ったりかんだり……

これこそ愛の証しだと
男はいいますが……

口にくわえたとき唇をある程度強く結び、前後に動かして刺激します

フェラチオへのじょうずな変化

お尻のほうへ口を進め、少し歯を立ててかんでみたりなめてみたり……

69の言葉に表される二人の同時愛。その一つがフェラチオです。アダルトビデオのように、彼との場合にやみくもにズボンを下ろして口に含む、というのは感心しません。やはり優しい気持ちでお互いの愛を確認しながら進めましょう。

彼の足先からなめ始め、指をなめたりかんだりをくりかえします

あなたの体を横たえて、彼からの愛のサービスを期待します

彼のペニスを口に含みフェラチオの基本動作をくりかえします

手でペニスを刺激しながら下着を下ろすきっかけを作ります

強く、弱く、強弱とリズムを大切にしながら……

これこそ
愛情の確認と
いえましょう

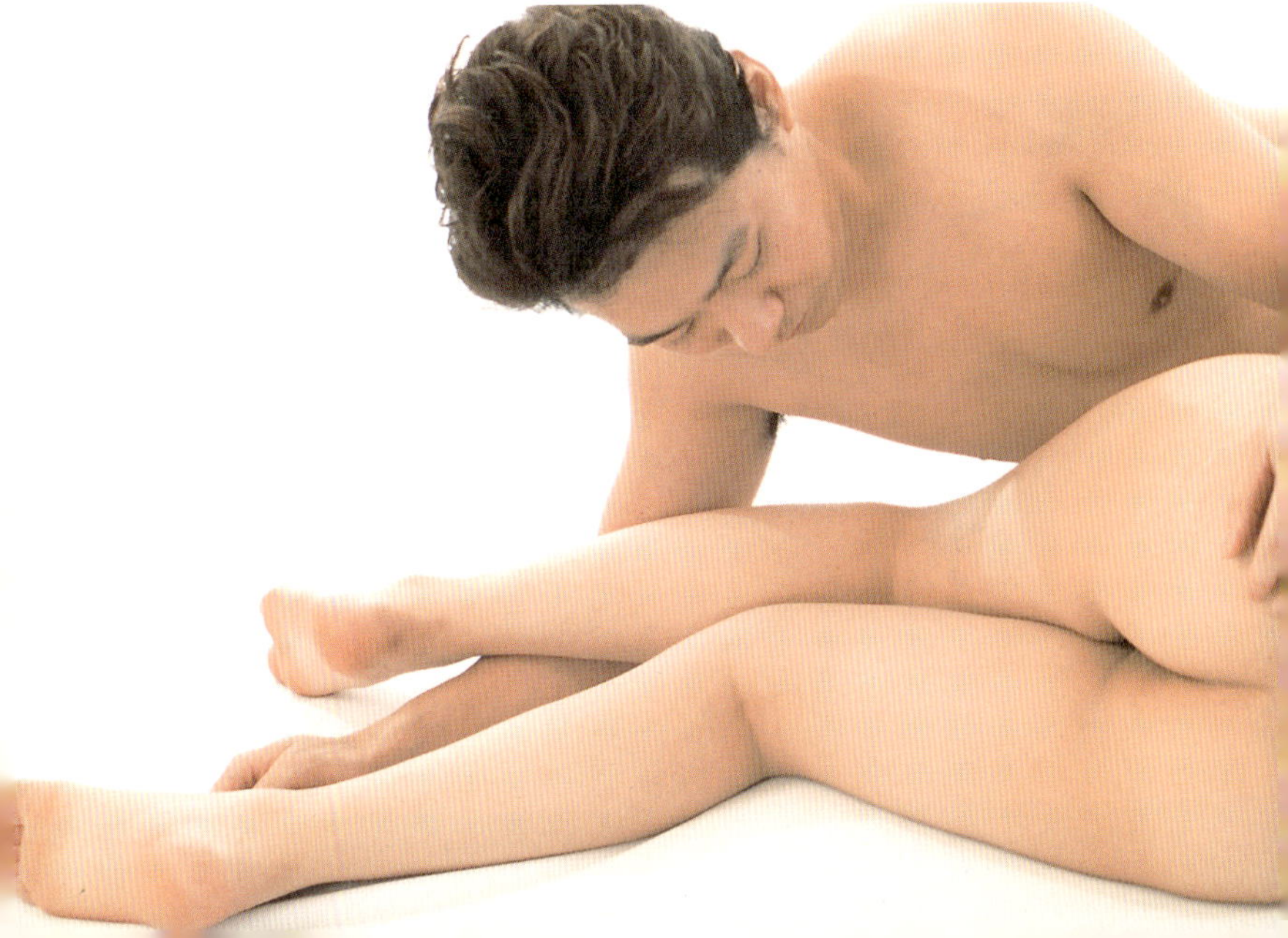

優しいペニスへのキスとフェラチオの姿勢

男性がとても喜ぶといわれているフェラチオ。さあ、どんな風にしてあげようかしら。自分が本当に愛されていると感じさせてあげるためにも、優しく、ときには激しく……。楽な姿勢で顔を動かしやすい位置で、ね。

陰嚢を優しく持ち上げながらペニスの裏側（うらすじ）を下から上へなんどとなく舌をはわせる

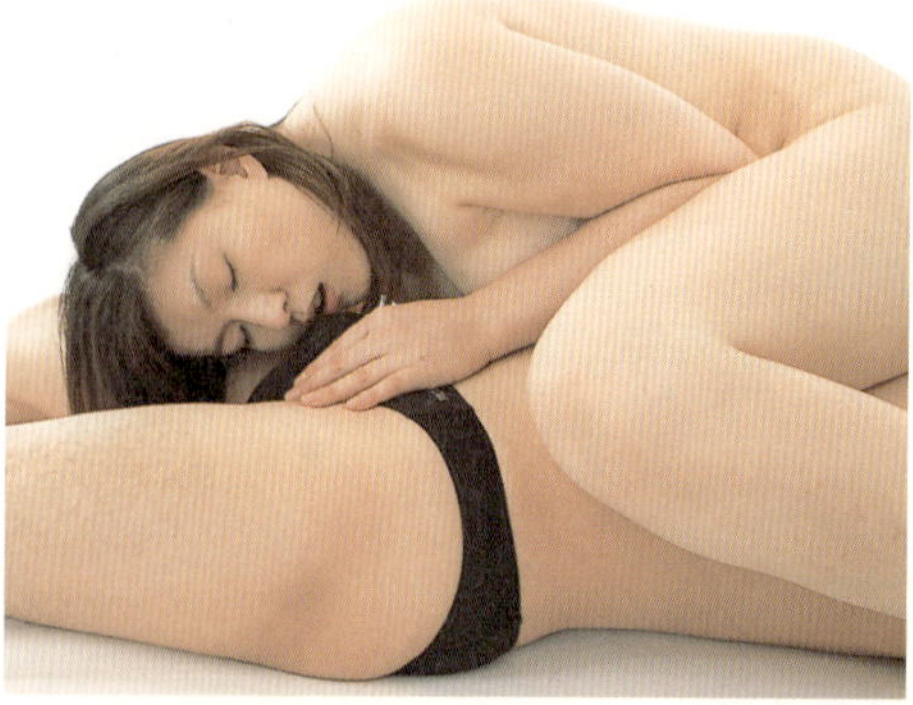

彼にまたがり乳房を押しつけ、あなたの局部を小刻みに震わせながら彼のクンニリングスを誘う

ひざまずき、腰をくねらせながら手でペニスをしごき、口に深く、浅く、強く、弱く含む

ペニスを優しく軽く握り、上から下へしごきながら亀頭の溝を舌先でなめ、ときどき亀頭を口に強く含む

彼は我慢できなくなってあなたの口を前後させるかも……

乳房や局部を彼の足に押しつけながら激しく口を上下させる

あくまでも前戯なので口で終わらせないように優しく彼を奮い立たせるだけ

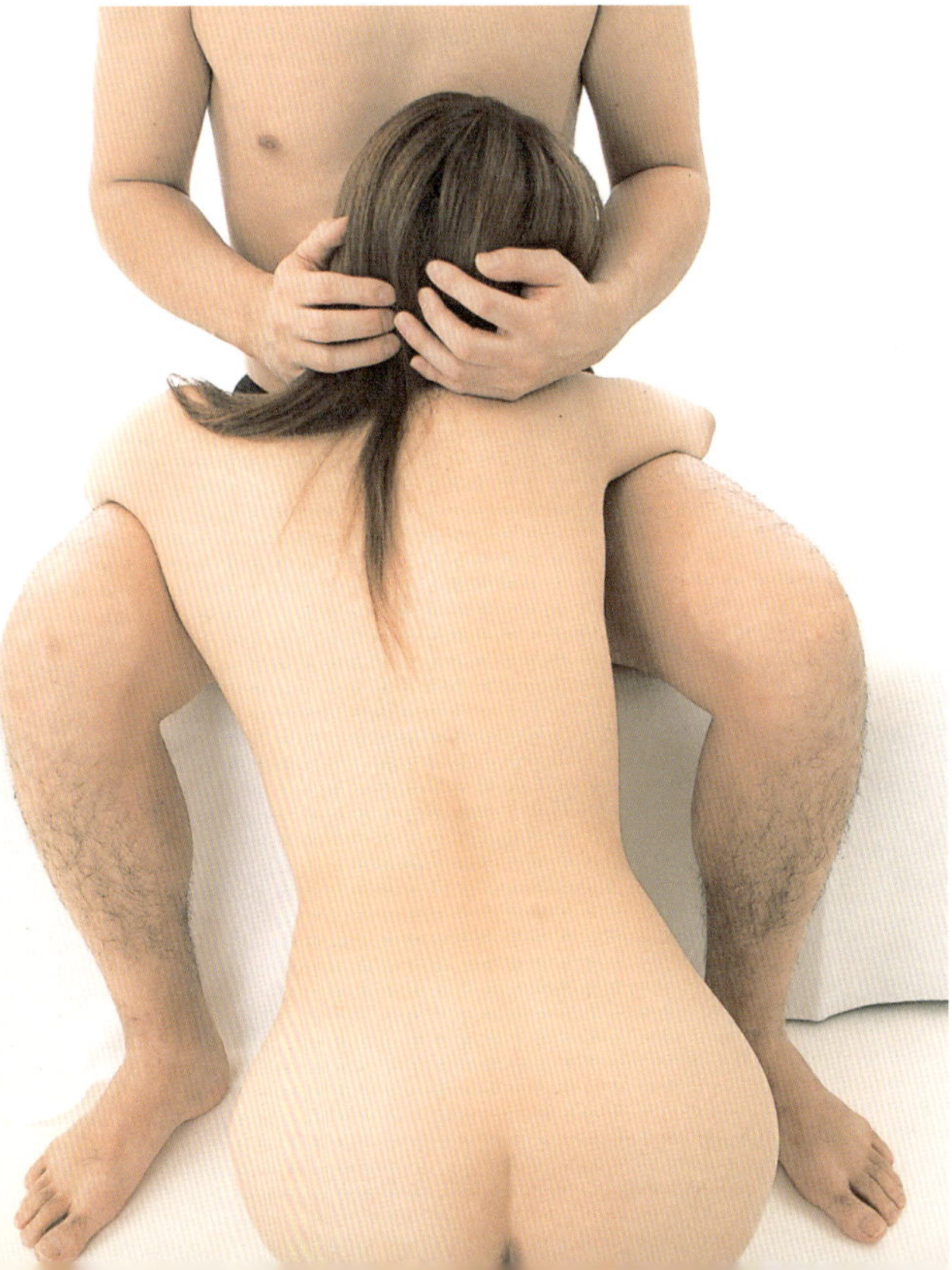

彼のお尻をしっかりと抱いて口は前後に、上下に動かす

二人で強い刺激を求めて69の相互性器接吻を…

●彼が上になるケース

初めてだとちょっと恥ずかしいかも。でも視覚からくる刺激と、互いの性器に柔らかく、ときには強く吸い合う舌先や唇の刺激が重なり、彼は固くなり、あなたはもう我慢の限界に達するはずです。

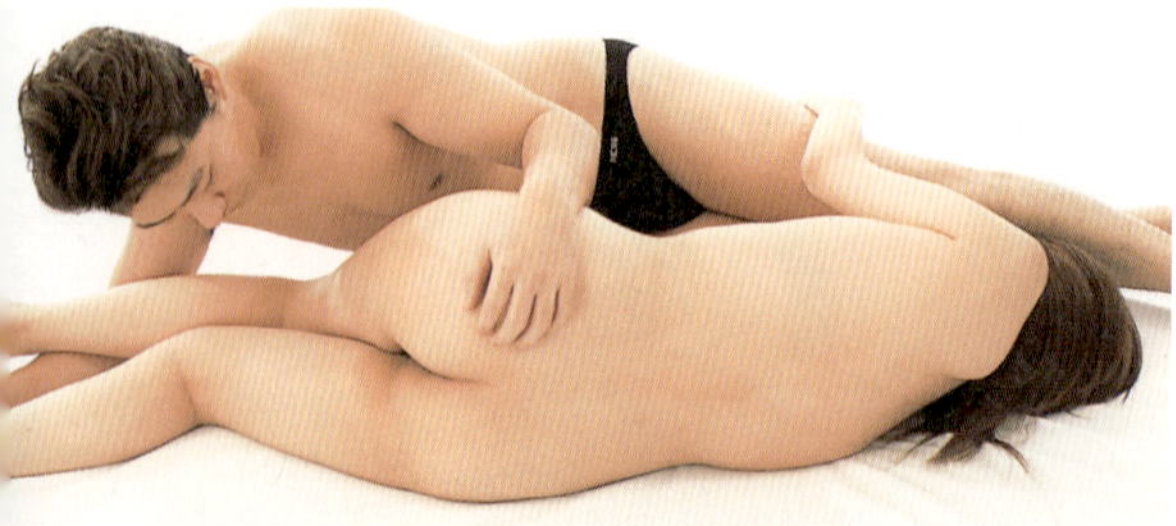

お互いの感じる部分を確かめ合うように眺め合い、指先でいじくりあい、手のひらで互いの肌をなで合います

互いの足のあいだに顔をうずめ、舌や口でまさぐりあいます。指は互いの局部をこすり続けて……

彼があなたの上にまたがり、あなたの足を大きく開かせて口に小陰唇をまるまる含みます。あなたもペニスを口に含んで……

●あなたが上になるケース

フェラチオを始め、
そのまま６９の形へ
移行していきます

横になって大胆に彼の
股間部に顔をうずめて
みましょう。

あなたが上になるほうが
彼は喜びます

手で彼のペニスをしごきながらな
めたり吸ったり……

彼の上にまたがりお尻を動かして彼の口を誘い、
あなたは自由に手と口を動かします

彼の「愛撫」を誘う方法

彼には強すぎず、優しくソフトに、強弱をつけてタッチしてもらいましょう

自分の感じやすい部分を確認して、そこへ彼を誘います

あなたが彼の手や指、唇や舌などをじょうずにリードしてあげてこそ、大きく、より高い歓びが得られます。そのためにもあなたの体のどこの部分が敏感であるのか、またすぐには感じられなくても、そこを続けて刺激されているうちに、今まで経験のない歓びの込み上げてくる場所などを、知っておく必要があります。彼と一緒にその発見と確認をしてみましょう。ここではなんどもなんどもくりかえし愛撫を続けて快感ポイントの開発も心掛けます。

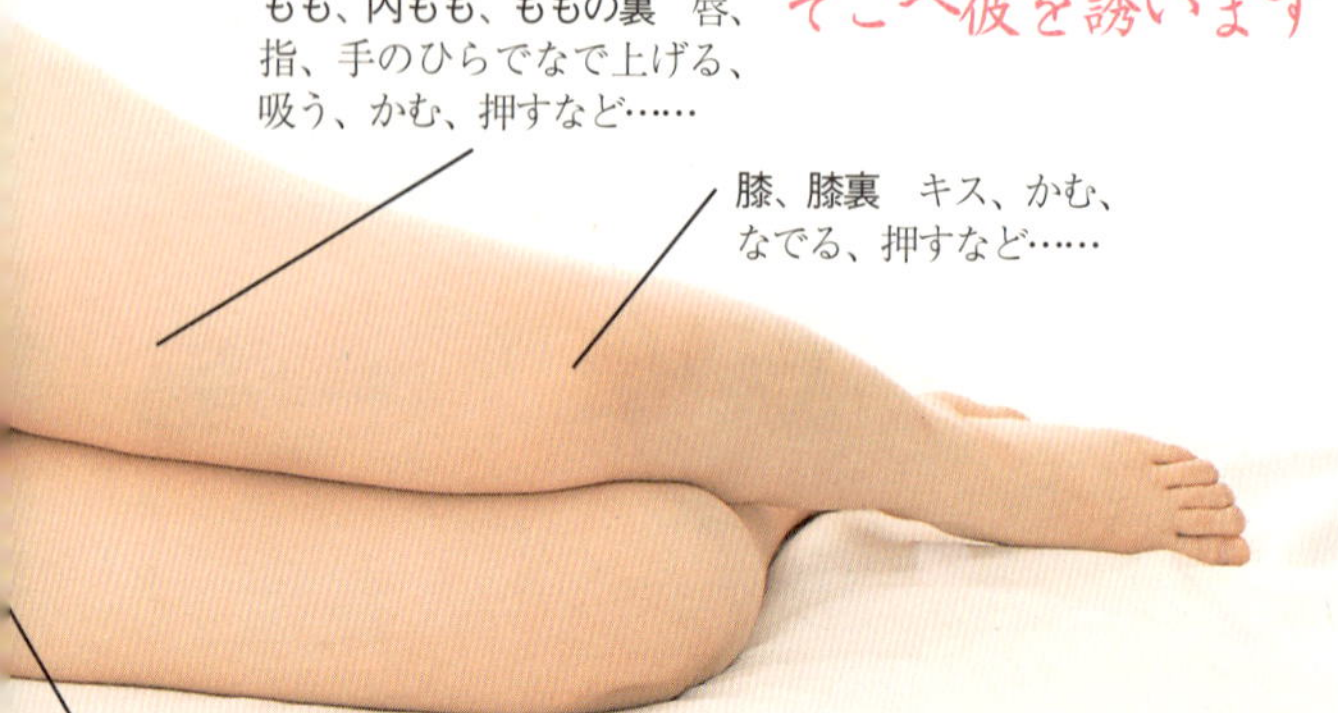

もも、内もも、ももの裏　唇、指、手のひらでなで上げる、吸う、かむ、押すなど……
膝、膝裏　キス、かむ、なでる、押すなど……

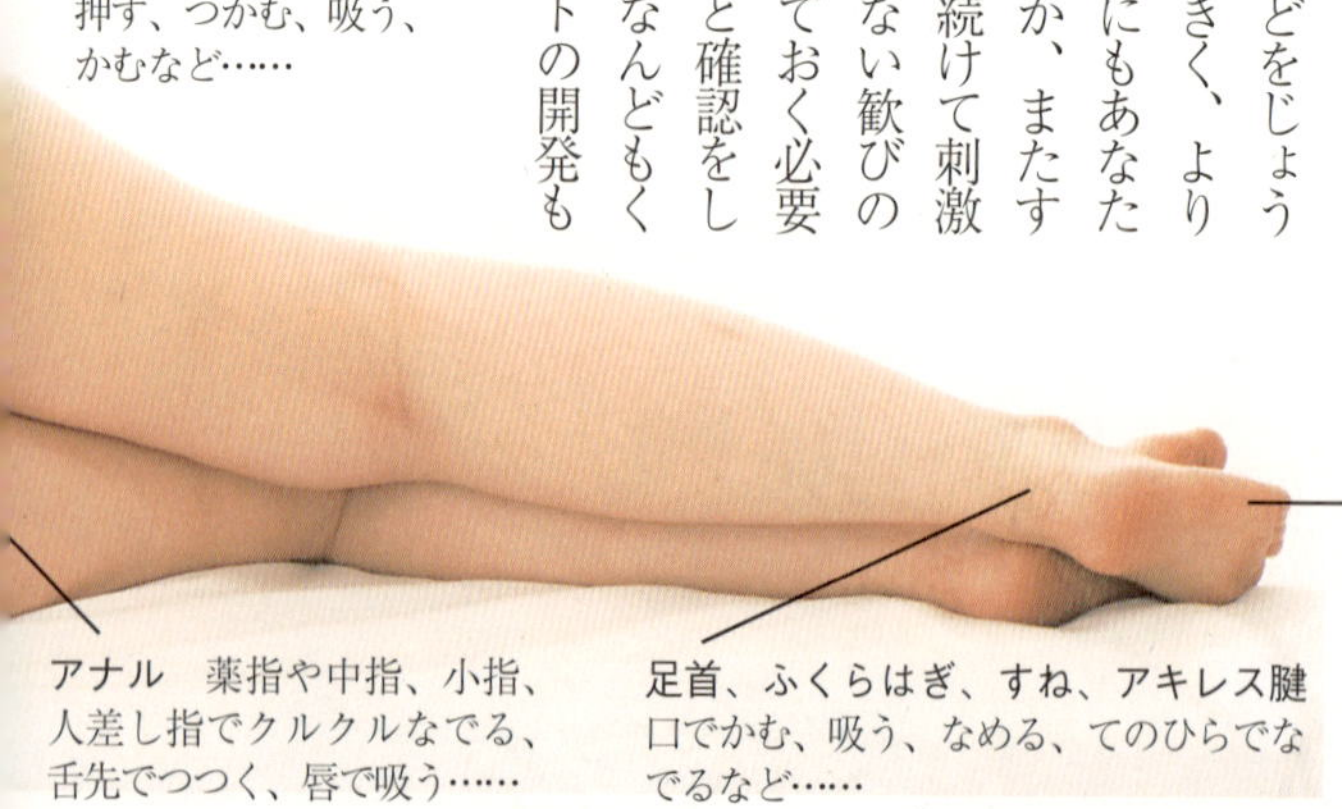

外性器　指、舌、口、鼻の頭などで押す、吸う、なでる、ソフトにかむ、つつくなど……
しり　指、手のひら、唇、爪などでなでる、押す、つかむ、吸う、かむなど……
アナル　薬指や中指、小指、人差し指でクルクルなでる、舌先でつつく、唇で吸う……
足首、ふくらはぎ、すね、アキレス腱　口でかむ、吸う、なめる、てのひらでなでるなど……
足、足指（手の指も同じ）　口、舌先でなめる、吸う、かむ、指でなでるなど……

乳房、乳首　指先、指、手のひら、唇で強く、弱く挟む、摘む、吸う、なめる、つかむ、かむ、はじくなど……

首筋、喉、うなじ　キス、吸う、なめる、指でなでる……

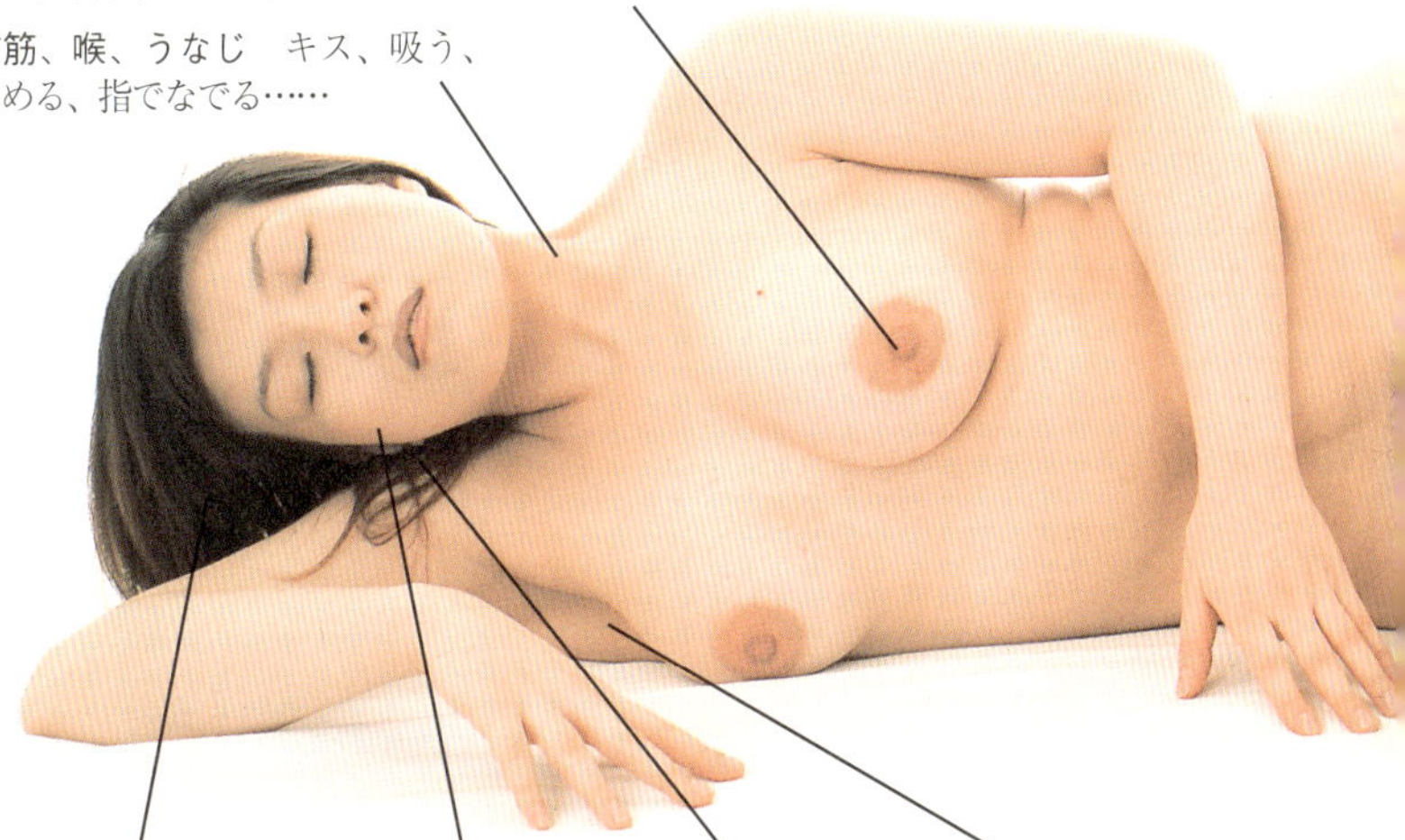

髪の毛　指や手のひら、唇などでソフトに触れたりなでたりキスしたり……

こめかみ、唇、瞼など　唇や指先で優しくタッチを……

耳、耳裏　吸う、軽くかむ、なめる、息をふきかける……

脇の下、脇腹　指先、指の腹、爪の先、手のひら、唇などでタッチ

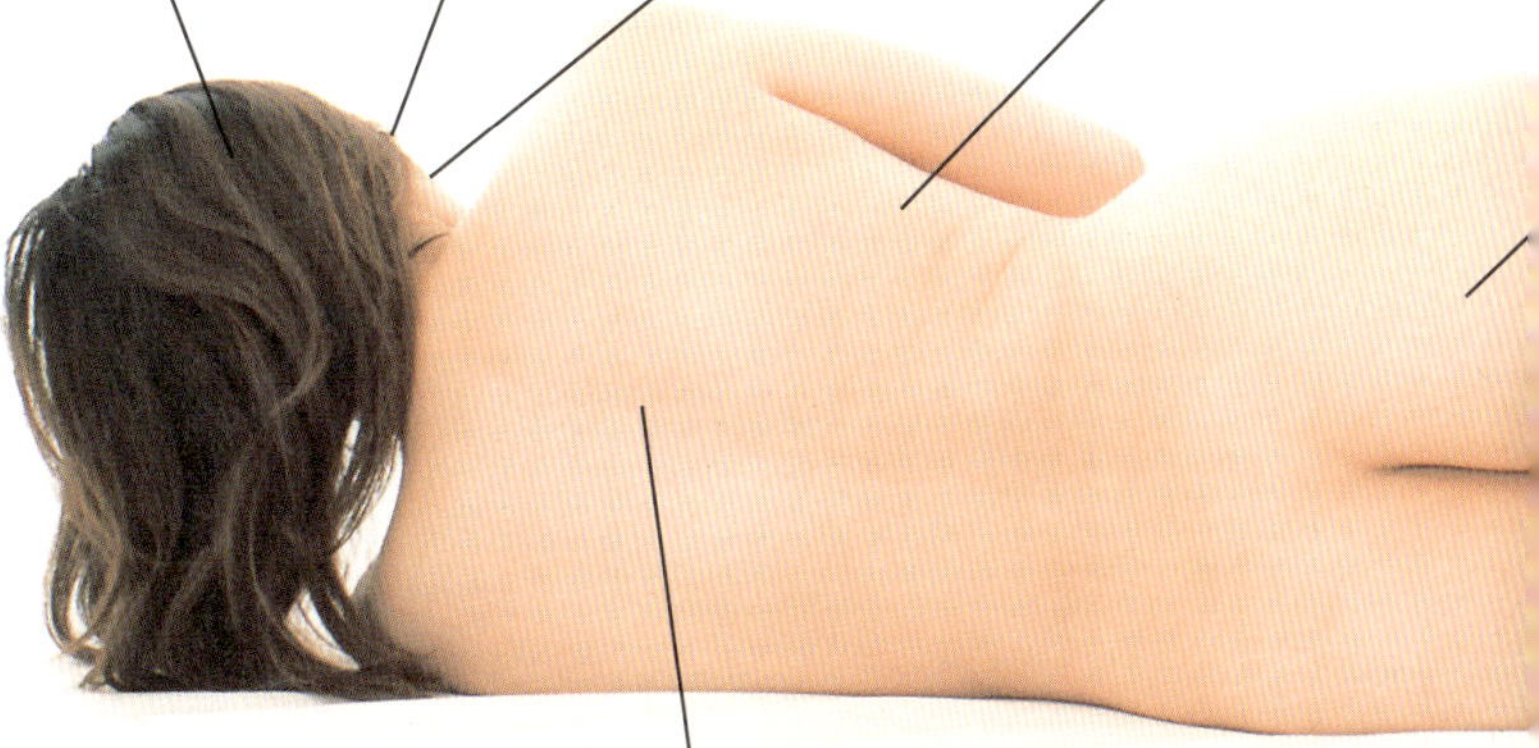

肩、背中　指、爪、唇、手のひらでなでる、なめる、吸うなど……

ショーツは腰を浮かせ気味にして脱がさせてあげましょう

ちょっと恥ずかしく、いやいやするようなしぐさと「ダメ、ダメ……」くらいをいってみましょう

彼の指がショーツにかかり、お尻に回ってきたら、横向きになってはぎ取りやすい形になって……

さあ、いよいよ本番です。彼がリードしやすく、じょうずにあなたを興奮と歓びで十分に濡れられるように協力します。まず最後のショーツは絶対に自分で取るようなことはしないで、ね。彼の楽しみと歓びはここにあるのですから…。

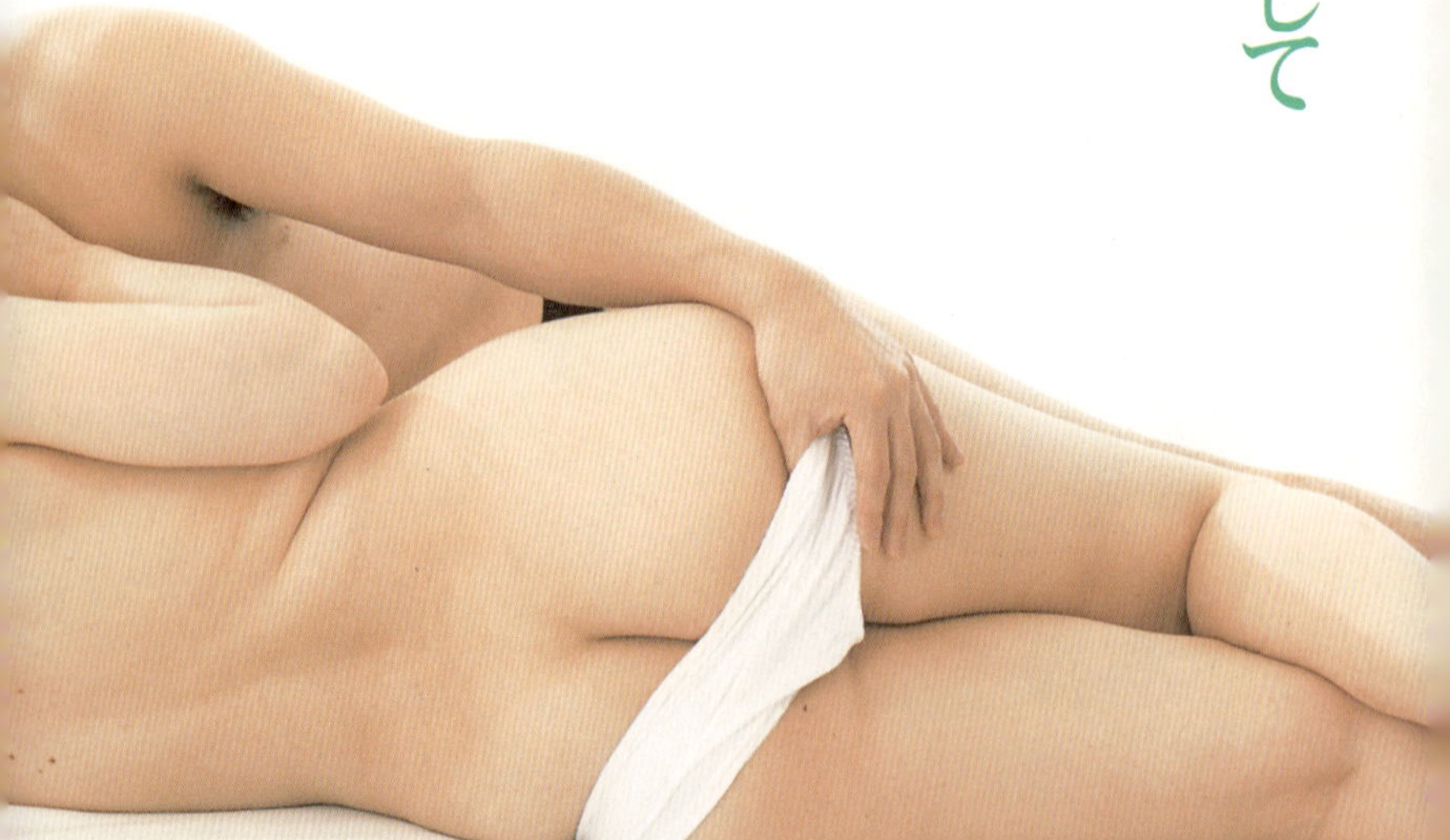

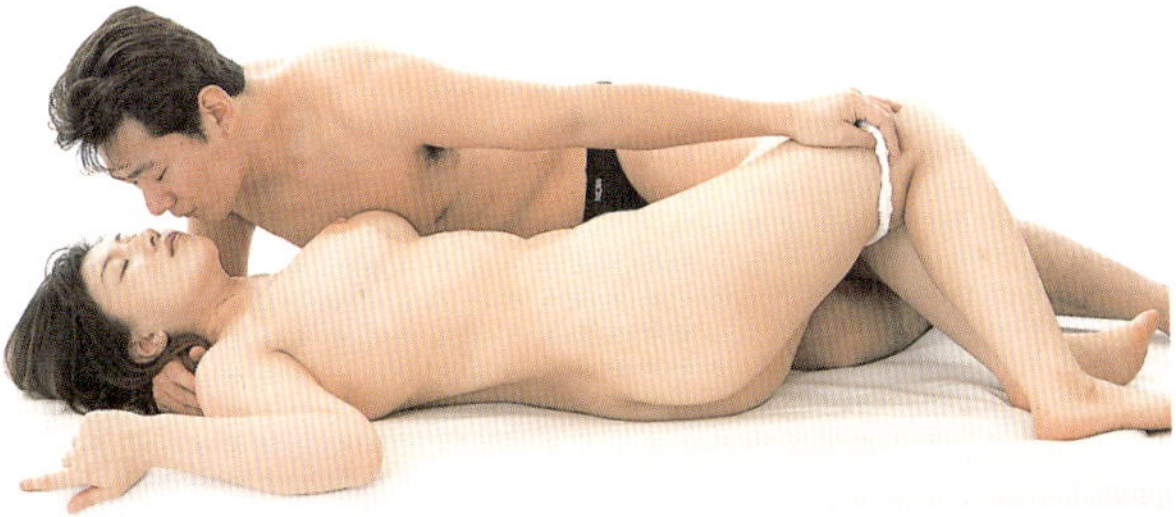

彼の手がショーツと一緒に下へずりおろされていくとき、膝を立てて取りやすく……

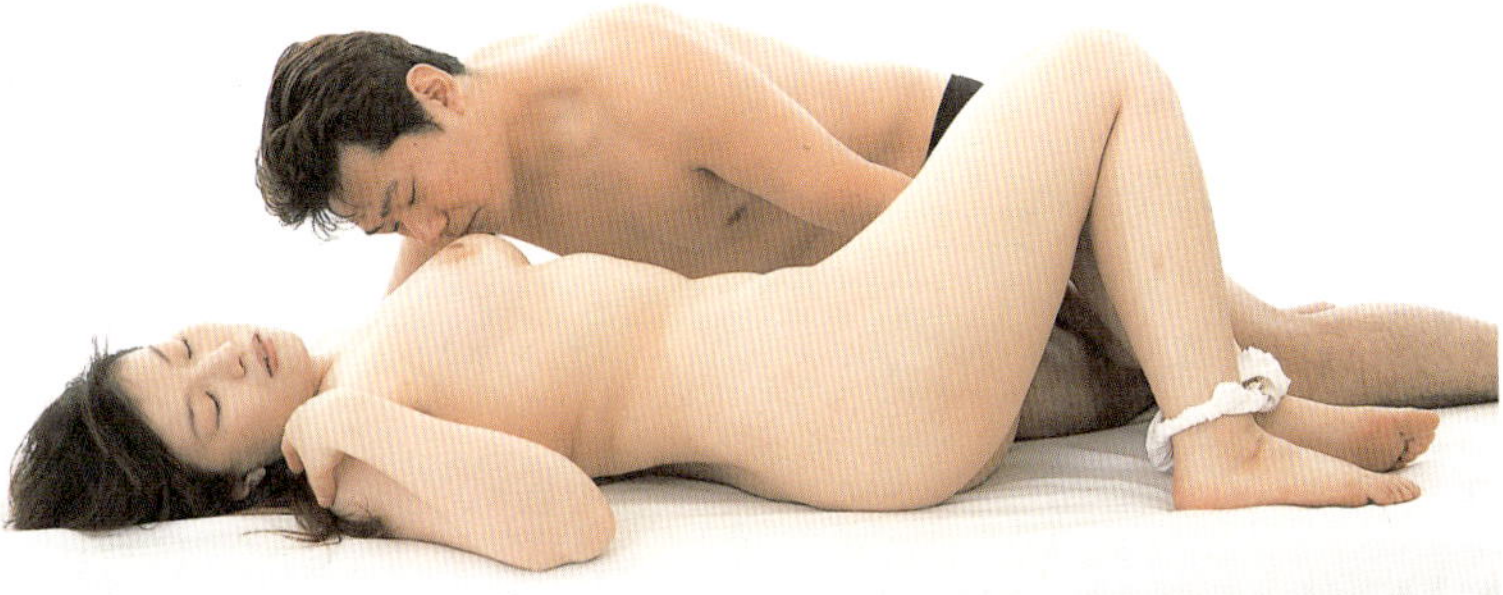

彼の手の届く範囲にまで足を引いてショーツを外しやすくしてあげます

彼の手を握り、いやいやでもするようにすぐに愛撫をさせないのもテクニック、ね

ちょっと抵抗するのも彼を燃え上がらせるコツだと考えて……

男のツメを使って

そっと動く爪の先には指先や手のひらとはまるで違う感触があります。とくに爪の先が触れるか触れないくらいの感じで肌に触るとき、くすぐったいのでもないゾクゾクする感覚が伝わってきて、もうたまりません。

手の届かない背中はいつも敏感に反応しちゃう。爪で逆さになで上げられて…

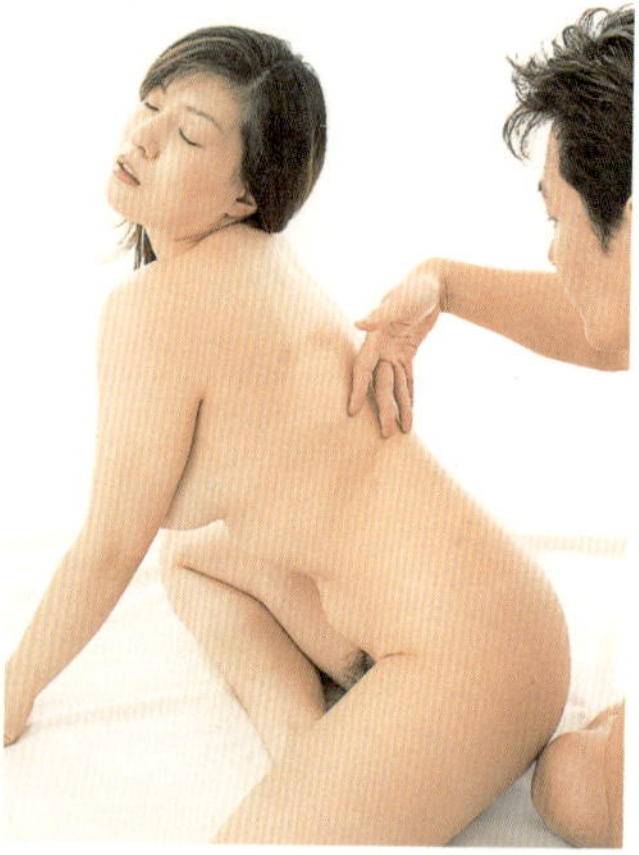

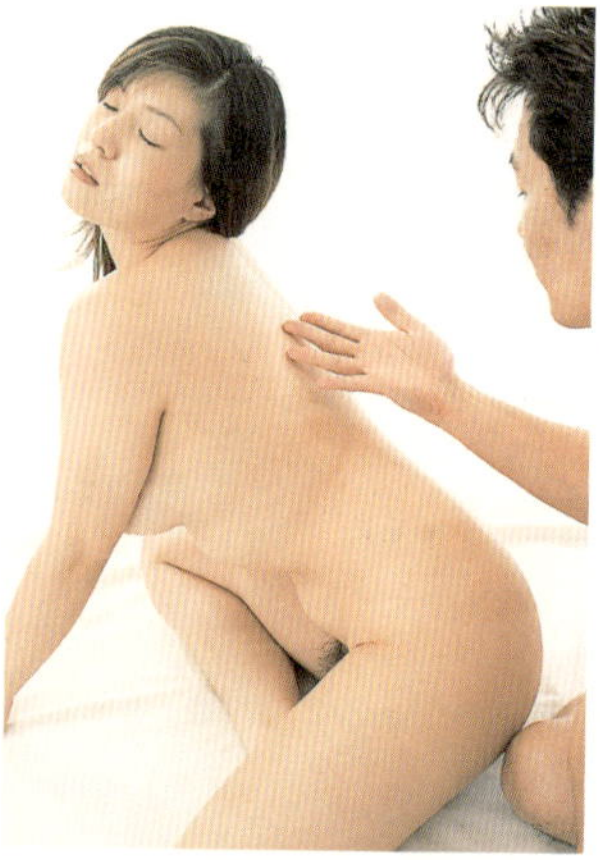

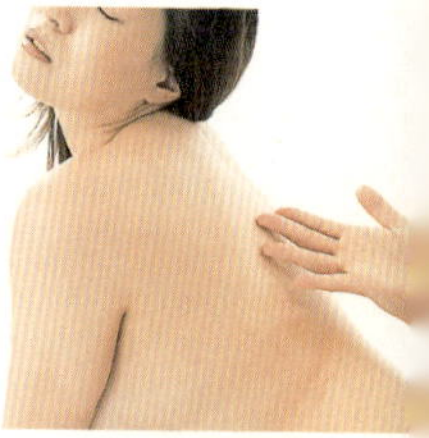

爪の背で上から川の流れのようにくねくねと

爪の背を立てて下からスーッとソフトに軽くなで上げられると、もう……

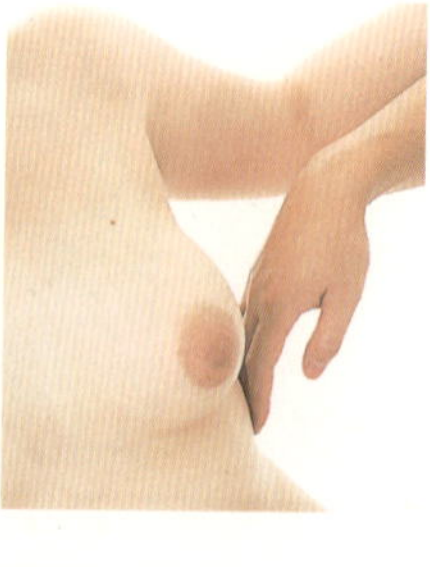

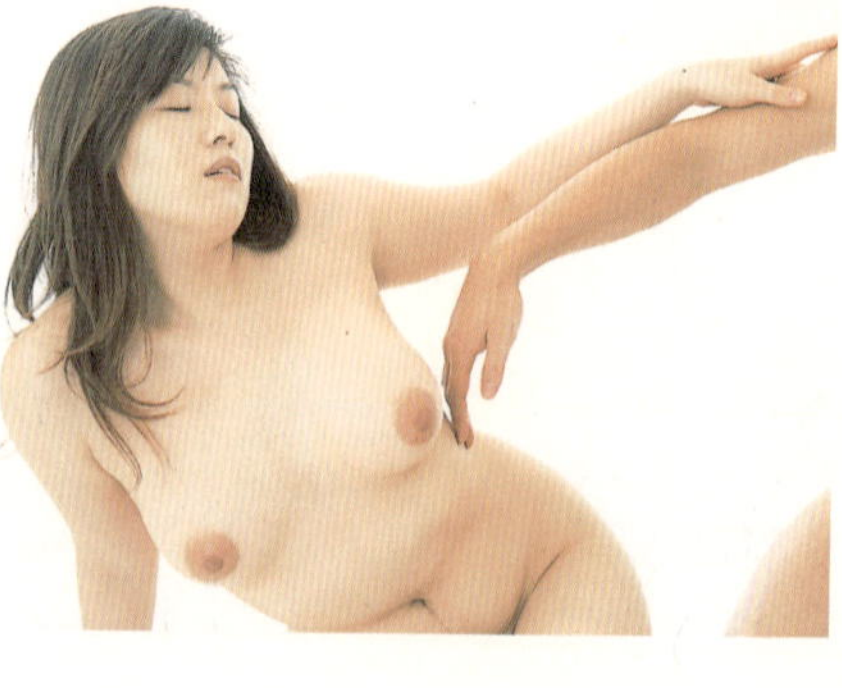

脇腹や乳房の周りを爪の背でなでられたり、はじかれたり……

「柔らかくてきれいな肌だッ……」そんなささやきと背中に爪が……

指の腹や爪先でゆっくりとくねくねなでられると、つい声が出てしまう……

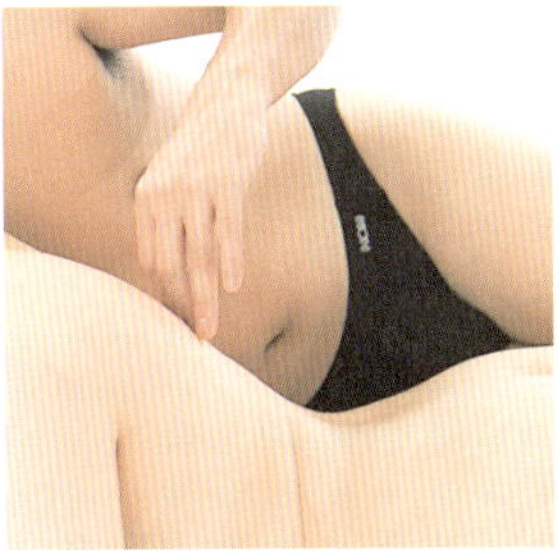

爪先刺激は彼も同じように感じちゃうはず、試してみて！

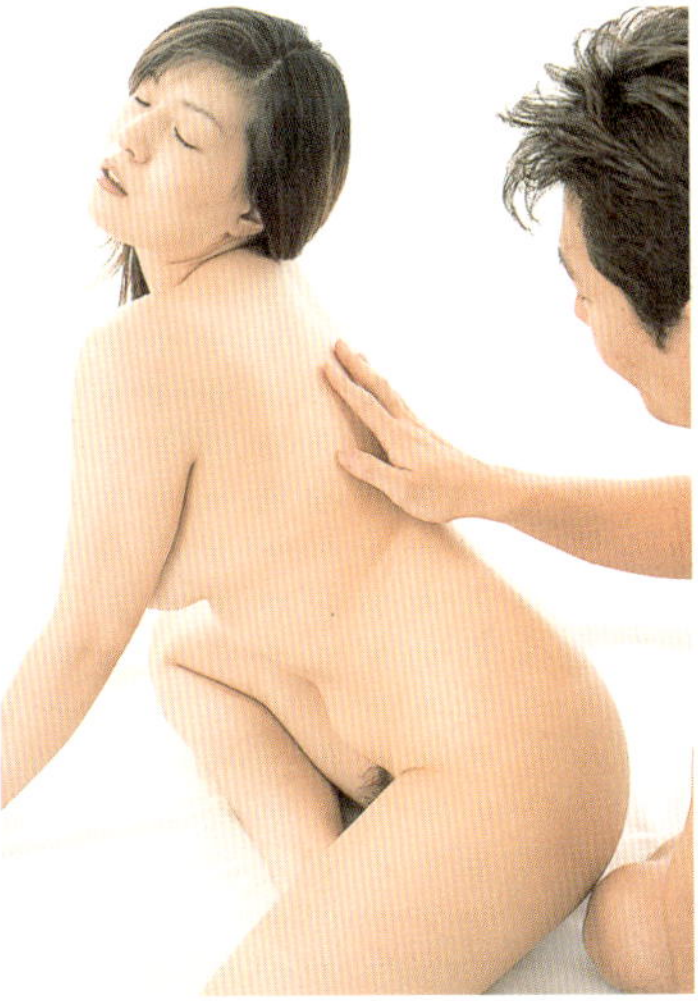

爪の先ではじいたりこすったり、ツンツンつついたりも……

髪から耳、首筋へ

首やうなじはだれしも弱い敏感なポイント

髪は優しくソフトにタッチされるとゾクゾクくるものがあるでしょう？　子供を寝かしつけるようにそっと触れられ、なでられるとなにもかも任せてしまいたい気になります。

指に髪をまきつけたり、すくようになでたりをくりかえします

体をすっぽり抱き包むように、髪の毛に手のひらを指を差し込みます

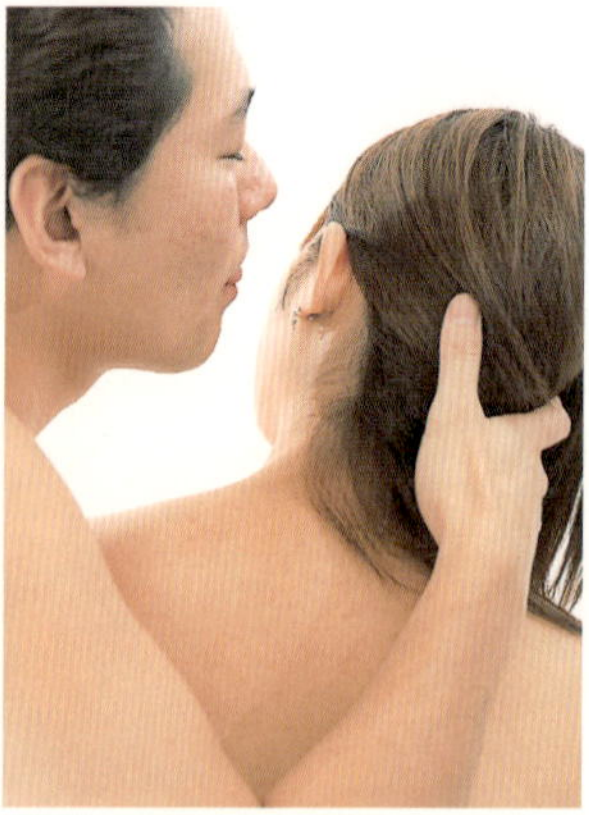

そのまま耳へ。なめる、かむ、舌先を耳の穴に入れてつつくなど……

指に髪を絡ませたまま首筋に唇を寄せて鼻息か息をそっとふきかけます

ネッキング

ネッキングは公園や戸外で行なうことが多く、激しい刺激はありませんが、燃え上がるには十分でしょう。基本としては首周りだけに限られますから、人の目もあまり気にしなくてすみます。柔らかく優しく、互いに小声でささやきながら……。

1 横にならんで座り、肩に手をかけて「いい匂い……」なんて感じかなァ

2 髪にキスをし、髪の匂いをかぐように鼻を押しつけます

3 舌先を髪の中に差し込み、耳のありかを探ります

4 手で髪をそっと押しどけて、耳たぶに唇をはわせたり、軽くかんだり

5 耳の裏側に舌を伸ばしてなめたり首筋に唇を押しつけます

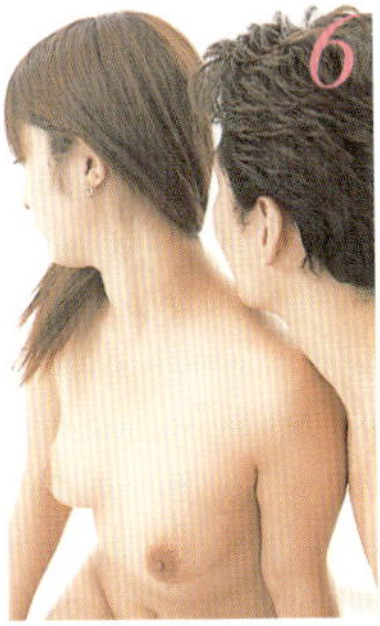

6 首筋からうなじにかけて手のひらや指でなでたり唇と舌でなめます

7 だんだんあなたが興奮してきたら、「アッァ……」「感じちゃゥ…」と…

8 自分の敏感な首筋に彼の息がかかり舌先がくるように首の位置を変えます

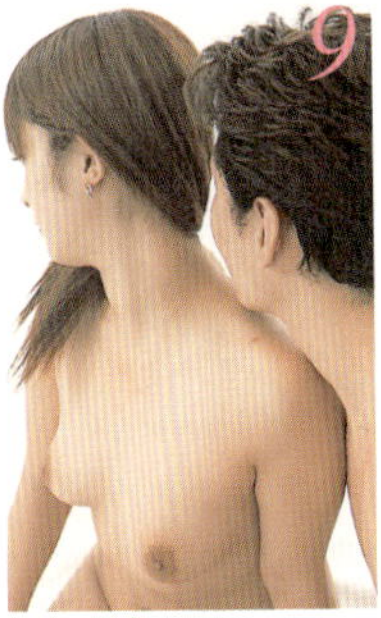

9 もうその頃にはあなたもなにか下のほうが濡れそぼっているでしょう

「もう一度」その気になれる背中へのキスの雨

一度終わって余韻を楽しんでいるときに、彼ったらもう一度の催促。でも普段あまり触れられていない背中にキスされたりなめられると、くすぐったいやらムズムズしちゃうやら、なんだかまたその気になってしまうから不思議なの、ねぇ。

1

髪にキスをされていよいよ始まり……

2

耳ってたいていの人、弱いよね、攻められちゃ

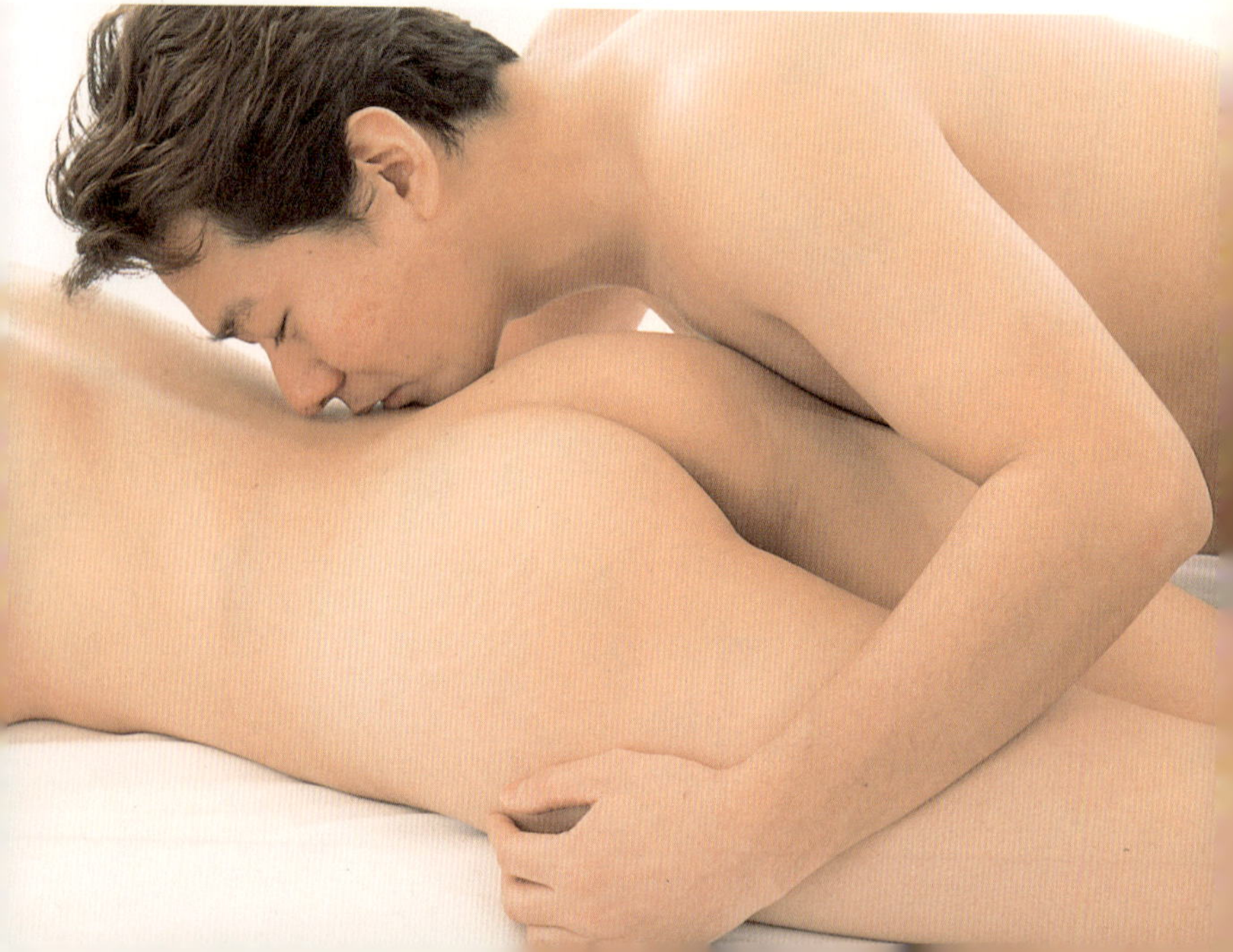

4

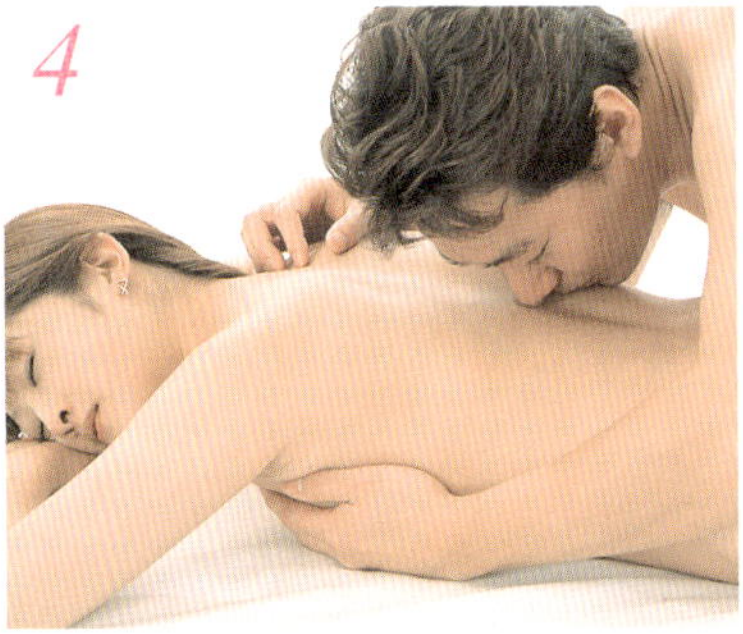

手で乳房や乳首をいじられながら唇は背中をなんども上下して

3

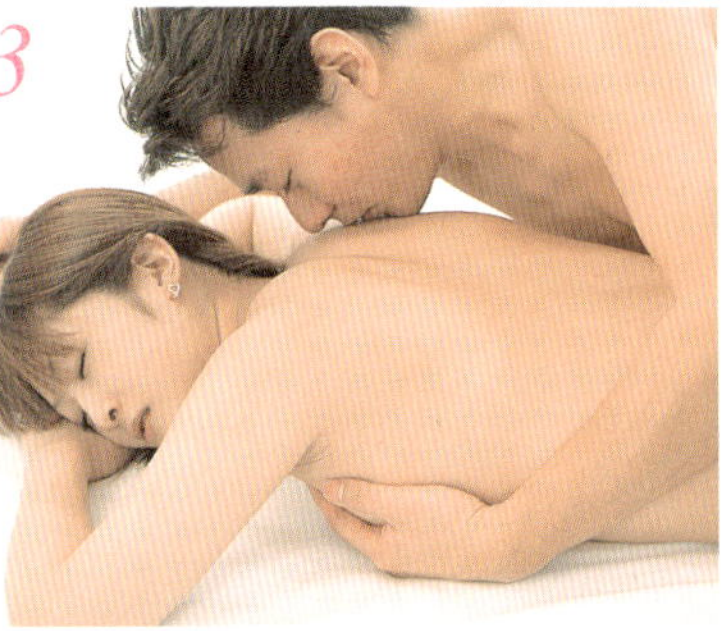

うなじから背中へズッズーと唇と舌が下りてきたかと思ったら、また上へ

6

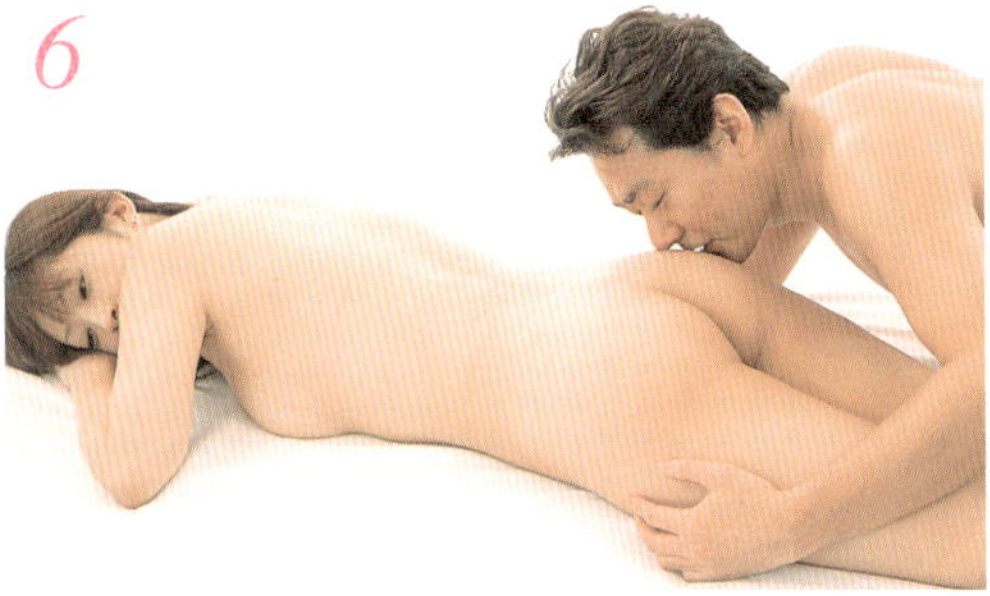

背骨にそって舌が動き、そのままお尻のほうへ

背骨の付け根に舌先がチロチロはってくると、思わずお尻を上げてくねらしてしまい……

普段は鈍感な背中も唇と舌の執拗なまでの愛撫のくりかえしには耐えられない

5

7

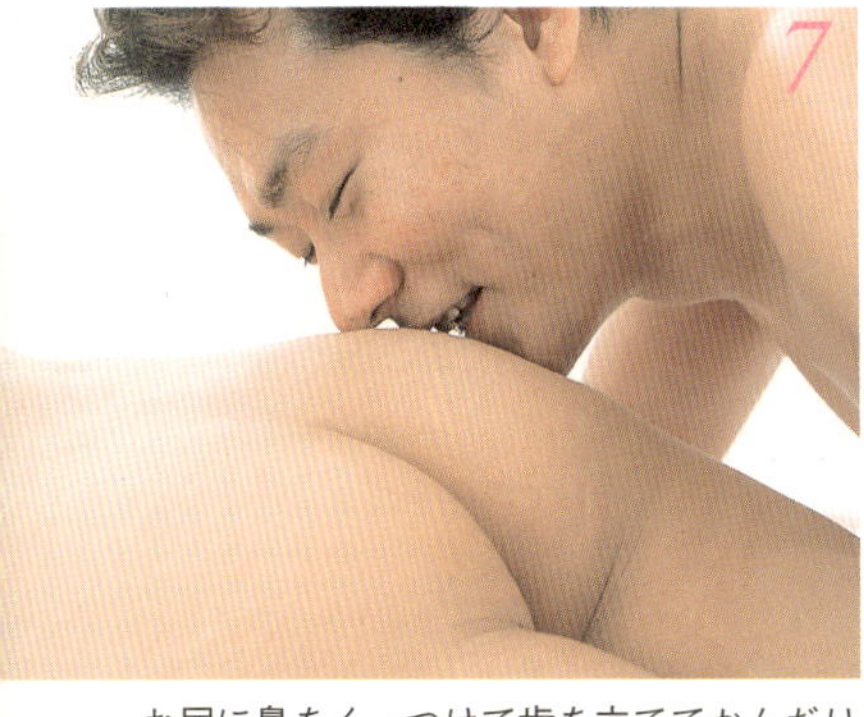

お尻に鼻をくっつけて歯を立ててかんだりされると、もうあなたは限界でしょう

足からお尻へは黄金の感激刺激

あなたにとって足の指や足の裏は「汚いところ」と思っているでしょ。だからこそそこを攻められるとひとたまりもないのよねぇ。そのうえ、お尻の、あのアナル攻撃。もうこれこそ未体験ゾーンへの入り口ってこと。

1

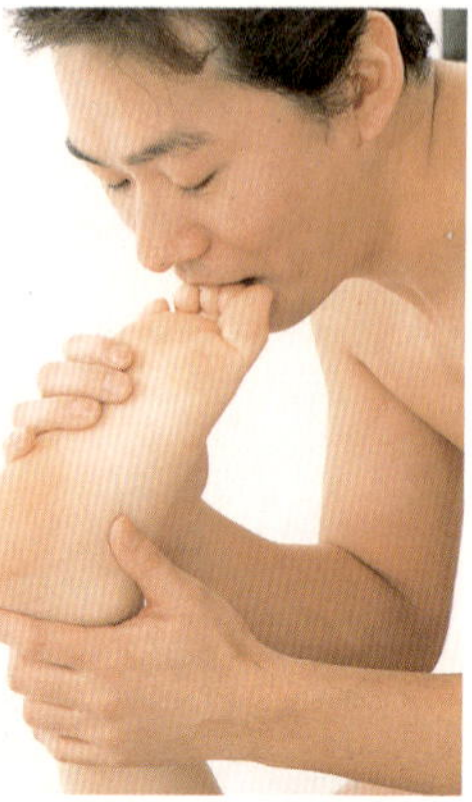

指のあいだをひとつひとつ丁寧にしゃぶられ、かまれ、吸われ……

2

指を口に含まれたら次は足の裏。くすぐったいし気持ちいいし……

3

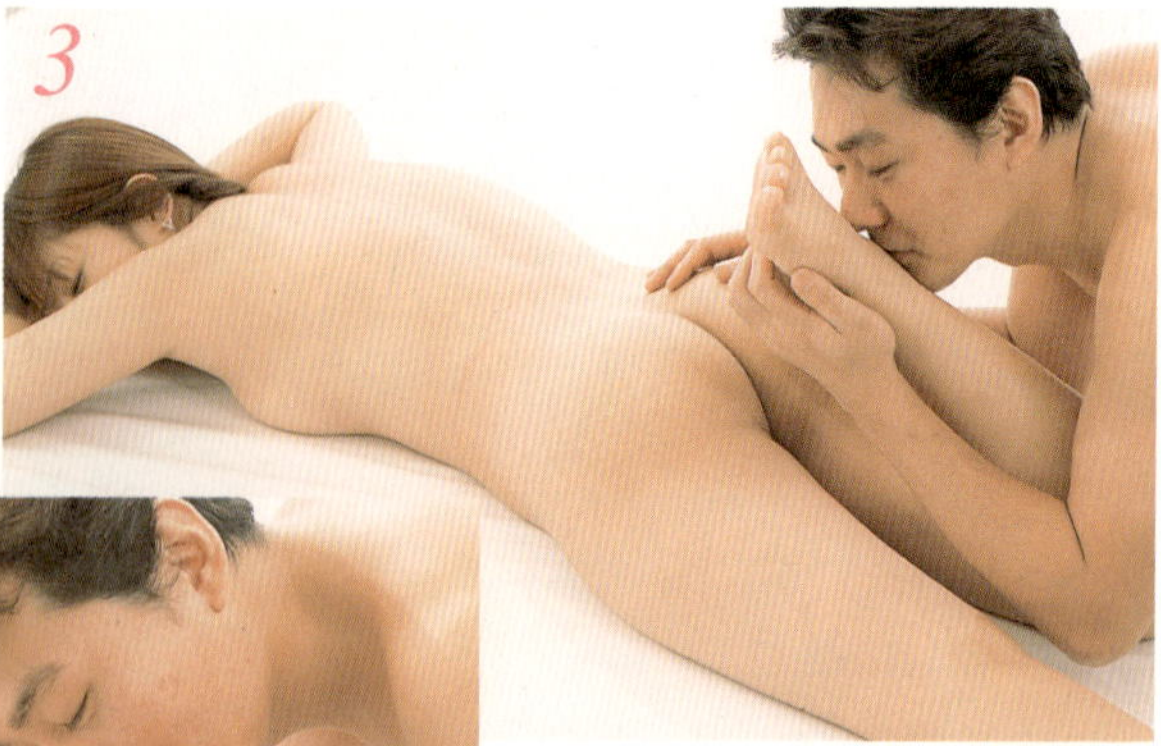

指でアナルを、唇は足の甲を、ダブル愛撫だなんて、すっごいッ

4

アキレス腱をハーモニカを吹くみたいに上下左右に

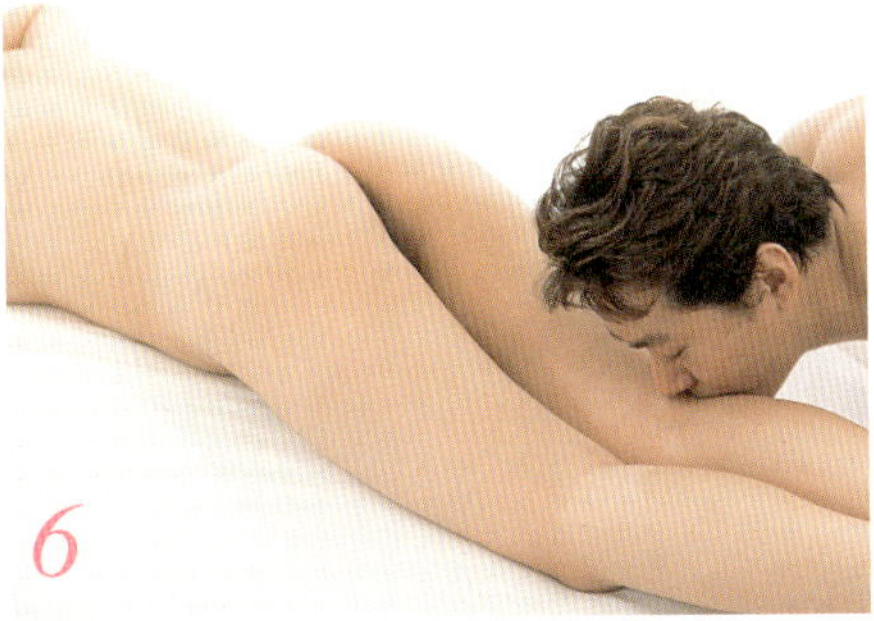

6

5

膝の裏から太ももの裏、お尻からもものつけ根へ舌先がスーッと、チロチロと、そしてアソコへ

ふくらはぎへのキス、舌の攻撃。手でまだ足を包んで……

汚いところだからあなたは燃え上がるのでしょう?

アナルへ鼻の先を押しつけて舌はあの入り口から会陰部へなめ上げられ続けると、あなたは思わず声を上げて……

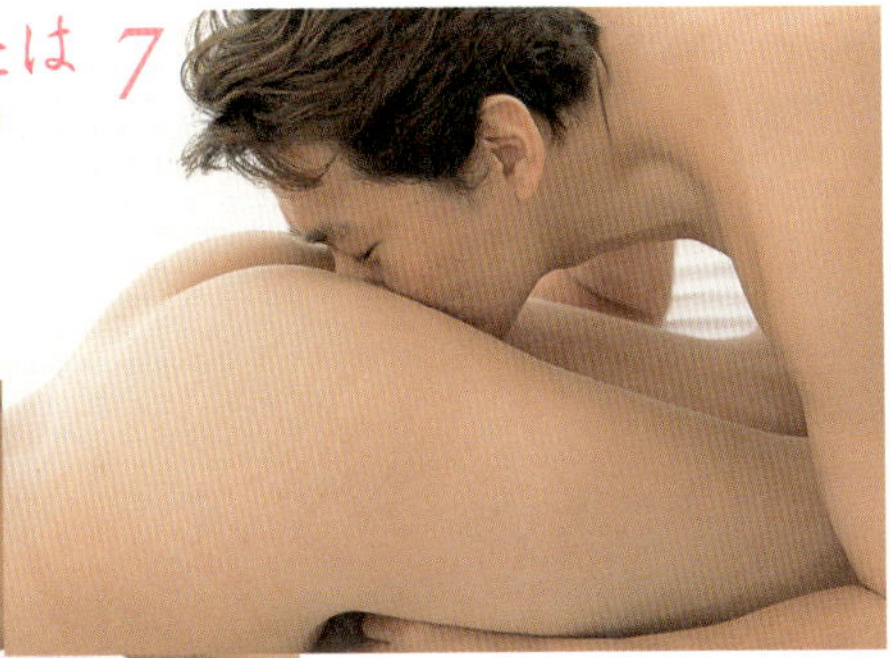

7

8

アナルへ舌先を差し入れたり会陰部へ舌をはわせたり……

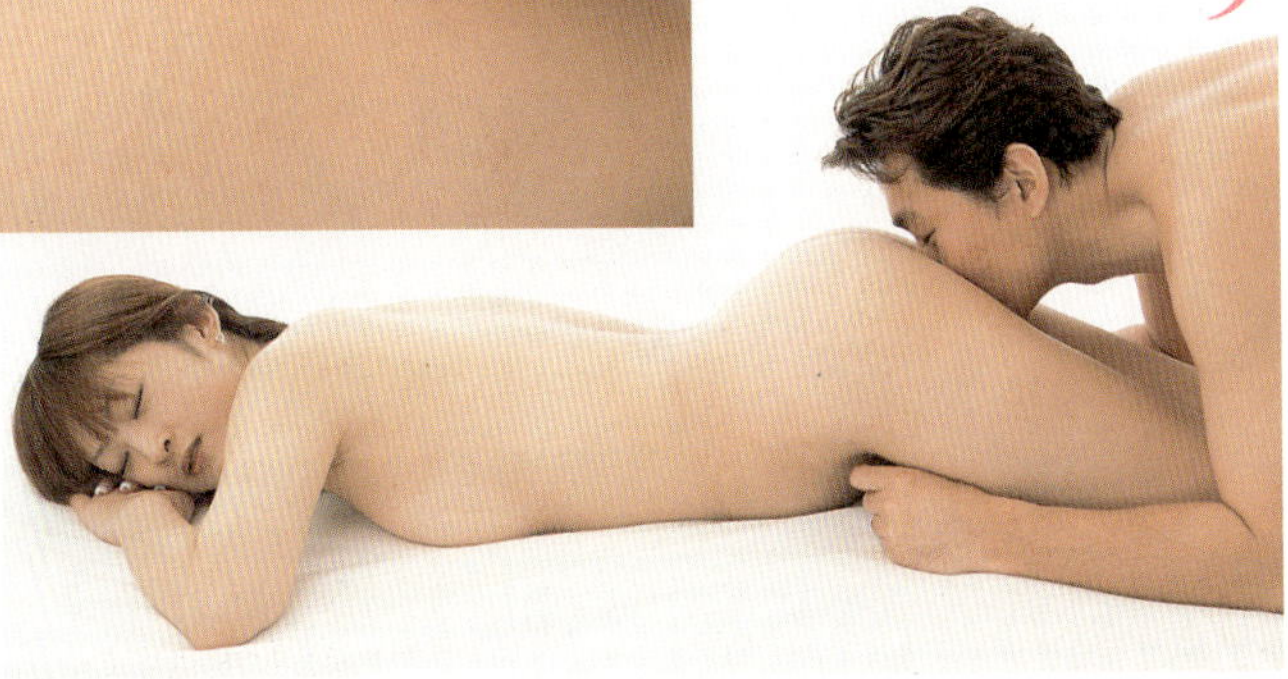

9

両手の中指はクリトリスへ。お尻はまだまだ舌先攻撃を受け続けていて……

オーソドックスでいつも新鮮な思い出の愛撫

初めての彼とのときにはこんな形で始まったはず。まだぎこちなくて緊張と期待で身が固くなり、おずおずとしたキスから始まって…。丁寧で念入りな顔を中心とし

髪の毛やこめかみ、瞼へのキスから始まり、なにかへの期待と予感が始まります

「いよいよだね……」そんな言葉と共に耳をかみ、なめたり息をふきかけたり

鼻の頭へキス、上唇にチュッチュッとキス、さらに一度首筋にもキスをしてから……

今度は顎や下唇へキス。さらに唇を強く吸い、改めて口への濃厚なキス

ディープキスの後はあなたの敏感な首から喉にかけてなんどもなんども下からなめ上げるようなキス

6

脇の下や脇腹、乳房、乳首。指でクリクリ摘まれたりはじかれたり

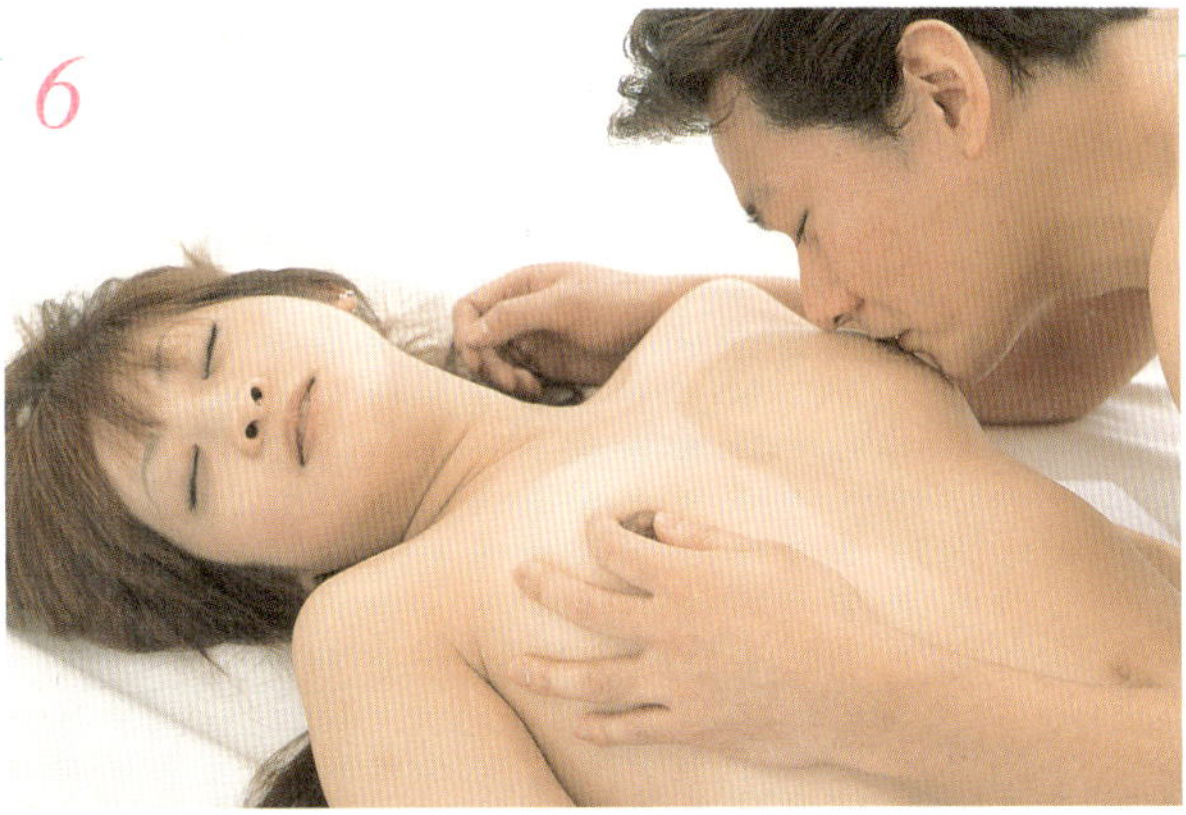

さらにお臍の周りを丁寧になめ回したうえで

7

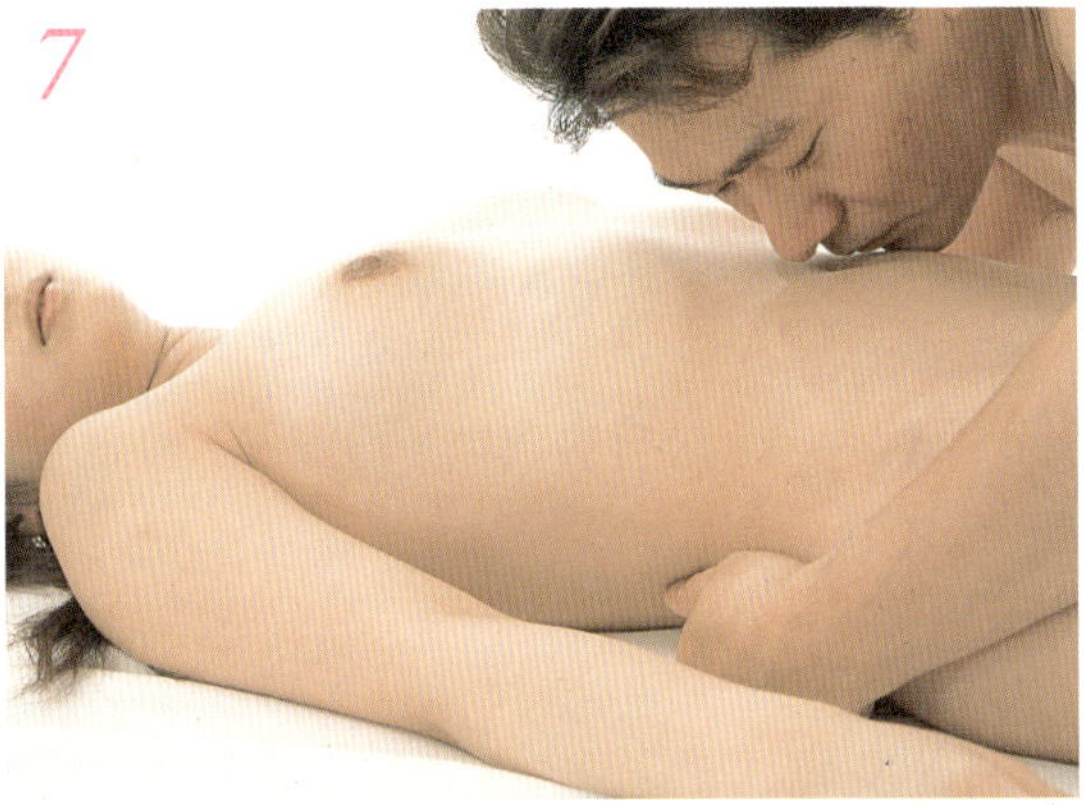

たキスとネッキング。そしてだんだんと下へ下がって、いよいよ愛らしいあなたの草むらへと唇が近づいていく。そのときにはあなたは興奮の極み……。

興奮すると膣口が濡れて陰毛が逆立ってきます

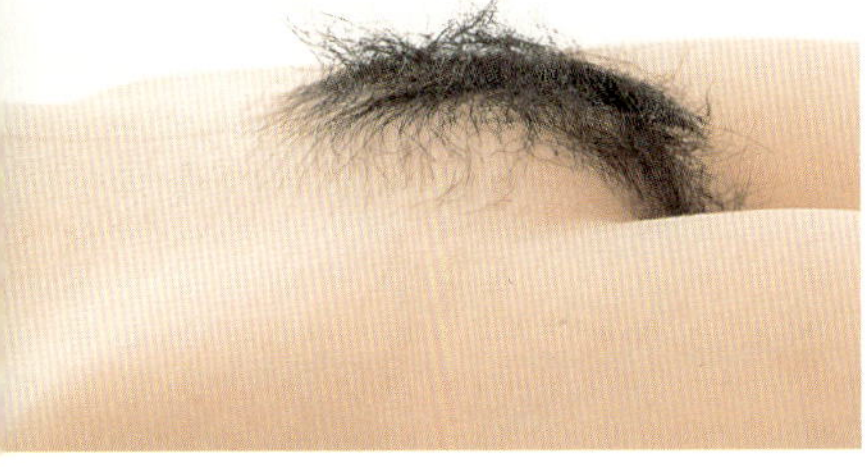

女性は興奮すると、局部が濡れ陰毛が立ってくるのがはっきりとわかります

8

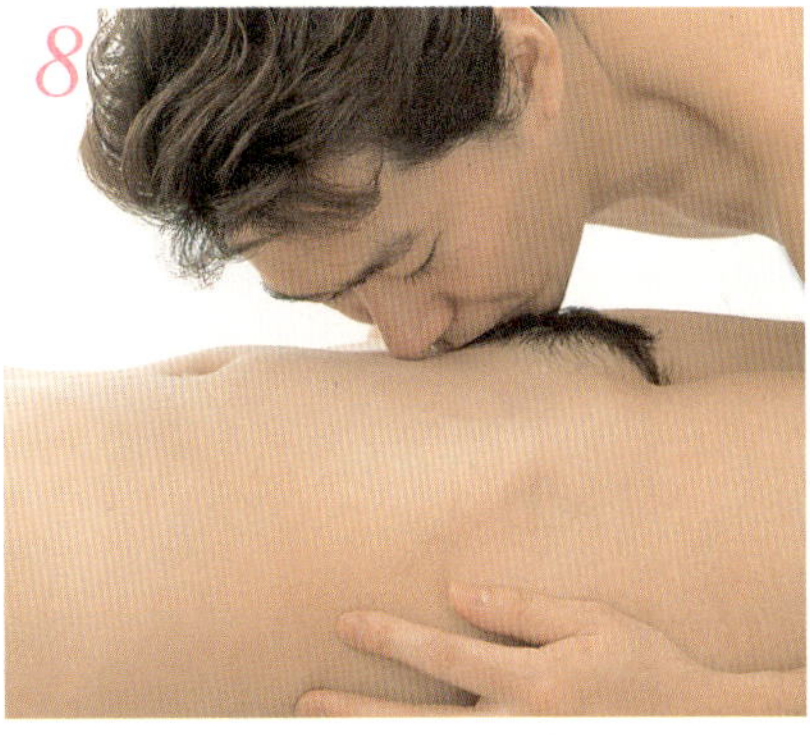

いよいよ若草の生えるあなたの茂みへと唇が下がってきます。ここでは茂みにキスをする

いつもあなたの大切なところを見せながら興奮を持続させて

男性は目で強く感じるといいますから、この愛撫の方法は彼の興奮を持ち続けさせるのに最適な方法といえましょう。足の先から愛撫が始まりますから、いつも彼の目にはあなたの局部が映っているはずですね。それを意識して足の開き加減を考えて愛を受けましょう。

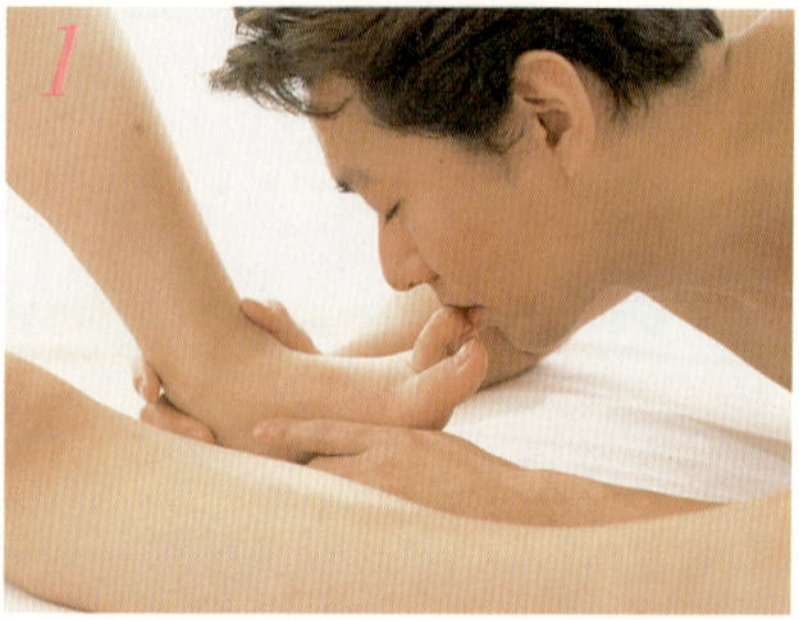

足の指や付け根、指のあいだを彼は吸ったりなめてくれますから「アッ」と声を上げて

彼が足の甲や足首をなめているときは、膝のあいだをすぼめたり開いたり……

下から彼の目にはあなたの肝心なものが見えているはず……。お尻をよじって見せてあげて

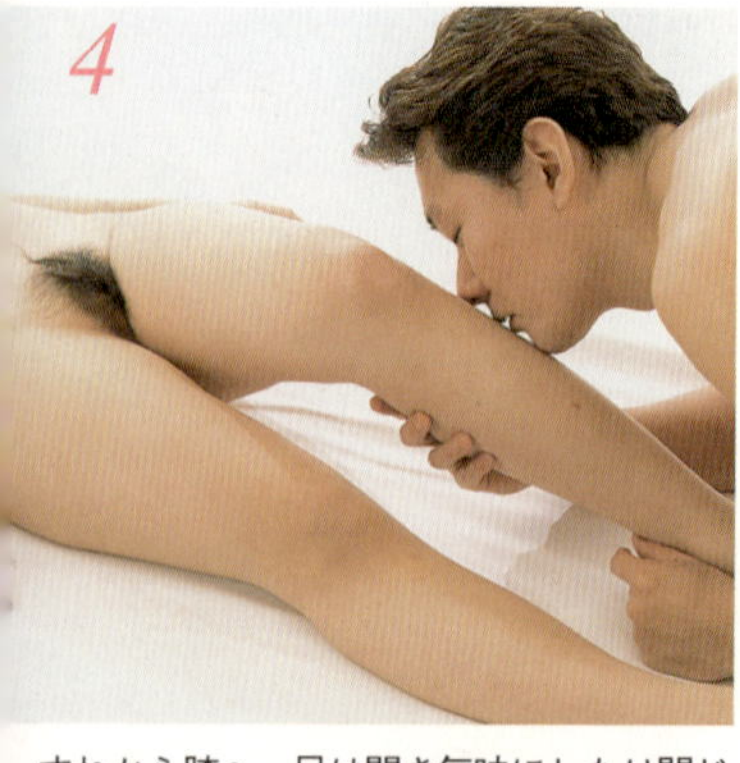

すねから膝へ。足は開き気味にしたり閉じたり、お尻を上下させてみては……

5

膝へ唇が伸びてきたら、もうすぐアソコ。彼の手はすぐあなたにとどきそう……

6

太ももを舌先や口が下から上へ、上から下へなんどもくりかえし上下し続けます

7

やっとアソコまで唇が届いてきて、舌先があなたの敏感なところを……

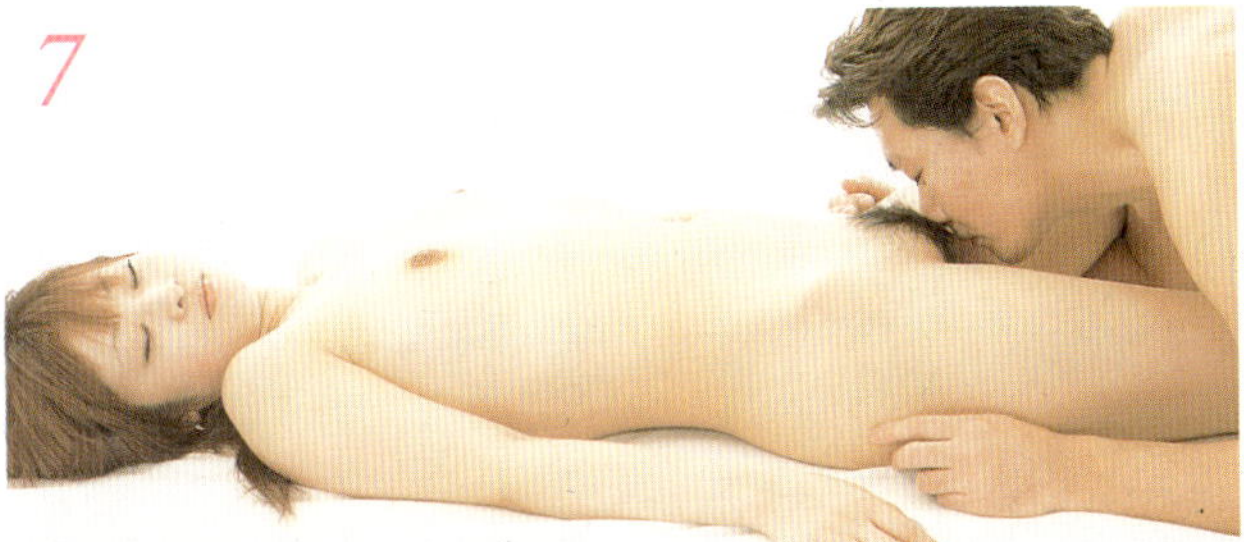

足を無理やり広げられて、「いやッ、恥ずかしい…」

お尻を前後に動かして彼の舌先を追い求める

8

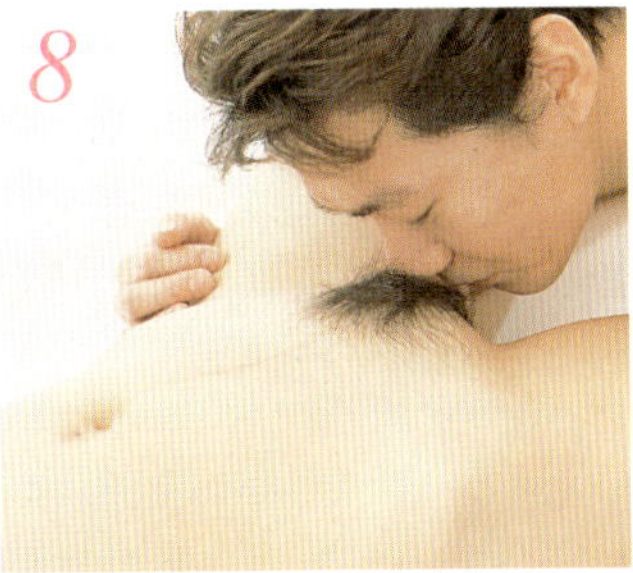

彼の舌は割れ目にそって下から上へなんども、あなたはお尻を持ち上げ気味に

9

背中から攻めさせて あなたの感じる後背位へ

大人の女性の色気は肩から背中に現れてきます

手では乳房やクリトリスをまさぐり、肩、背中へキスを

男性にとって女性の背中は想像以上にセクシーなもので、ある意味で乳房の魅力を超えるものともいわれていたのって、知ってた？　背中全体の柔らかさはそのままお尻の豊かな膨らみにつながっているからでしょう。

後ろから抱き抱えるように丸い背中へ下から上へ、上から下へキスの雨を続けます

手ではクリトリス刺激を続けながら念入りに背中へのキスを……

5

6

割れ目にそって手のひらで押したり指をそっと挿入したり……1、2本くらいを入れます

突き出されたあなたのお尻に手を回してアナルの周辺や会陰部への愛撫を続けます

割れ目にそって指を上下に動かし挿入する

中指でクリトリスをクルクルなぶり続けます

7

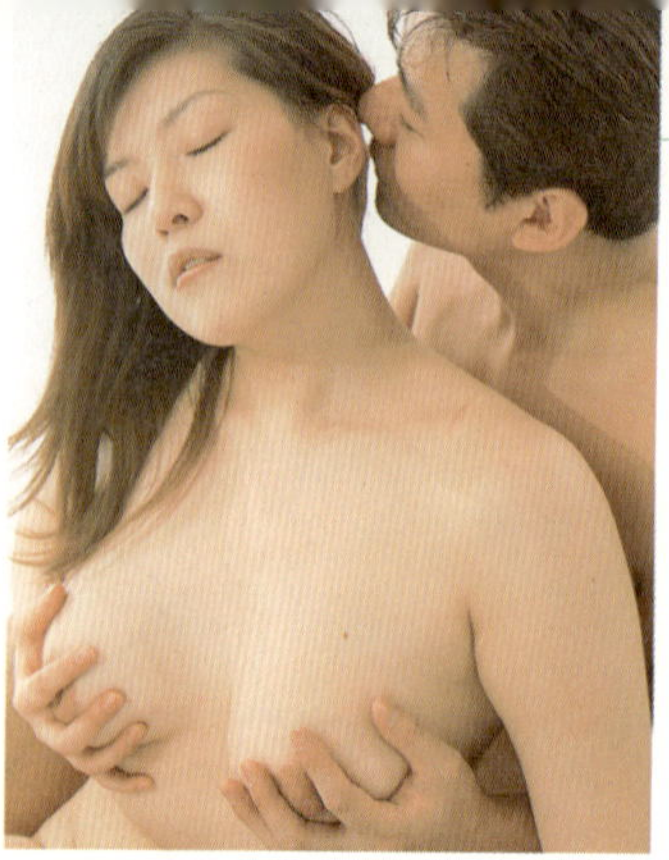

「可愛いヨ」そんな声が耳元でささやかれ、唇があなたの耳裏へ

背後から集中的に乳房とクリトリス攻めを

熱い彼の息を首筋やうなじに感じるとき、あなたはこれからなにが始まろうとしているのか、息苦しいほどの気持ちを迎えることとなります。

かすかな鼻息がうなじにかかり、彼の手が乳房やおなか、そして前に回ってくると、いつの間にか、ほら、下の方が濡れてくるのに気がつきます。

乳首は彼の指に挟まれてゆっくりもみしだかれて……

うなじ、乳房、アソコの三所攻めに腰が動く

息が背中にかかると思わずのけ反ってしまって……

彼の左手がぎこちなくて「もっと……」

彼の方へもたれかかるように背中を反らせる……

彼の右手は前に伸びてきておなかから下へ

お尻をよじりながら背中で彼をいっぱい感じて……

彼の手の動きについ声を上げて「いッい……」

思わず彼の首に手をかけて強く引き寄せ……

もうあなたの下は十分に潤っているはず…ね

唇でうなじや肩を、手で乳首とアソコを……

彼の中指がクルクルとクリトリスの周りを……

感じる部分だけをいっぱい愛してほしい

きょうは思いきり深く楽しみたい……、そんなときには徹底的にアソコだけに集中した愛撫の日があってもいい。そこだけを指で、手で、唇で、舌先で攻め続けてくれると、それだけでなんども小さく達することができるでしょ？　本当の大きな歓びは後のお楽しみにとっておきたいもの。

キスを受けながらあなたは彼の手を下の方へ誘います

彼の手のひらがアソコを包み、中指がクリトリスへ

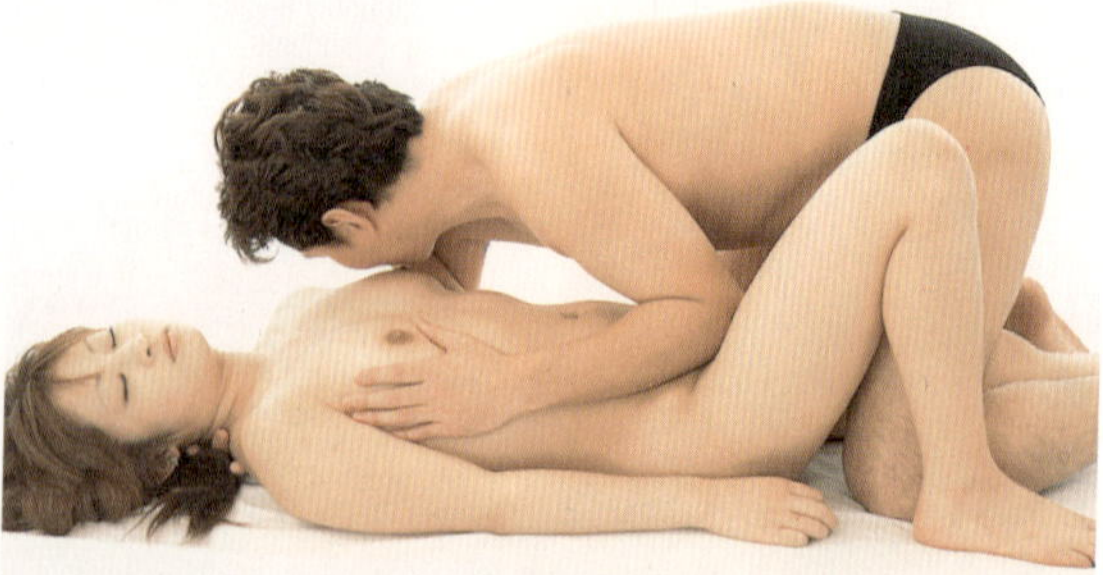

唇で乳房を、彼の膝小僧はアソコにグリグリ押しつけられて

舌先を迎えるように腰を浮かせたり上下に振ります

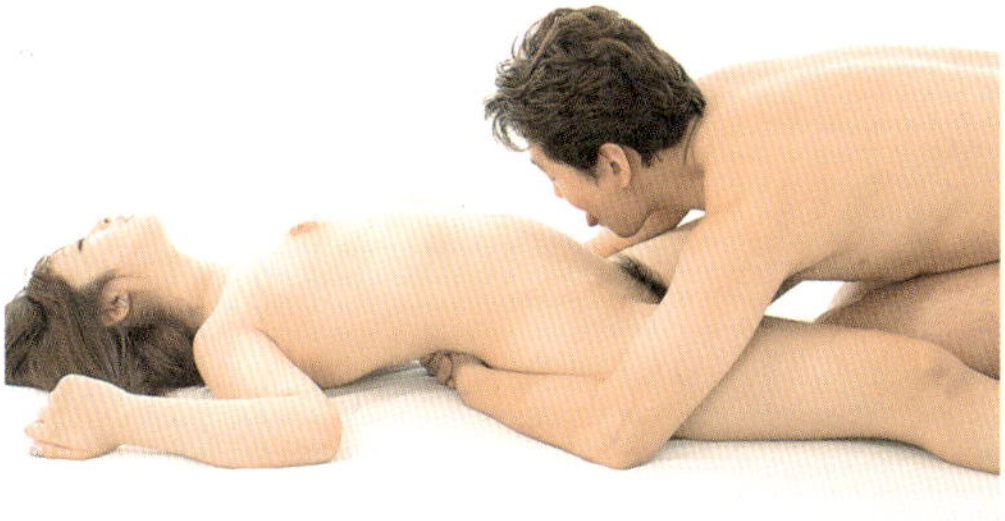

両手で腰を持ち上げられ、彼の口は茂みから割れ目へはってきてクリトリスの皮をチロチロとなめ……

指先でクリトリスの包皮をむき、舌がそこを吸ったりなめたり

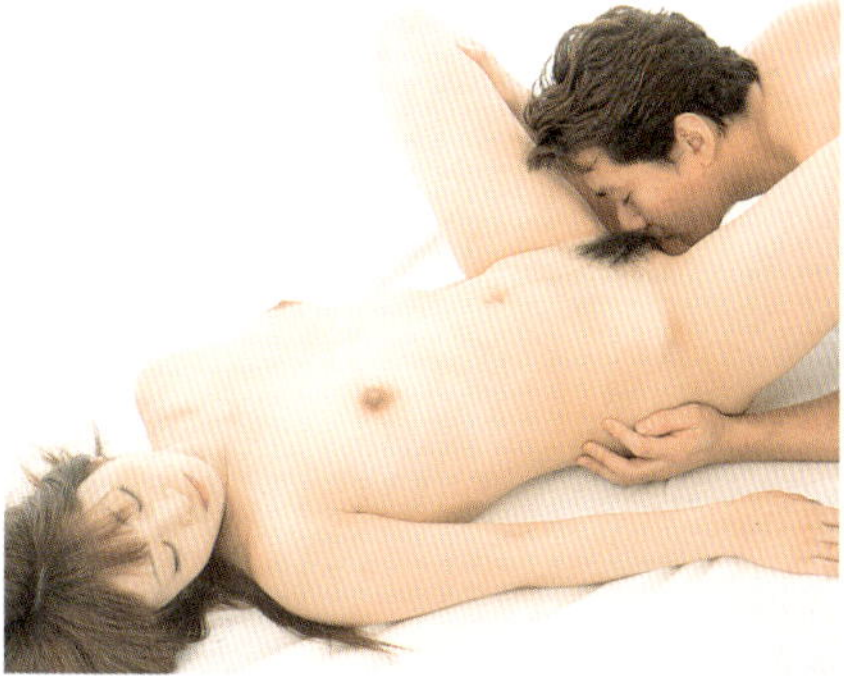

腰を上げ気味に足は大きく押し開かれて、彼の舌先がアナルや会陰部にまで感じられ

両手に抱え込まれてあなたは彼の唇を迎え入れようと腰を浮かせる……

お尻集中に声を上げる

知性の高い女性は後ろからの方が好きだといわれます。感じている自分を彼に知られたくないから……、でもそんなのつまらない。お尻から感じて、思いきり声を上げると彼も喜びます。

背後から彼の手は乳房やクリトリスへ。唇は敏感な背中に

親指であなたのお尻は押し開かれアナルは丸見え。「嫌ッ、恥ずかしい……」と声を漏らす

あなたは彼を受け入れるために腹這いになってお尻を高くする方がいいはず……

彼の口いっぱいにアソコのヒラヒラを全部吸い込まれて思わず声が……

入ってきた彼の指の動きに合わせて、思わず腰を高くして…

あなたはお尻を突き出し気味に割れ目を彼の舌先にさらすように動かす

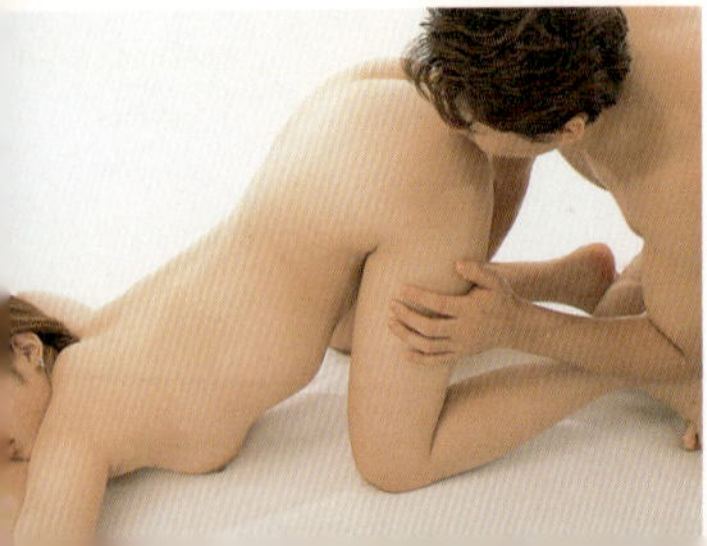

声を上げて感じるままにあなたはお尻をグルリグルリとゆっくり回して……

恥ずかしいと思うから さらに燃え上がってしまうの

＊鼻を割れ目に沿って上下に、左右に大きく、また小刻みに動かしたり震わせたり……。このとき舌先はクリトリスを捕らえ、鼻の動きに任せる

すぐしてほしい、そんなときに

ウズウズと感じるときってあるわよね。そんなときはすぐ彼の舌先をじかにアソコへ。あなたは直接アソコを見せたり震わせて誘ったり……。

お尻を高くして彼の目の前へ。「ほしいッ」とひとこと

指で彼があなたを犯す……それを待つようにお尻を振ったり震わせたり

彼の舌先をアソコいっぱいに感じてみたい……、だからお尻を振る

お尻を上下に、左右に振るだけで、彼はますます高ぶってきます

1

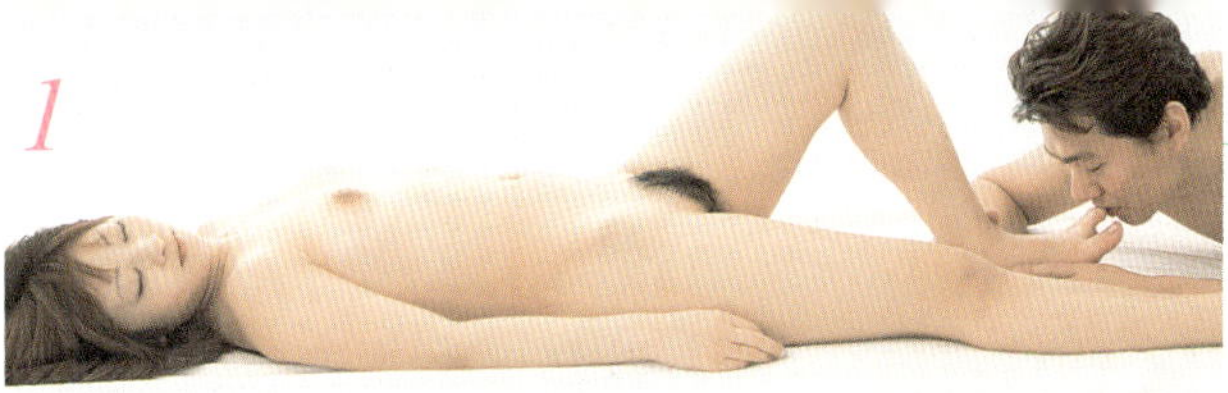

足への愛撫は彼を直接アソコに導く入り口

3

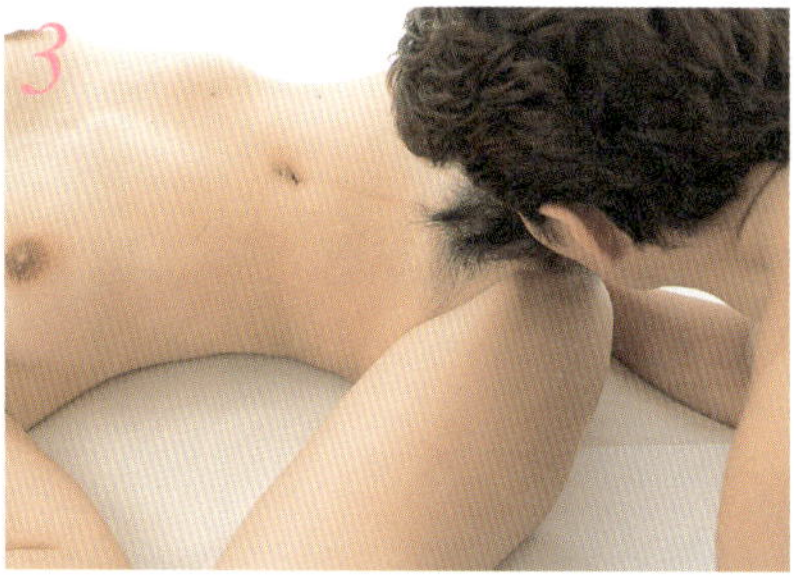

鼻の頭でクリストスを舌先で、割れ目を上下になめあげます

2

足下からそのまま股間を開いて局部へと誘います

4 大胆に足を開くと彼の舌の動きも早くなります

大胆に足を開くと、なにか普段の自分とは違う人になれたみたいで

＊鼻で優しく丸くク
トリスをなぞり、舌
は膣を、顎では会陰
を圧迫したり撫でた
同時に三か所を愛撫

彼の顔や頭を抱いて自分の股間部へ押しつけ、腰を大きく振り続けましょう

自分の手で乳房をもみしだき、「あッいッいー いッ」と、彼のその気を引き出します

すぐにきてッ、そんな気持ちのときに1

アナルや会陰が丸見えになるくらい足を開き、お尻を高くして、舌先を当たりやすくします

感じたら彼の頭を持って、自分のアソコに思いきり押しつけてもいいでしょう

STAGE 3——愛撫

2

お尻を振るのがあなたのおねだりのサイン。すると彼は口を近づけて……

すぐにきてッ、そんな気持ちのときに2

1

彼にお尻を突き出し、おねだりすると、思わず彼の手が伸びてきて……

4 このとき、あなたのアソコはもう開いて受け入れ準備もできています

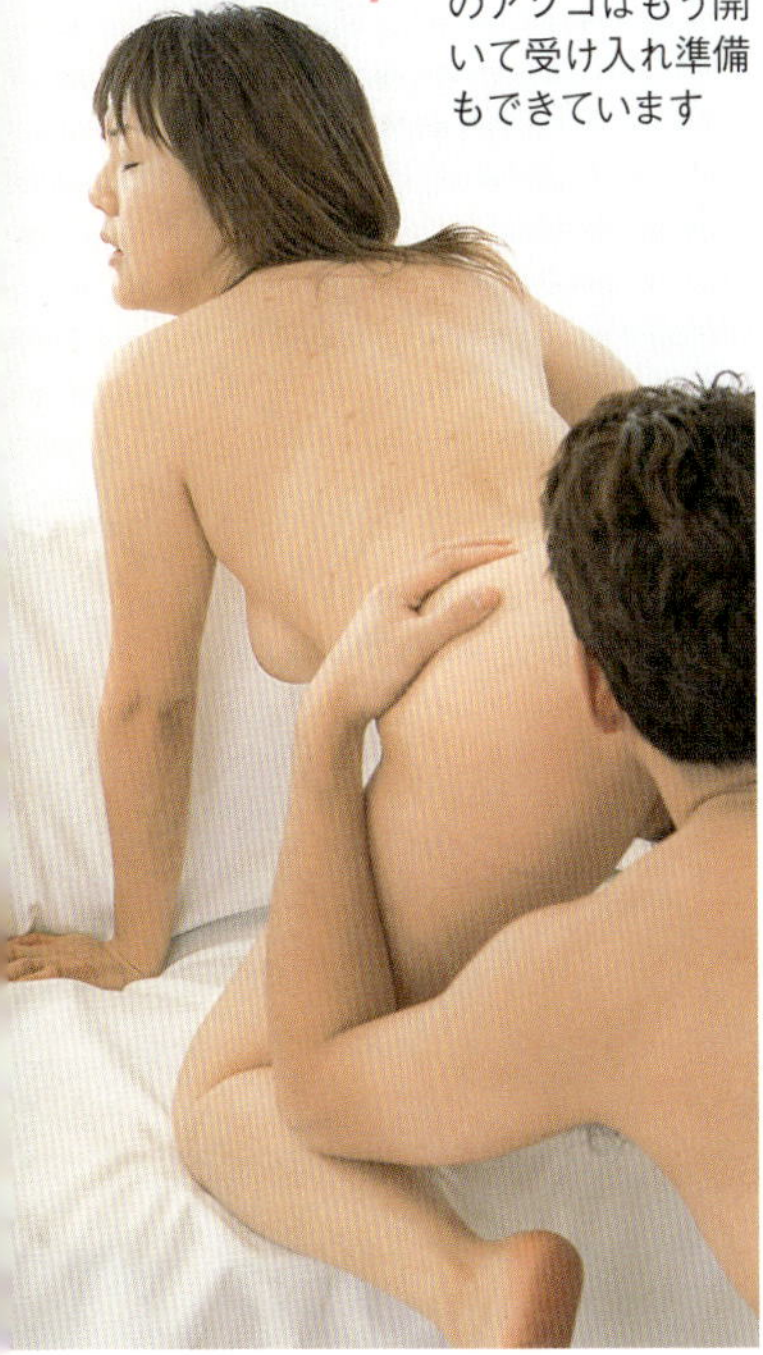

3 アソコを舌の動きに合わせて上下に激しく動かしながら、「もっとッ」と催促します

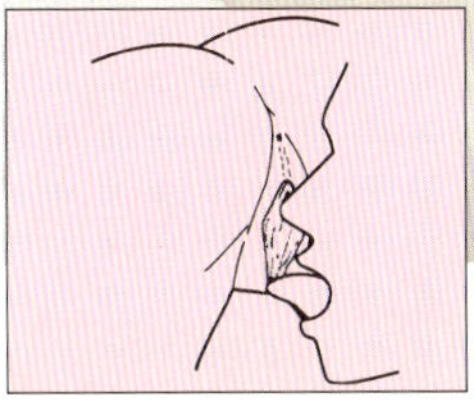

＊絵のように鼻の先で会陰部をクルクルと撫で、それに合わせて舌先や舌全体を使って大陰唇、小陰唇、陰唇間溝などをなめた後、クリトリスを下からなめあげる

クンニリングスへの基本的な順序と方法1

後ろから彼を近づかせて、背中への愛撫から誘います。そのままお尻へと誘うわけですが、このときのポイントは、自分の動きやポーズ、体の位置が彼にセクシーに映るように工夫することです。

背中を反らせ気味にしてお尻を突き出せば、腰のくびれが強調されてセクシーに

1

彼の愛撫にこたえるようにだんだん鼻息を荒くして、自分の興奮を伝えます

2

お尻を突き出してグラインドさせて、彼の目にあなたのアソコを意識させます

3

彼の指があなたの中へ入ってきたら、自分から動いてお尻を高くします

4

声を出すことで二人はさらに高まります

5 お尻を指の腹や指先の動きに合わせてグルグルと激しく動かします

6 「いッいーッ」「もっともっと」など声を上げて彼の高ぶりをさらに促します

7 いよいよ彼の口や舌があなたの肝心なところに触れて。そのとき、すべての神経を集中させます

クンニリングスの順序と方法2

足から愛撫を誘い、だんだんに上へ愛撫を進めさせ、クンニリングスに至る方法は、正常位を取るための基本形といえます。この形はまだ十分に慣れていない二人にとって、わかりやすくて簡単な方法といえます。

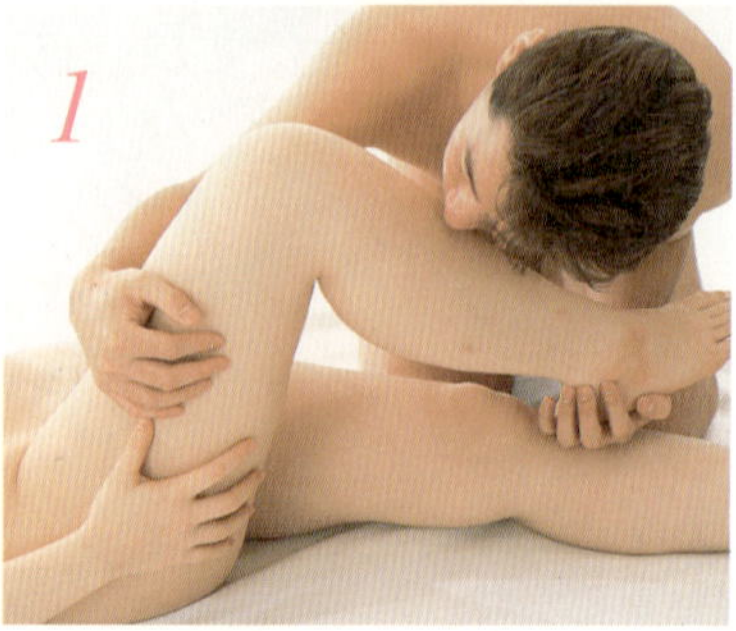

彼の顔や体を足でつついたり絡めたりして、彼のやる気をそそります

その気になった彼は柔らかいあなたのふくらはぎや足首などに唇を近づけてきます

体をずり上げて、彼はあなたの顔や口へのキスを繰り返します

足のあいだに顔をうずめ、足を押し広げ、太もも内側へ舌や唇をはわせます

5 あなたは自分の感じている部分を彼に押しつけるようにお尻をよじります

自分から体を開き感じる部分を突き出します

6

彼はお尻を抱え、あなたは腰をグラインドさせます

7 お尻を突き上げる要領でなんどもなんども彼の舌先を受け入れます

彼のクンニを誘い出す快感体位

彼は見ることが大好きな人。見ることでいやが上にも高まってきます。だから彼の目にアソコがよく見えるように体位を工夫すると、彼の情熱はさらに高まり、固さも快感も想像以上に持続します。

1

大胆に彼の上にまたがり、フェラチオをすれば丸見え

2

このときお尻はモゾモゾ動かし続けること

3

うんと彼の顔にアソコを近づけたり押しつけたり、お尻を振り立てます

2 乳房でペニスをこする
ことも忘れないで……

1

あなたは乳房を彼の体に密着させながら、見せ続けます

高めるためにも
彼により見えやすく
してあげたい

3 いくらかはなれて見えやすくすると、彼からの愛撫も受けやすくなります

図解 してあげたい、してもらいたい 愛撫技の基本

性交では得られない歓びが、愛撫のいろんなテクニックにあります。

キスは、これから始まる世界への序章であり予感です

たとえばキス。挨拶のキスとは違い、ただ顔を近づけ唇を合わせるものからセックスに代わるくらいの濃厚なものまでいろいろ。ペニスへのフェラチオや女性へのクンニにしても、舌や口の使い方から体位まで工夫しだいでものすごく興奮させられますし、簡単に達することもできます。また妊娠中や刺激を求めるための素股という方法では、普段とはひと味違うセックスも楽しめます。これらの愛撫と愛技の基本をまとめて、ここに紹介しようというものです。

セックスへの呼びリンのようなソフトで優しいキス。顔を斜めに唇をそっと合わせて

互いに深く唇を重ね合わせて二人の舌を押し合い絡ませ合う、かなり技術のいるキス

唇や鼻の頭をチッチッとつつき合ったり軽く触れ合う可愛いキス。セックスへの予感が

強く抱き締め合い、互いの歯をつついたり歯そのものを合わせてカチカチするキス

舌先を相手の歯と歯のあいだから差し入れるちょっとランク上の濃厚なキス

相手の歯茎や口の中を舌先でなめたりつついたりして粘膜そのものを刺激するキス

唇を重ねてから相手の上唇や下唇を軽く噛む愛情表現の豊かな大人のキス

互いの口の中で舌先どうしで戯れ遊ぶ高級テクニックのフレンチキス

図解 ペニスを洗いながら奮い立たせる方法

彼が一番してほしがるのはペニスへの愛撫、それも口や舌を使って。でも基本は指使い。それをマスターして。

女性の指は柔らかくて動きも微妙なものを作り出すことができます。それは口や舌の優しさにも決して負けることのない快感を、彼に伝えられるはず。そっと優しく、まるでヴァギナに包み込まれたかのような感触と、ほどよい強さや緊縛感を作り出してくれます。これらの基本的な指および手技、舌や口技を使うことで、彼にいままでに経験のない、めくるめくような新鮮な体験をさせてあげましょう。

亀頭の裏に垢が溜まりやすいので指でしごいて垢を取る

玉の裏側も汗をかきやすく汚れやすいのでよく洗う

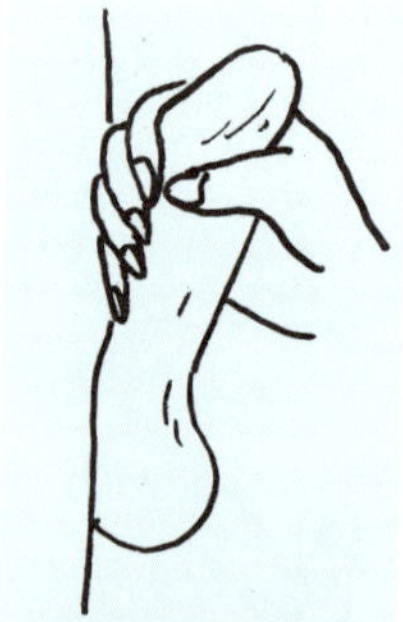

上に持ち上げ亀頭の裏の溝を親指でしごくと元気が出てくる

フェラのときはペニスを軽く優しく握って、口の動きに合わせてしごくようにする

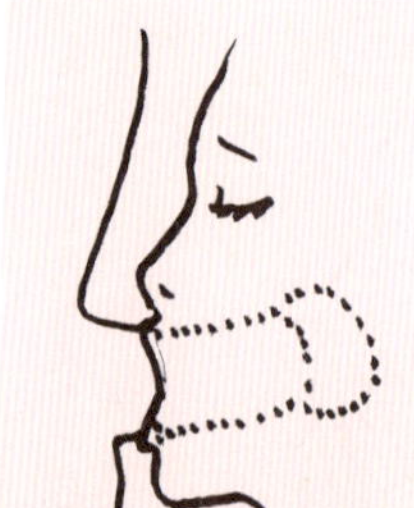

唇をすぼめて強く吸ったり、入れて口そのものを前後に強く動かす

口の頬の内側にペニスを強く当てたり舌をペニスに絡ませたりする

手のひらに包み込むようにして亀頭を中心にこね洗い

亀頭を手のひらで包み、クリクリと優しく洗う

ペニスと玉に手を添えて優しくもみ洗いをする

指でペニスをしごきながら手のひら全体で玉を支えて、小指でアナルも洗う

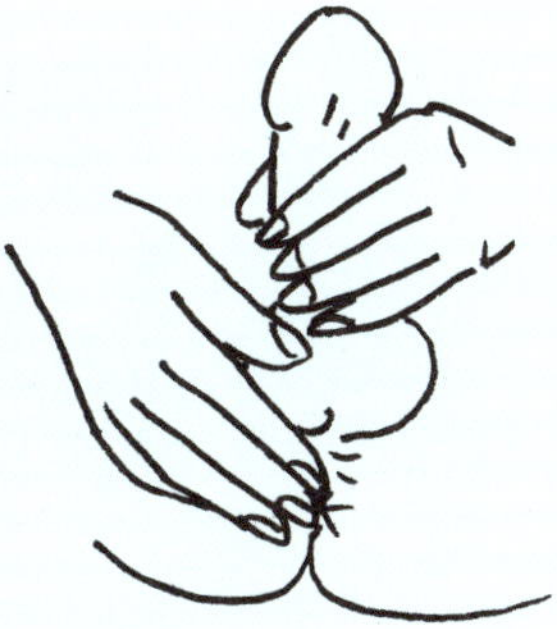

ペニスをしごきながら亀頭の裏の溝の垢を丁寧にとり摩擦洗いする

指でアナルを開いて挿入し中まで洗う

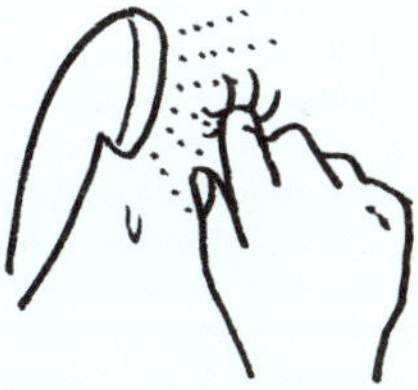

シャワーを使いながらアナルをクルクル洗う

後ろから手を回して玉を上下に洗う

乳房や乳首はここまでされたら我慢できない

乳房や乳首はなによりも敏感なところで、ここを彼にじょうずに愛撫されるかどうかで性生活が大きく変わってきます。

女性の体の中で局部と乳房は性感のもっとも敏感で、歓びにも直結している部分だといえます。その部分をじょうずに愛撫して刺激ができるものなら、歓びも倍増します。乳首はもちろん敏感で、ここは男性でも十分に感じます。ためしに彼の乳首を指の腹で軽くこすってみたり吸ったり押してみると、乳首が勃起してくるのがわかります。

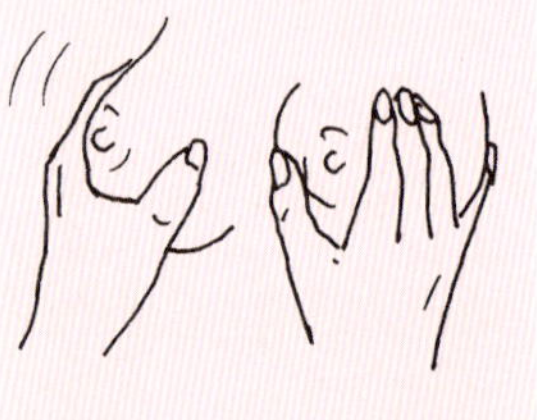

感触を楽しみながら両手のひらとすべての指を使って乳房全体をもむ

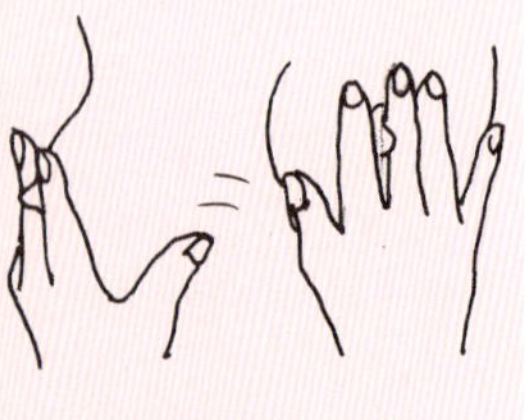

乳首を指に挟んでクリクリひねったり引っ張ったり押したりを繰り返す

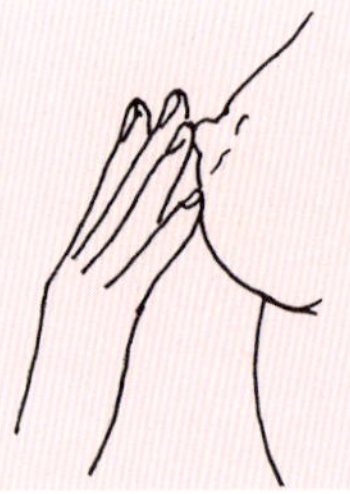

立った乳首を4本の指の腹を使って横にワイパーのようにパラパラと動かす

乳房を下から持ち上げ気味に、親指の腹でコリコリひねるように転がす

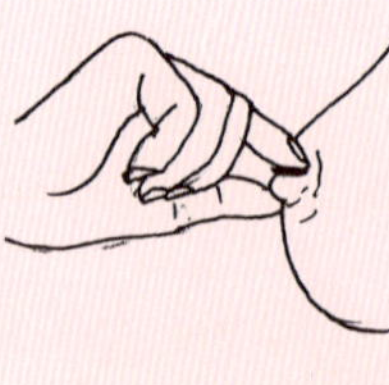

立ってこない乳首には指で乳首の先を引っ張ったりつついたりする

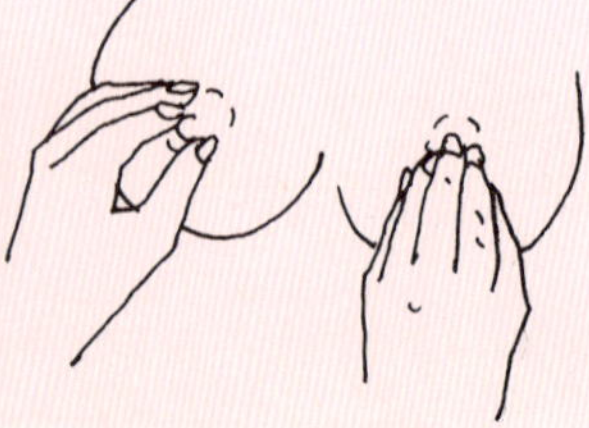

ボタンを操作する要領で乳首や乳房全体を摘んだり引っ張ったり

乳房を両手のひらでもみ舌先でチロチロ素早く上下になめ上げなめ下ろす

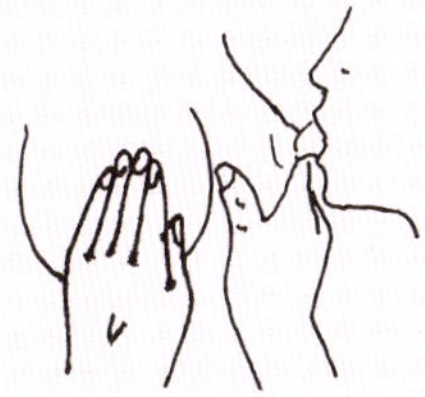

乳房全体をもんだり押したりしながら舌先で乳首をクルクルなめる

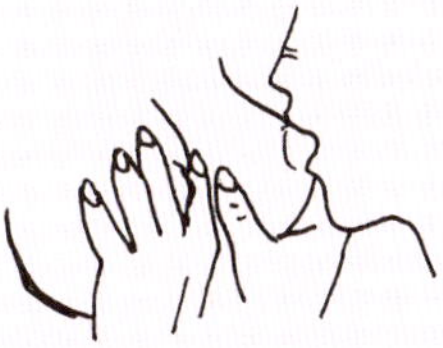

乳房を持ち上げ気味に指で乳首を挟み、片方の乳首はリズミカルに吸う

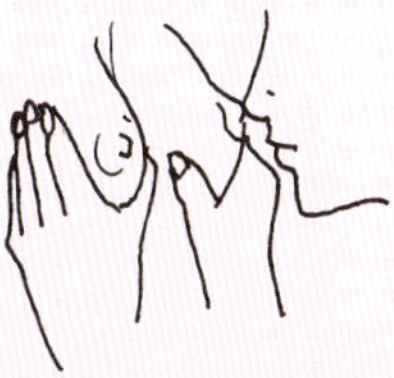

乳首に鼻の頭を寄せてクルクルクリクリとつついたり刺激する

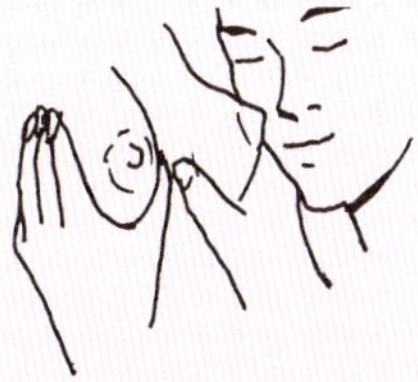

ちょっとマザコンスタイルで、頬を乳房や乳首にすり寄せる

乳房の乳輪を丸ごと口に吸い込み、口や顔で乳房全体をなでる

彼の乳首を口に含み強弱をつけて吸う

唇で彼の乳首を強く吸えば立ってくる

上唇と下唇、それに舌を使って上下に

鼻息を乳首に吹きかけて鼻先で刺激する

舌先を使って乳首を跳ね上げ跳ね下ろす

乳首の周りをゆっくりと丁寧になめる

乳首や乳首の周りをクルクルとなめ回す

妊娠中や生理のときに「素股」で快感を得る

素股は昔から行なわれてきた性技のひとつで、へたなセックスよりもこれを好む人も多いとか。その技をいくつか紹介します。

昔の遊廓にはその名人までいて、評判を呼んだといいます。この方法は避妊の用意のないときや、女性が妊婦でセックスに危険を伴うような場合に行ないます。男性には新鮮に、女性には未知の快感があるかもしれません。というのも、ペニスで局部を刺激しているわけですから、クリトリスセックスと同じ効果があるのです。

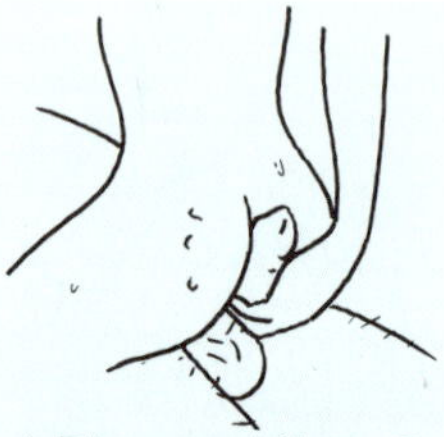

お尻にペニスを挟み、手を添えて腰を前後に振り、手を動かす

お尻に回した手でペニスを握ってしごく

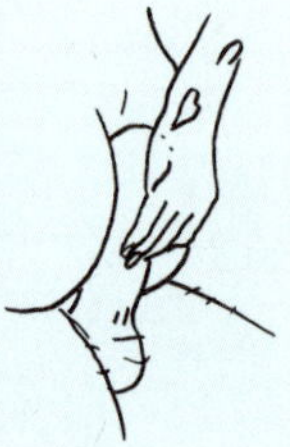

射精時には精液を手のひらで包み、受け止めてあげましょう

精液が出た後、手と指を使ってペニスを亀頭に向けて絞る

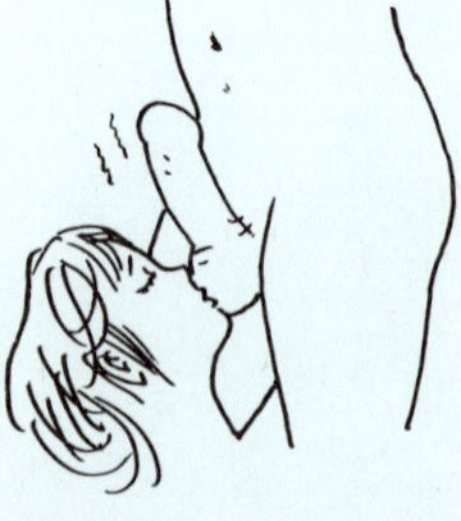

女性が下になり、勃起したペニスに顔や口をつけて洗う

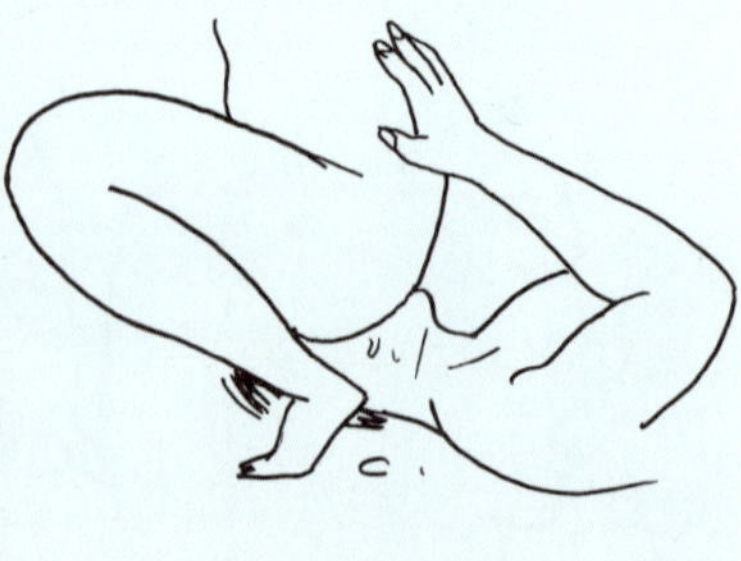

男性が下になって女性の局部で顔を洗ってもらう

男性はペニスをお尻のあいだに挟み、腰を前後上下に

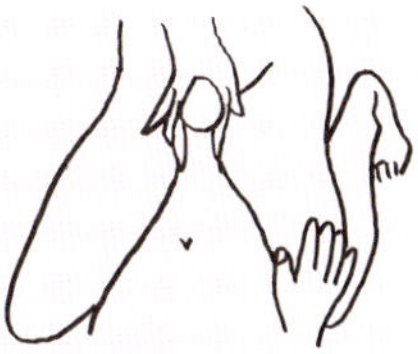

ペニスを人差し指と中指で挟み、おなかにつけて前後左右、上下に

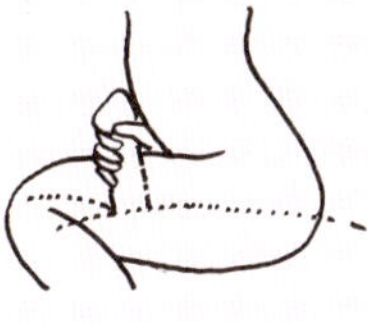

ペニスを握って腰の上下運動に合わせてしごく

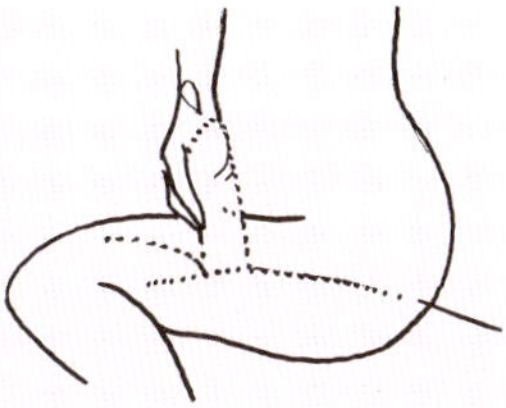

腰を動かしながら、おなかにペニスを着けてこする

疑似セックスですが思わぬ快感が訪れます

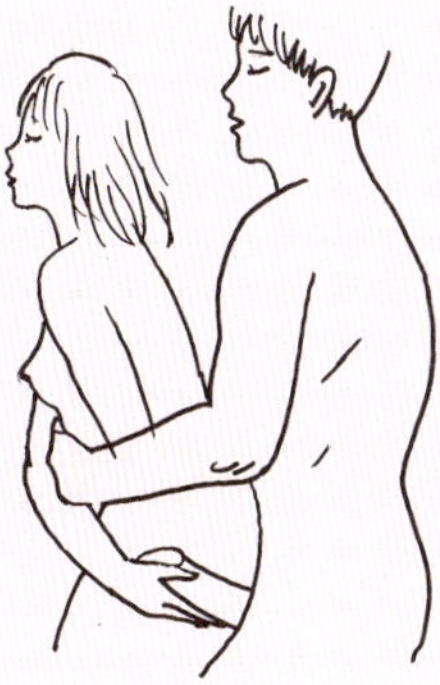

ペニスを股間部に押し当てて前後に

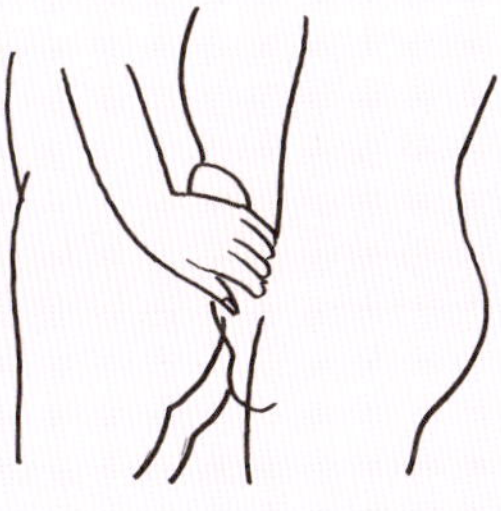

立ったままペニスを後ろから股に挟み、前後運動をする

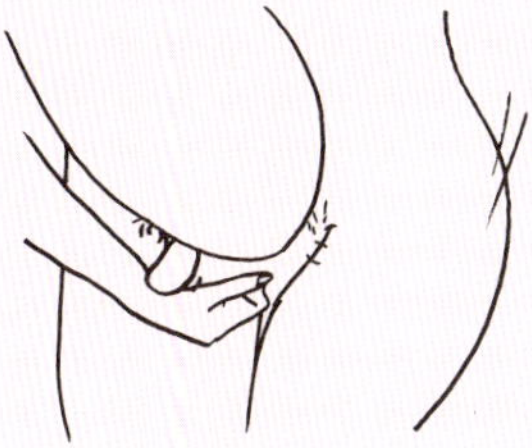

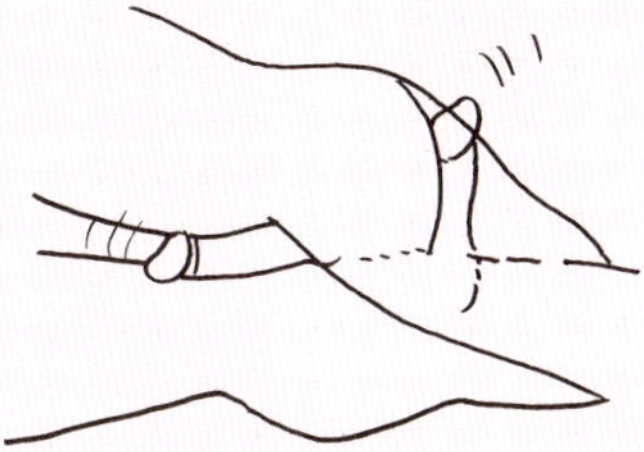

ちょっとアブノーマルだが、レズやホモのテクニック

彼にアソコをじょうずに愛してもらう方法

男性がいつもしたがり、またしてもらいたい前戯として重要なものに性器愛撫があります。その基本テクニックを学びます。

男性の指はデリカシーに欠ける、といわれていますが、ここの愛撫では「優しさと慈しみ」の心でソフトなタッチで行ないます。これらをじょうずに組み合わせると、女性は本番前にもイクことができます。とくにクリトリスは、皮の上から、皮を剥いて、では大きく感覚が違ってくるので要注意です。

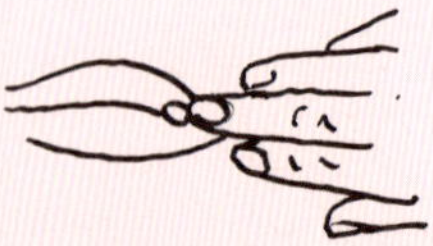

人差し指と薬指で皮を剥き中指を回転させる

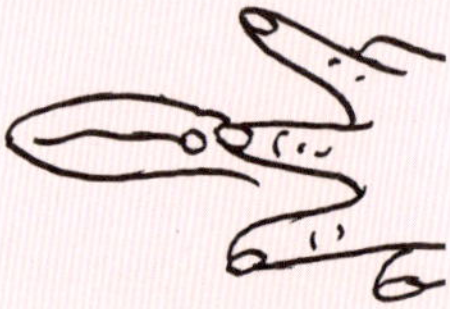

オナニーをまねてクリトリスへ中指を使う

むき出しのクリトリスをごく弱く指でなで回す

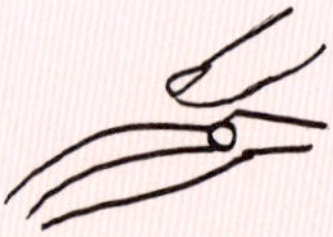

皮の上からクリトリスをリズミカルに軽くたたく

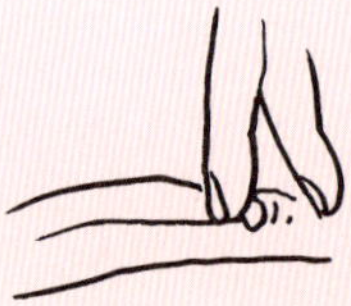

中指の腹でクリトリスをピンピンと優しくはじく

クリトリス、ヴァギナ、アナルの３点をせめる

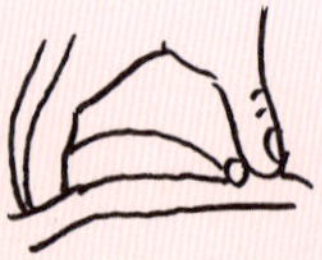

親指はクリトリスに、人差し指と中指は腟に入れる

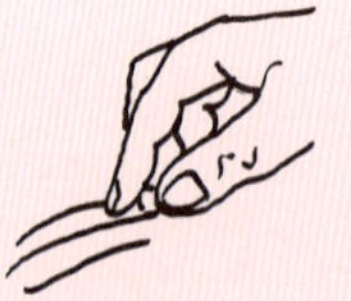

むき出したクリトリスを指で挟んで小刻みに振る

STAGE 4

性交

もっと強く
もっと夢中に

愛される歓びと安らぎの「正常位」

密着度も高く抱き締められる安心から早く快感は訪れます

1

フェラチオ、もしくはクンニからそのまま正常位へ。そっと亀頭部分だけを挿入させます

2

技 腰を引き気味にして入口にツンツン当てた後、お尻を押し出すように深く挿入します

3

挿入は足の位置を高くして深く、足を伸ばして浅く調節します。腰を上下、左右に振ります

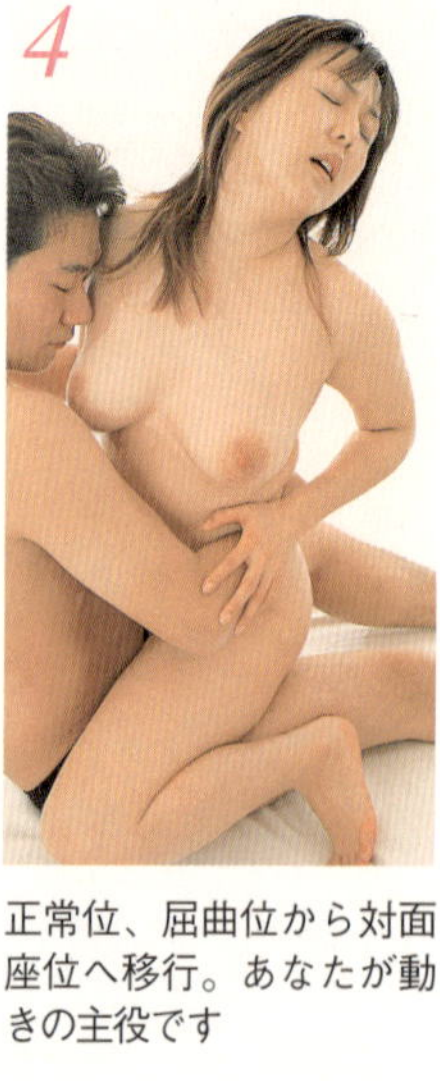

4

正常位、屈曲位から対面座位へ移行。あなたが動きの主役です

5

技 背面座位への変化。このときペニスを中心に前後左右に腰を回します

正常位の形は、彼に包まれるように抱き締められることから、あなたは安心感も手伝って、早く達することができます。正常位はセックスで一番多い形で、二人の密着度も高く足の位置しだいで挿入感も深くなり、普通よりも満足感が大きくてエクスタシーを早く感じられる歓びの豊富な体位です。

彼を中に感じながら ペニスを中心に回転させます

6 ペニスを挿入したまま体を回転させて座位への変化をします

自分本位に快感追求できる背面座位からの変化技

座位では自由に動けるので自分の快感ポイントにペニスを！

技 この体位では背中を反らせてお尻を突き出し、ペニスをGスポットへ当てます

前後にグリグリお尻を動かすことでペニスの浅深を調整しGスポットへ

あなたが上になるときは快感を自分でコントロールするチャンス。腰の上下や位置しだいで挿入を浅くも深くもできますし、腰の動かし方ひとつで快感ポイントへも自在にペニスを当てることができます。あなたの早いポイント発見が大切です。

技 彼が横たわり背面騎乗位になるとお尻を浮かせて接合部を見せます

前に倒れて背面側位へ。背を反らしお尻を突き出す要領で動き……

ペニスがまっすぐ子宮を目指して挿入される感覚を楽しみます

技 足を組み合わせて松葉崩しへ。接合部をぶつけ合う要領で

彼の上で
回転や前後運動を
思いのままに楽しむ

7

対面座位へ変化すると深く腰を落として回転させたりリズムをとって前後に振ります

側位から後背位で深い挿入感におぼれる

足の開きと腰の落とし方でペニスの当たりを決めます

後背位ではペニスは深く挿入されますから、比較的短いペニスでも互いに満足が得られやすくなります。足の開き方や腰の高さでペニスの入る角度や当たるポイントが違ってきますから、自分で快感を得られるようにポイントに当てる動きをします。

1

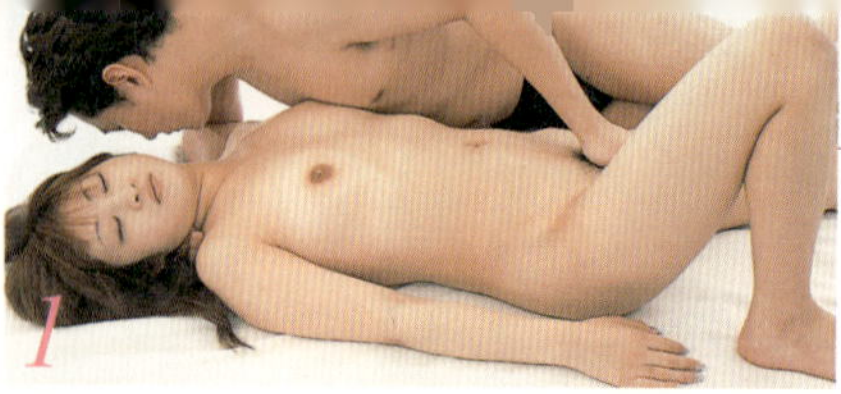

技 利き手でない手指でクリトリスを刺激されると、いまひとつもどかしい快感で癖になりそう

2

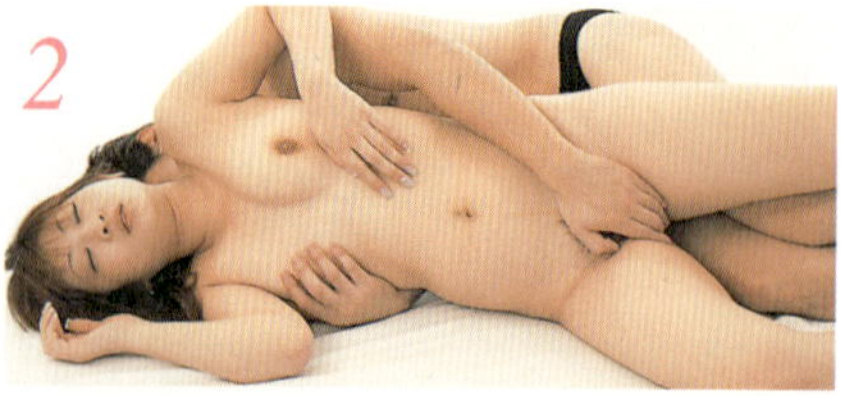

側位では彼の指でクリトリスを刺激してもらいます

挿入したまま肩や首にキス、押しつけるように密着運動を……

3

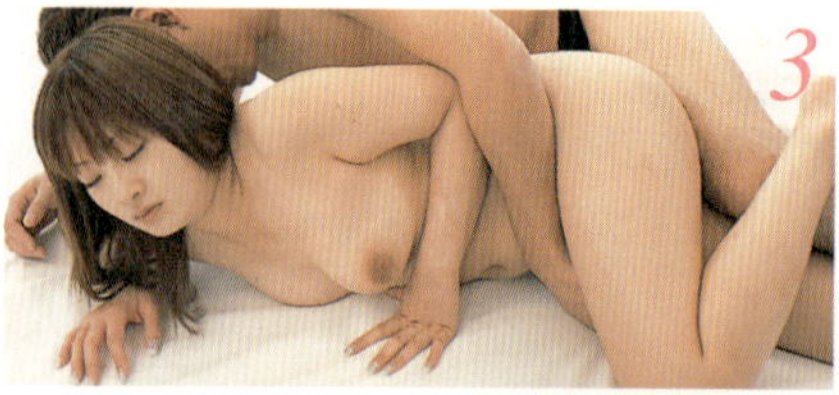

4 ひざまずいて大胆に足を開き深くペニスを迎え入れます

STAGE 4 ——— 性交

あなたが前後に動いて彼も気持ちよくさせます

5 背面では彼の指はクリトリスへ、あなたは背を反らせてペニスを快感ポイント（Gスポット）へ

自分が気持ちよくなれば彼も喜ぶはず…

あなたが感じると動きが大きく大胆になり、彼をますます高められます

セックスにタブーなんてありません。二人が同時に気持ちよくなれれば最高。そのためにもまず、あなたが気持ちよくなる方法を心得ていなくては…。そのためには彼に対して自分本位の動きが自由にできる体位を選ぶように仕向けます。

1

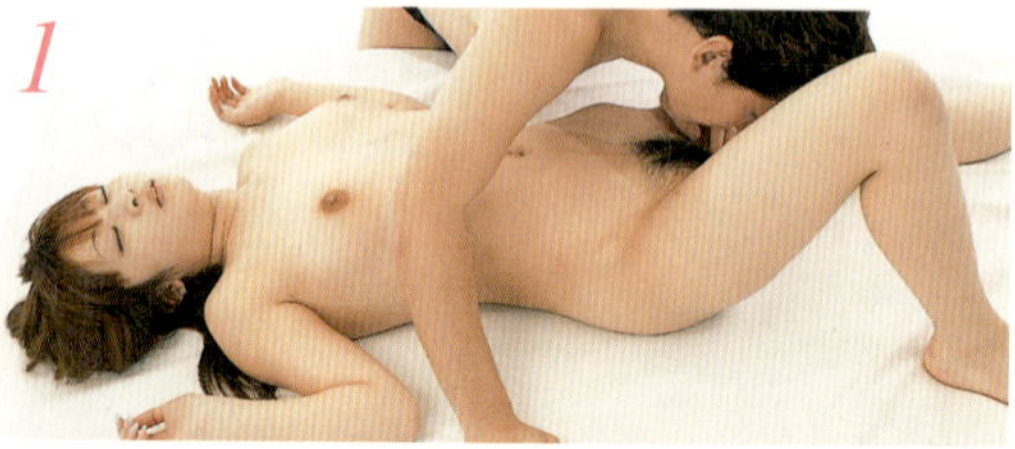

クンニであなたが十分に潤いを得るには、解放された気持ちと念入りの愛撫をして、くつろいだ気分でいること

2

乳房や脇の下、脇腹などへの愛撫は、時間をかけてゆっくりとしてもらうようにします

3

クンニは自分から大胆なくらいに足を開き、感じる部分を自ら彼の舌先にすりつけます

4

技 ここで肝心なのは自分が感じやすかったり感じられる体位へ移行していくこと

5

ここでは後背位。あなたは自分のお尻で彼のペニスで丸く円を描くように振り続けます

6 そのままベッドを使って楽な姿勢で縦横に腰を動かし、声もあげるようにします

自分の好きな体位を選ぶのが快感への最短距離

クンニで濡れて動きやすい体位で密着運動を

腰が動きやすく、彼と密着しやすい体位は気持ちよさへの第一歩

ホント、困ったことに多くの男性はピストン運動が中心になっていますね。男は射精がエクスタシーに達したときですから、たしかにピストン運動が一番感じられるのかもしれません。でも、あなたは違います。女性の快感やエク

1

クンニではあなたもアソコを彼の口に押しつけて回転させて……

2

愛撫は時間をかけ、たっぷりと。自分が少しでも感じられる部位に彼の唇や指を向けます

4

技 騎乗位ではペニスの出入りする部分を見せるために幾分腰を浮かせ気味にして動く

3

対面座位では出入りするペニスを互いに見合えるように

5

スタシーは人によっても違えば、感じ方、達し方もいろいろで男性のように一つの形では表せません。そこで彼の好きなピストン運動を十分にしてもらいながら、自分なりに快感を得て、じょうずにエクスタシーに達しようという虫のいいセックス方法だといえましょう。

座位に変えて彼の足のあいだにお尻をしっかり落とし密着したまま回転運動をします

彼にはクリトリスやアナルを指でクルクル刺激してもらい、あなたはペニスをいっぱいに引き入れて、小刻みに密着運動をします

6

ペニスに押しつけながら
小刻みに震わせます

1 彼に乳首やアソコを吸ったりなめたりしてもらいながら、指でアナルもなでてもらいます

深度の深い体位で彼を感じる

深く挿入されることで子宮に響くといわれる体位の連続技で満足度も１００％です

「もっと深く、もっと強く……」「いっぱい、いっぱい！」と、イキそうなときに女性のあげる言葉がありますが、文字通りこの言葉を忠実に体現できるのが、この一連の連続体位です。愛撫とクンニに始まり、正常位や屈曲位で深く深くペニスを迎え入れて、一番深いところで圧迫してもらいますと、思わず声も出てしまいます。

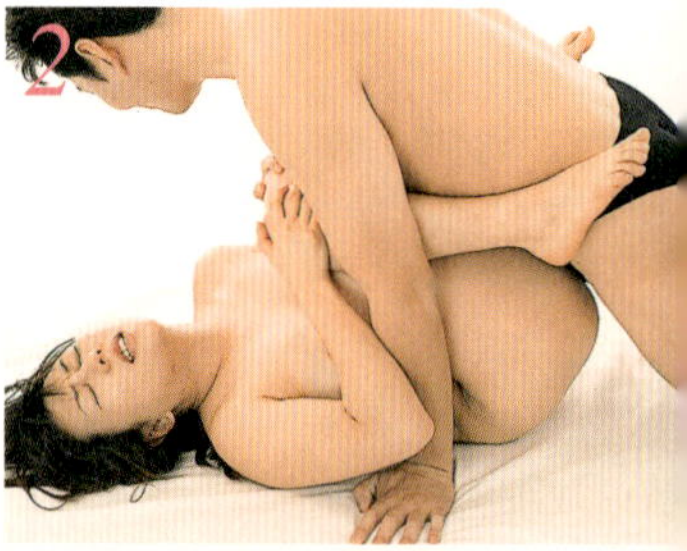

2 十分に潤ってきた段階で腰を寄せて、初めはしずかに挿入

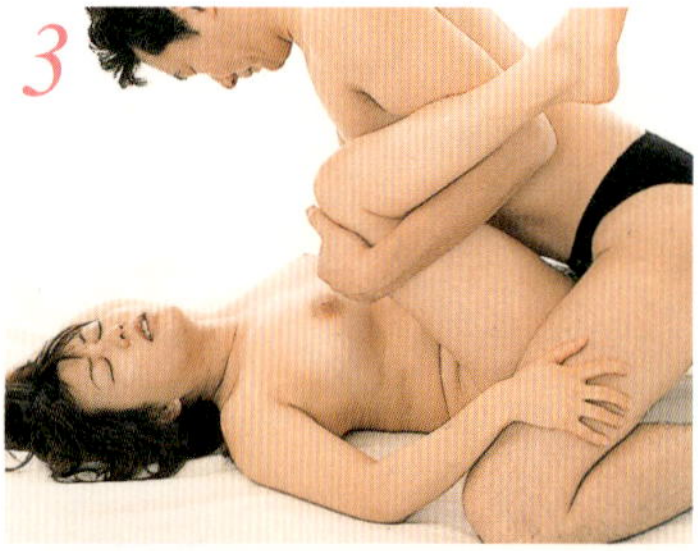

3 足を高く上げたりアソコを上向きにすると深度は深くなり……

4 技 あなたは肛門を締めながら腰をしっかり持ち上げて、下から突き上げる要領で

5

足をそろえて腰をぴったり密着させたまま向きを変えます

6

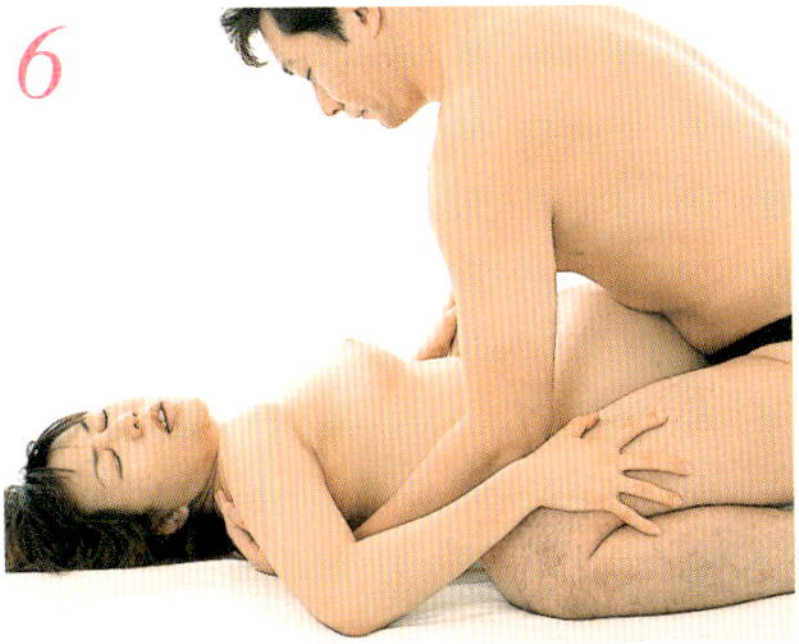

彼の手指はアナルをクルクル刺激し続けながら後背位へ変わります

7

初めは密着して静かに、次には激しく深く強く…

彼のペニスは動きがよくなり、深く強くあなたの中で暴れ始めます。そのとき思わずあの言葉が。「もっと……」

必ず終わりたいときに選ぶ体位

疲れているときや必ず満足のほしいときに最後に到達する方法です。

1 彼は下から突き上げ、あなたはそれに合わせてクリトリスをこすりつけるように前後運動を

2 騎乗位でも動きは同じです。アソコを深く挿入したまま強く密着させて前後にこすり……

不感症や数回に一度くらいしかエクスタシーを感じられない女性は多いものです。また知らず知らずのうちに「感じたふり」をしている人も少なくありません。そんな人のための絶好の体位がこれ。

3 技 上体をも密着させ腰を少し浮かせると、ペニスは深く強く激しくピストン運動を続け、子宮に響きます

4 横に倒れて今度は彼が上になるように仕向け、あなたは下からアソコを上下に振り続けます

5 ひとしきり彼に激しく深くピストン運動をさせてから、足を伸ばす準備をします

ももをぴったりつけてピンと足を伸ばします

6 技 挿入したままぴったり太ももをつけて彼は上へずり上がり恥丘をグイグイ圧迫してもらいます

Gスポット狙いの感度良好体位

挿入やコイタスだけでは得られないG感覚とは？

いまでこそGスポットは女性の快感の源泉みたいにいわれていますが、たしかにクリトリスセックスやヴァギナセックスでは得られない格別な歓びを与えてくれます。ただしそれを学習しなくてはGの快感はわかりません。単なる前後ピストン運動だけでは得られない歓び。自分のGスポットを確認して、そこを中心にペニスが当たるようにします。

1

技 彼にクンニの段階からGスポットを中指か人差し指の腹で柔らかくソフトに刺激してもらいます

2

最初はペニスをまっすぐ挿入させ、普通のピストン、右、左に突く蛇行運動などをし、足の指もかんでもらいます

3

技 彼のももの上に乗ってアソコを持ち上げると、水平に挿入されるペニスがGへ

4

あなたは彼のペニスをしっかりととらえたまま肛門に力を入れてペニスをGに当て……

5

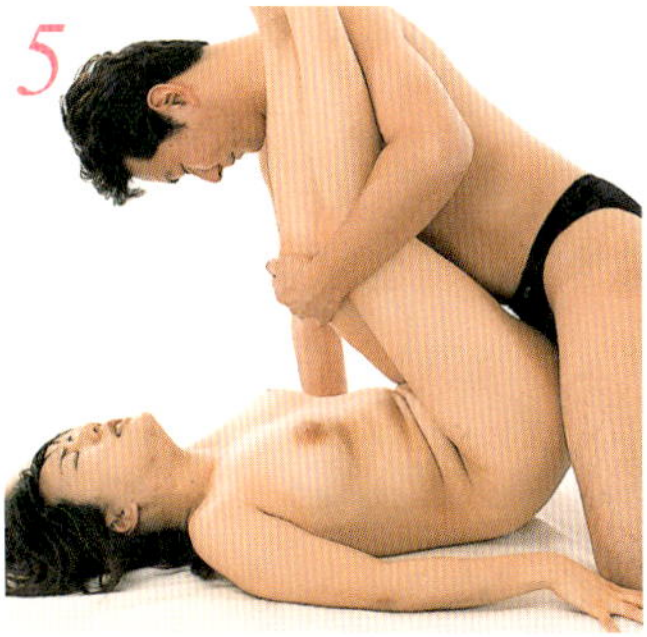

Ｇスポットにペニスを当てたまま足をそろえて持ち上げながら変化へ

6

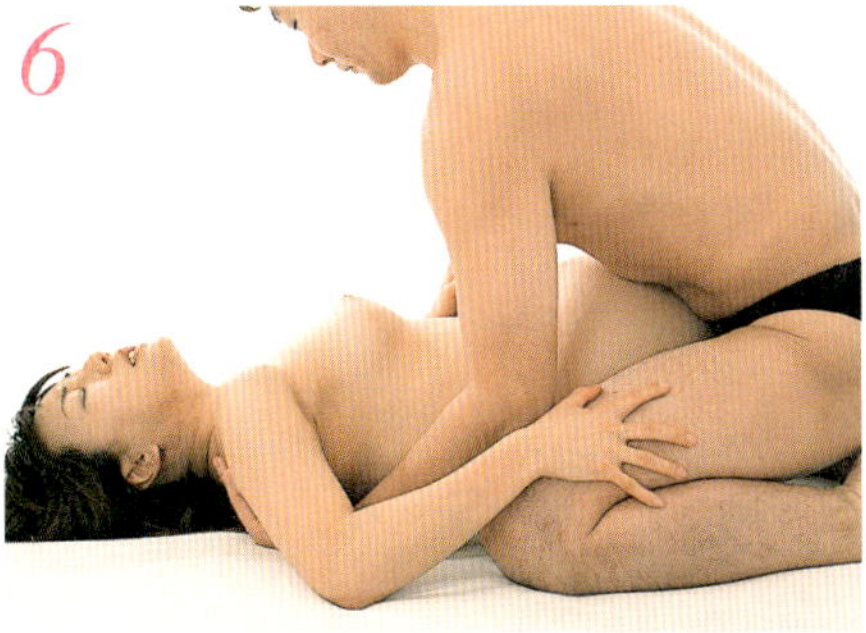

挿入して向きを変えると、あなたの中で彼がねじられるように感じられてちょっと未体験感覚が……

7

そのまま後背位へ。このときも彼が上から下に突き下ろせるようにお尻を高くします

8

腹ばいになり、彼のペニスが後ろ斜めからＧスポットに当たるようにお尻をちょっと持ち上げます

腹ばいになって後ろからＧへの圧迫感を楽しむ

見せてあげて彼を激しく燃え上がらせる

男ってアソコを見たがるから、見える動きと体位で激しく愛されちゃうほうがいい

1

後ろからクンニされるとき、大きく足を開いて背中を反らせると、アソコが彼を直撃してくれる……

2

技 後ろから入ってくる彼をいやいやするようにお尻を振ってじらせるのも、彼を高めるでしょう

3

背面座位では彼の指でクリトリスをなでてもらいながら「そこッ、いいッ……」と声を出して……

4

技 体を前に倒してお尻を浮かせ、もうたっぷり濡れているアノ部分を彼に十分見てもらい……

5

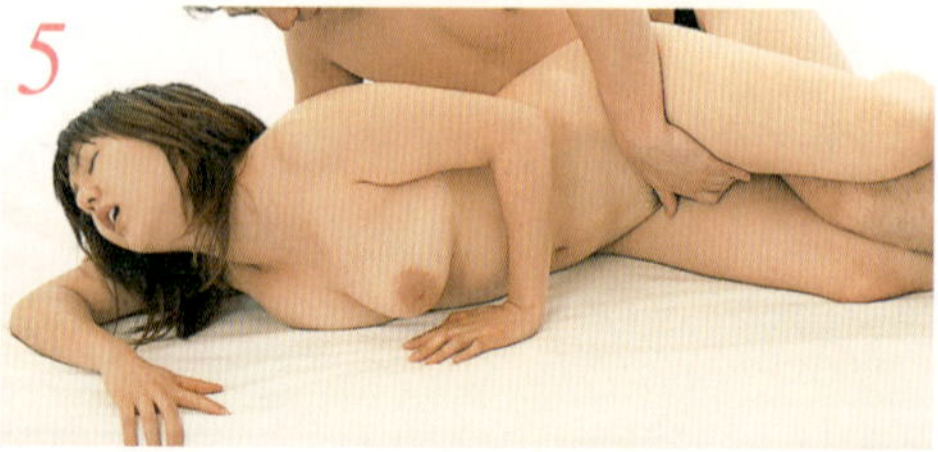

そのまま挿入して側位へと体を横に倒していき……

彼が大きく固くなっているのは燃えている証拠。それでなくっちゃ、あなたも楽しく気持ちよくいられないはずね。始めてから最後のフィニッシュまでず~っと固く大きくて、あなたを激しく愛させるためにも、アレを彼の目に見えるようにしてあげればいい。体位の取り方とちょっとした工夫で彼は最後まで元気なはずよ。

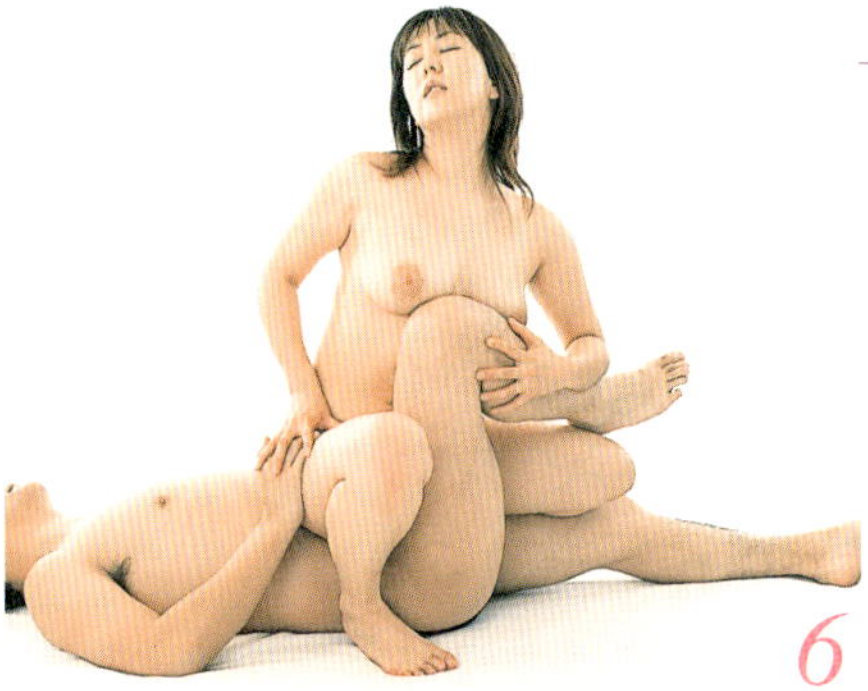

6

あなたが起き上がると、後ろからばっちり見えますし、アナルを刺激してもらってさらに高まり……

7

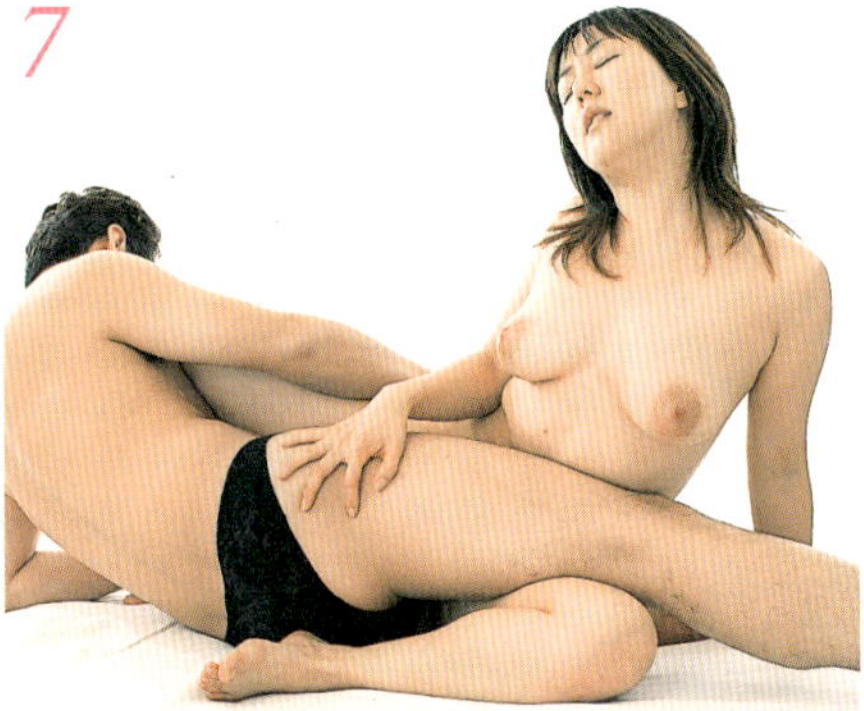

見てもらいながら互いに押し合う要領で動きを合わせることでさらによくなります

技 松葉崩しから激しく動きやすい形に。このとき後ろからよく見えてさらに激しくなり……

8

後ろから見られるよう腰の捻りに工夫して

密着に回転、斜行運動を加えて自分本位にイク体位

あなたがイキやすいのは密着前後運動で動く方法

指や舌先でアソコ周辺やアナルを丁寧に潤してもらいます

女性の多くは同じリズムで単純な、感じるポイントだけを刺激し続けてくれるほうを好むもの。フィニッシュは単純な動きに、でも刺激は別。そのために自分で動きやすいポーズや体位を選んで、気持ちよさと高まりを保ちたいものです。それには彼の激しさこそ一番の媚薬……。

2

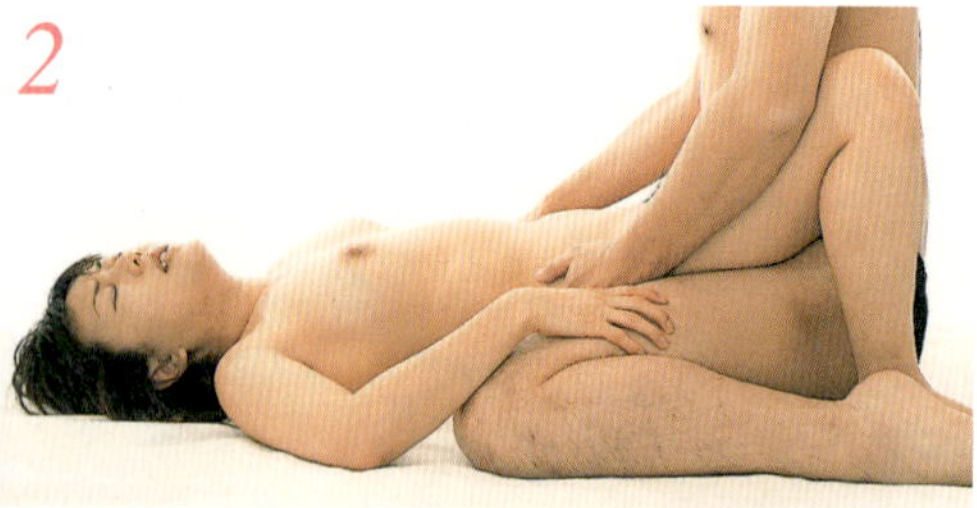

技 対面し倒れてから腰を高くするとペニスはGスポットに激しく当たり……

4

後ろからの場合はあなたがお尻を左右に振って、彼のピストン運動に微妙に斜行を加えます

3

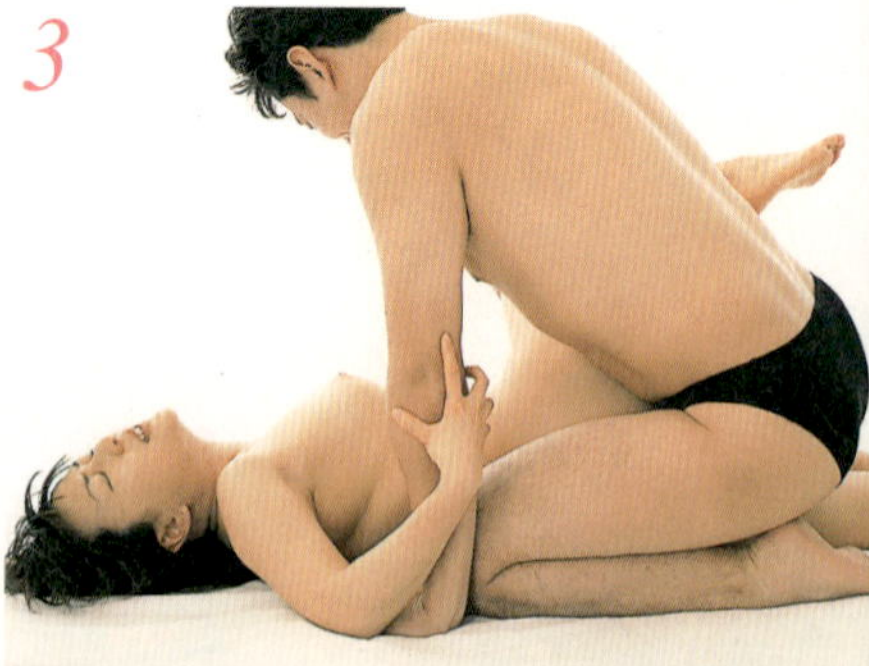

彼の腰の回転運動に合わせてぴったりアソコを密着させながらあなたは彼に押しつけます

5

技 この形に変えると深くお尻を落として肛門を締めながらクルクルと密着回転させ…

6

横坐りして左右、前後、回転などあなた本位で激しく動き、いろんな刺激を味わい…

7 彼の太ももを抱き抱えて接着面を強くし深くこすり合わせます

接着した部分を
大きく作り
う～んと密着させる

ペニスは徐行、斜行運動で

徹底的に密着面を広くして全身で感じとる体位

抱かれている安心と歓びを全身で味わうための究極の連続技

彼と自分の体の密着している面が大きくて広ければ広いほど、なぜだか安心できますね。安心こそ気持ちよくなり、思う存分にフィニッシュするための絶対条件。またアソコを密着させて、クリトリスにリズミカルな刺激を与えるのも、一番イキやすいクリトリスセックスの王道です。

1

深く腰を入れて全身を抱き締め合い、ゆっくりと密着回転と前後運動を繰り返します

2

腰をずり上げて彼のおなかがクリトリスをぴったり包み込むように押しつけます

3

技 大胆に彼にまたがり、彼の下から突き上げてくる動きに密着回転運動で応えます

4

そのまま騎乗位でアソコの結合した面を思いきり押しつけて密着、前後にこすりつけ……

5 彼の体に重なり、下から斜めに入ってくるペニスに合わせて肛門を締めて上下に

6 あなたは足をいっぱいに伸ばして、彼に重なってからペニスをしっかり入れたまま前後運動

重なることで彼に深い歓びを体で伝えたい…

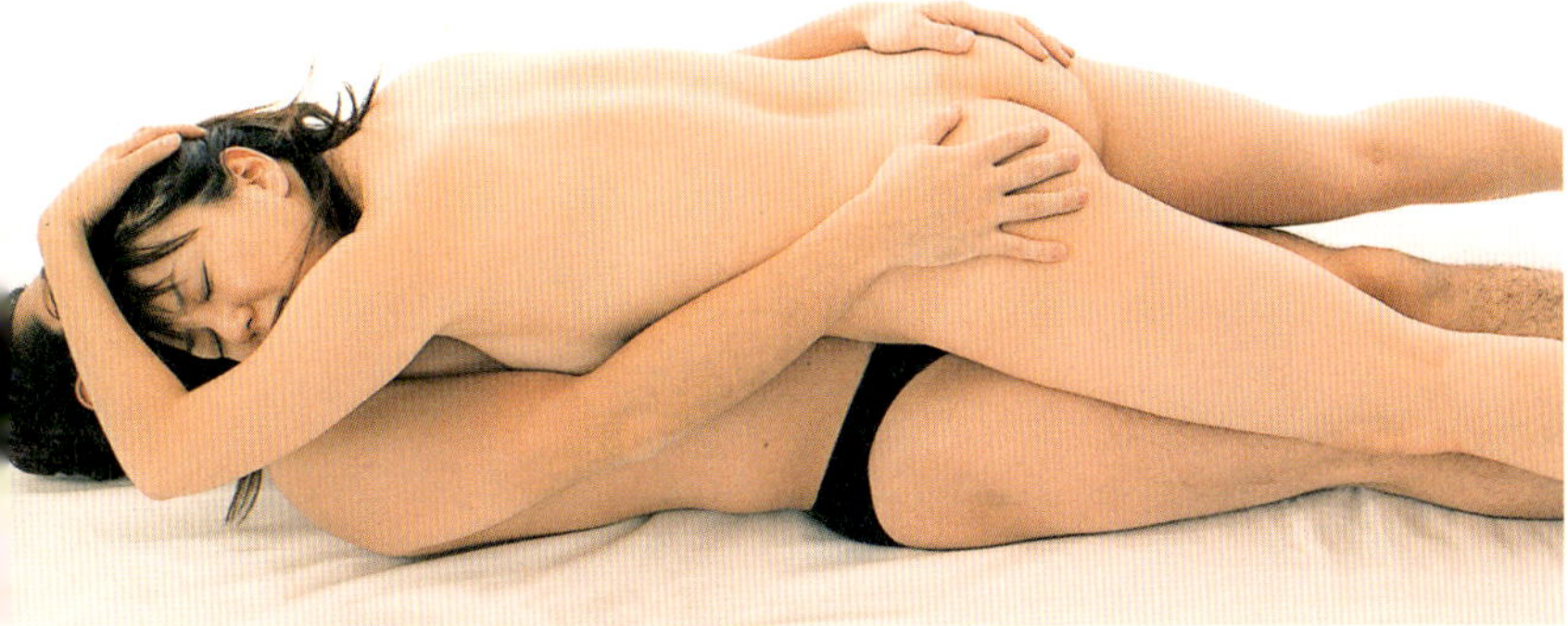

7 「いいッ、そのまま続けてッ……」と声に出しながらも腰は密着回転させます

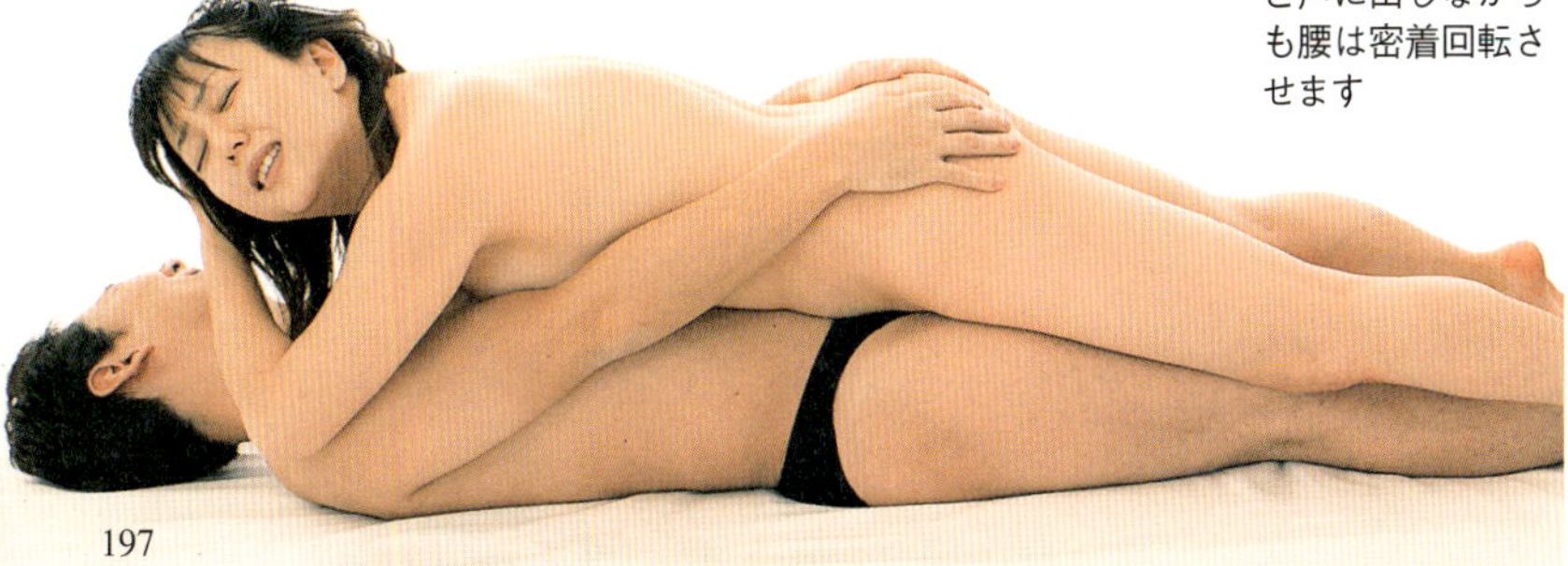

あなたの強烈な性欲を満たすための完全体位

あなたが貪欲になれば必ず彼って喜ぶはず

1 この形でお尻を回転運動させると、絶対に男性は目に刺激を受けて喜びます

2

技 彼の上で密着したままゴリゴリ前後左右にアソコを押しつけて体を移動させます

3

後ろ向きになって結合部分を見せたり激しく上下運動や回転運動をします

4

彼の上で彼を入れたまままゆっくりと動きながら向きを変えます

彼のからだが虚弱であったり、疲労気味でもない限り、あなたがセックスに積極的になればなるほど、彼はきっと喜びます。貪欲なあなたを見て、彼は必ず「かわいいねッ」というはずです。そんな積極派のあなたの快感体位です。

5

騎乗位でも足を立てて結合部分がよく見えるように、自分も動きやすくする

6

下半身を密着させ、アソコを前後に、また回転させせながらこすり続けます

貪欲に激しくても
恥ずかしくなんてないッ

7

クリトリスにあなたは神経を集中させて密着回転でフィニッシュへすすみます

ゆっくり深く愛されたいあなたのために

お休みの前日は、たっぷりと時間をかけて……。動きもゆっくりと。

1

後ろ立位で彼は手で敏感な部分を刺激。あなたはお尻を振って浅く彼を迎えます

2

挿入はあくまでも浅く、腰の位置を高くして強い刺激は避けて動きでコントロールします

あなたの腰の動きで深い挿入と強い刺激は避けて……

3

技 彼の動きをかわすようにお尻を上下にゆっくり跳ねるように動かします

金曜日や土曜日の夜など、たまには時間をかけてゆっくりと愛されるのもいいものです。そんなときもやはり必要なのは、あなたの主体性と工夫。挿入の深度や角度をコントロールしながら、あなた本位で動くようにすれば、長い時間をたっぷり楽しめるはずです。そんなテクニックの数々です。

4

彼はじれてきて手であなたをつかまえようとしますが、お尻を左右に振って刺激を避け…

5

直進してくる彼のペニスを避けて、お尻を高くして、亀頭部がやっと挿入される程度にとどめます

6

腹這いになりますと、深度は浅くなりますから、彼の動きをコントロールできます

7

最後はあなたからお尻を突き上げて斜め上からGスポットに直接ペニスを当てる体位で終わります

対面変化技でG感覚をとぎすます

格別な味わいのG感覚を自分本位にゆっくり深く味わいます

クリトリスほどシャープではなく、ヴァギナほど重くて子宮に響くでもないGスポットの快感を、ゆっくり静かにかみしめてみるのもいいものです。わがままに動けば彼にも新たな感動が起こります。

1

立位で彼を迎え入れますが、この動きはぎこちなくて激しくはできません

2

そのまま対面座位をとりますが、膣の入り口近くを刺激させるために腰を浮かせ気味に

3

腰を引いて体を反らせるとペニスがGスポットに当たります

4

騎乗位でも腰を浮かせてペニスの進入を浅くすれば亀頭がGスポットを逆撫でします

5 G感覚が高まってきたら写真のような体位を取り、腰を引き気味にしてさらに刺激を続け……

6 フィニッシュはそのまま倒れてペニスの亀頭を強くGスポットにこすりつけてイキます

体を反らせて浅い深度でGを亀頭部にこすりつけて刺激をします

ヴァギナ感覚を目覚めさせ大人の女性の歓びを

大人の女の本格的な歓びは重くて鈍いヴァギナ快感に。その感覚を開発する体位研究

クリトリス快感と違ってヴァギナ快感は、「本当のセックス快感」だという人がいます。重くてズンズン子宮に響く感覚は、思いもよらない歓びを与えてくれます。そんな本格的な大人ならではの、女としての歓びを味わうための方法をこの連続体位で学びます。

1

背面から迎え入れて背中を反らせると、ペニスは膣の背側を刺激します

2

そのまま前に倒れて深く深くペニスを進入させて膣の背をこすり続けます

3

あなたはお尻を突き上げて彼の運動に合わせ、ペニスを挟んで刺激をします

4

挿入深度を深めるためにお尻を高くして受け入れ口を開き、膣の背にペニスが深く浅く当たるように

5 背面の騎乗位に移り、背を反らせるとペニスはGや膣の奥深くにまで進入します

6 体を前に倒して深くお尻を落とすと、ペニスが膣の背中側をこすり続けます

ペニスが膣の背側深く入るような体位を取り大人の快感を得ます

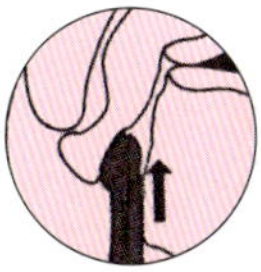

7 最終形はこの体位で腰を丸く回転させたり上下運動で膣の背を刺激して終えます

多彩な体位の変化でくらむような複合快感を

クリトリス、ヴァギナ、Ｇスポットの連続刺激

1

後側位ではペニスが浅く挿入されてＧスポットを刺激します

2

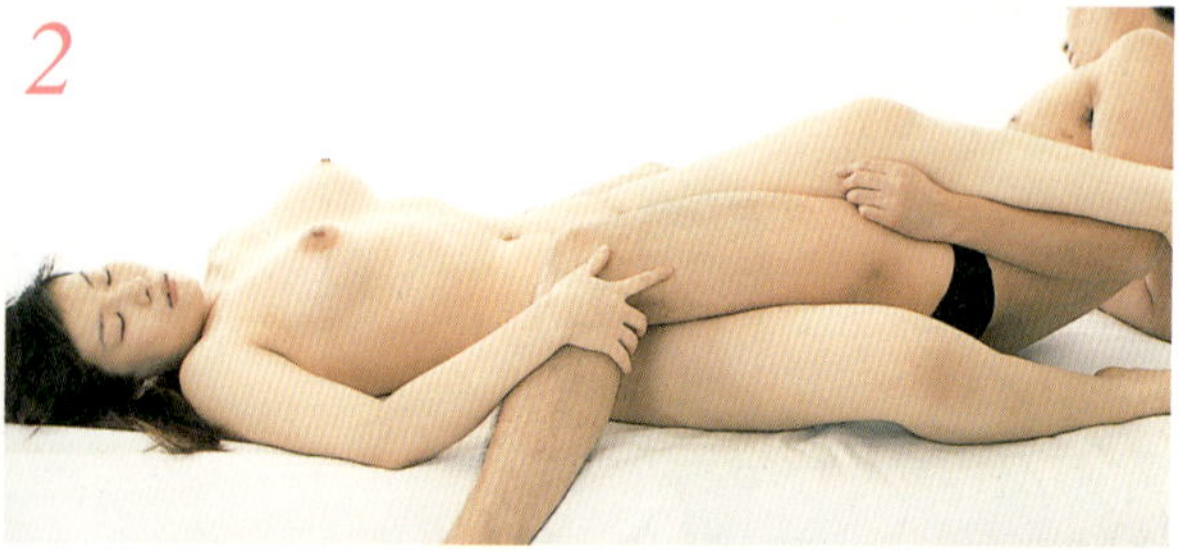

そのまま松葉崩しの体勢に入り、ペニスを蛇行進入させてＧ刺激を

あなたの快感という快感をくまなく探しだし、あらゆる角度から開発する変化技。これらによってあなたの隠された快感スポットは目を覚まし、歓びで体感が打ち鳴らされるように変わります。この複合快感こそ女性にとって最高の歓びです。

3

彼の足に激しくクリトリスを押しつけて丸くお尻を回転させ続け

4

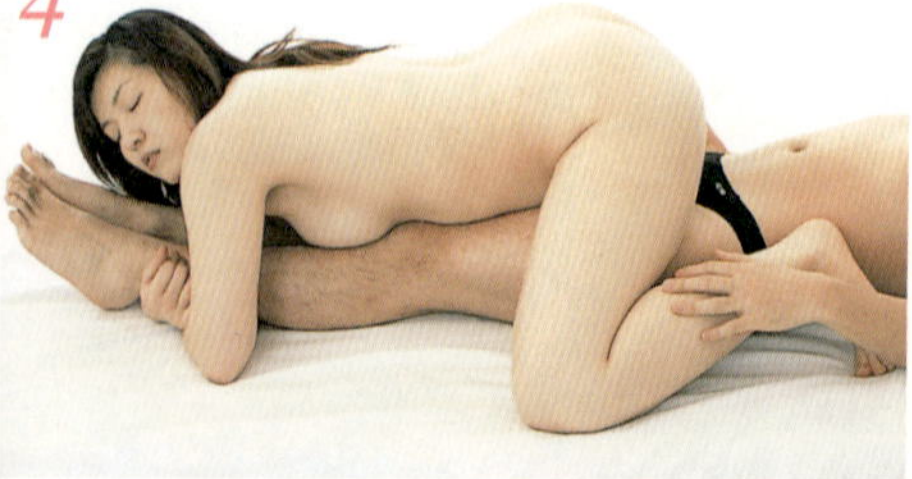

背面の騎乗位でペニスでヴァギナの背側を深く浅くこするように上下させ

5 体を反らせて左右に腰を動かし、再度深い進入とG、ヴァギナの奥を交互に刺激

体を前や後ろに倒して自分本位に腰を動かし、快感ポイントを縦横に変えます 6

7 最後は彼の指でクリトリスを刺激してもらいながらヴァギナの深くで終えます

快感ポイントを次々に移して複雑な歓びを…

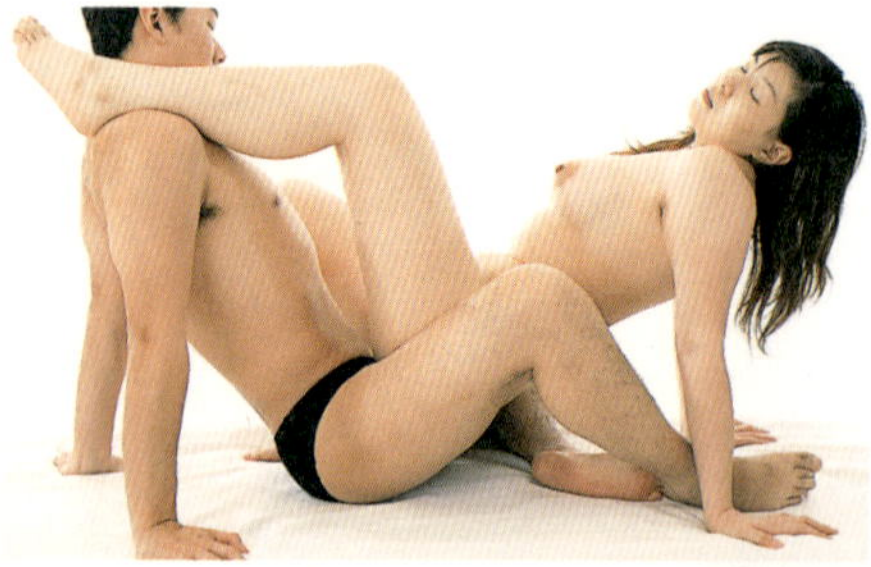

見せて刺激を高める法

　男性が刺激を感じるのは、五感のうちでも視覚が一番だといわれています。もちろんあなたの声にも刺激されたり、匂いや触覚でも高まりますが、いよいよ行為が始まりますと、やはり見ることではっきりと高まる、というデータがあります。

　あなたとしては行為の最中に「い、いーッ」「もっと……」「あ、あーッ」などと素直に声を出してあげるのは基本ですが、同時に二人の結合部を彼の目に触れるように動くことも忘れてはなりません。

　彼の視覚を刺激することで、彼はさらに高まり、激しく強くあなたを愛することになります。それが快感を維持するための決め手です。なぜなら女性のエクスタシーにはいろんな形があり、人それぞれに頂点に達する過程がありますが、一般的には歓びの時間が長く続くとされています。そこで快感持続のためにも彼に元気で長い興奮状態を保ってもらう必要が出てきます。

　つまり、あなたの体や結合部分を見せることで、彼を刺激し、さらに燃え上がらせようという作戦です。そのため、視覚刺激のポーズや体位の取り方、動き方が大切になってきます。

STAGE 5

「刺激の愛技」

もっともっと欲しくなる

1

浴衣を用意して、湯上がりには格別な雰囲気を作り出します

2

彼の目を十分に意識しながらも、あえて背を向けて左肩から浴衣をずらします

3

次に右肩をずらしてそのまま浴衣をゆっくりと背中から腰のほうへ落としていきます

普段と違った装いで彼に「新鮮な刺激」を与える

男性の多くはセックスにすぐ慣れてしまい、刺激に鈍感になる、という人がいます。それぞれ違いはあるものの、データから見てもあながち間違いだとはいいきれません。彼にはせめて新鮮な刺激を……、そんな思いを込めて、たまには普段と違う雰囲気を演出します。

1

片膝を立てて股間部が見えるかどうかの危うい姿で迫り……

2

悩ましそうに自分の局部に手を伸ばして彼にサインを送ります

ゆっくりと悩ましい動きと雰囲気を作り出す

4

あえてゆっくりと彼をじらせるように浴衣を腰の周りにまつわりつかせ……

5

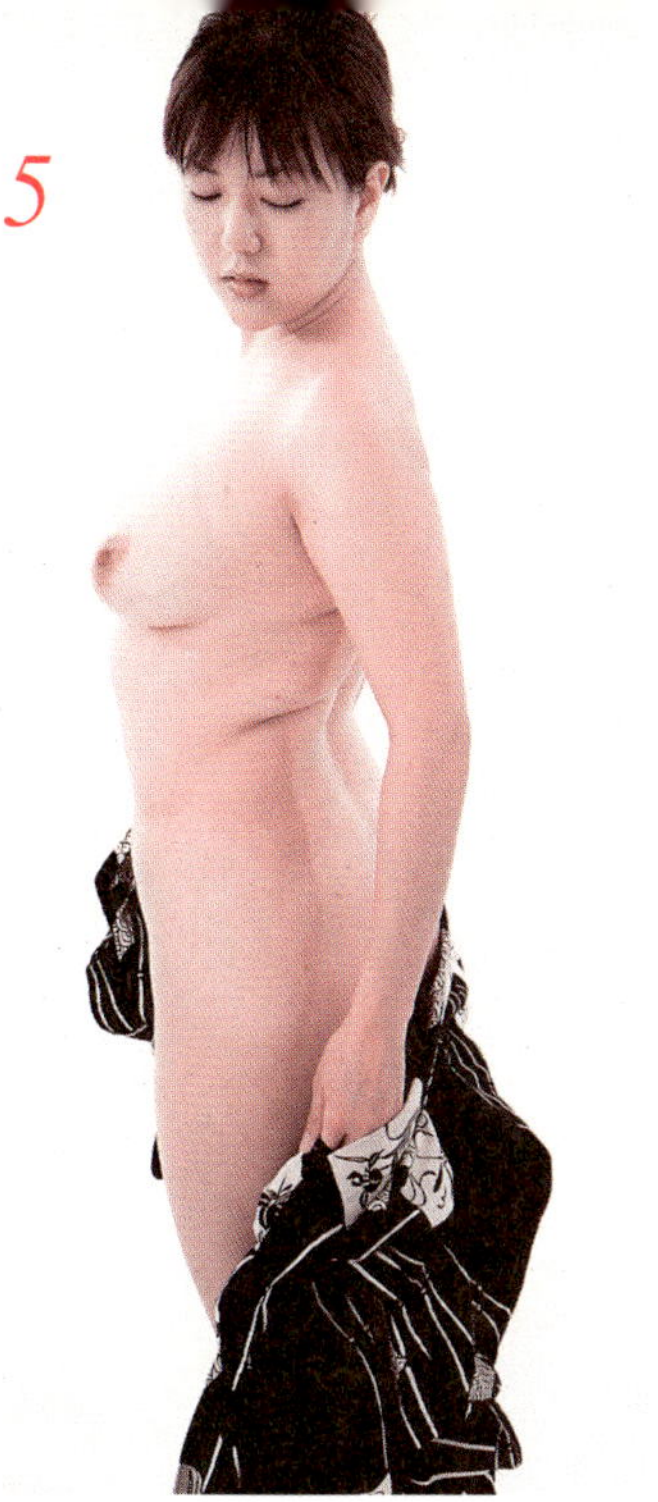

思わせぶりに振り返って静かに浴衣を足元へ落とします

1

横になって浴衣の裾を乱して「もうダメッ……」と吐息を漏らすように

2

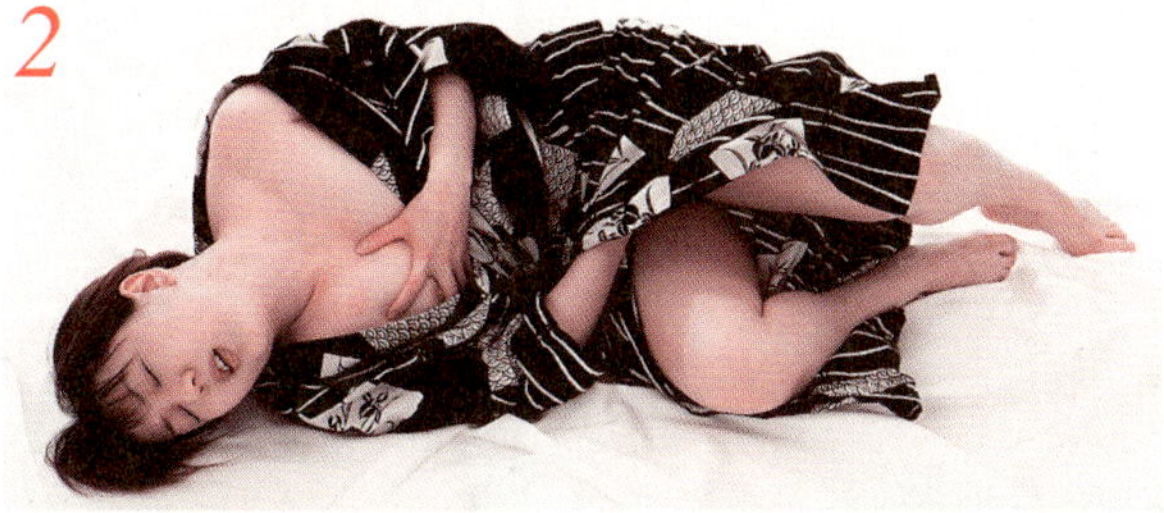

手は股間部へ、もう一方の手は乳房へ、それだけで彼へのサインは十分

動きで「膣口を締め」て彼の歓びを誘う

男性は膣を「締まる」「ゆるい」などと表現しますが、名器とは「ペニスを締めつける膣」のことをさします。それは彼の動きに合わせた腰の動きや呼吸法のテクニックで、ある程度カバーできます。肛門、膣、恥骨の一連の括約筋を使います。

ポイント
息を吸い込みながら下腹部をへこませて、リズミカルに彼の亀頭をギュッと子宮へ吸い上げる要領でお尻を浮かせ続けます

ポイント
彼が入るときに逆にペニスを押し戻すようにお尻を落とし、引くときには息を吸って膣を締めて引きます

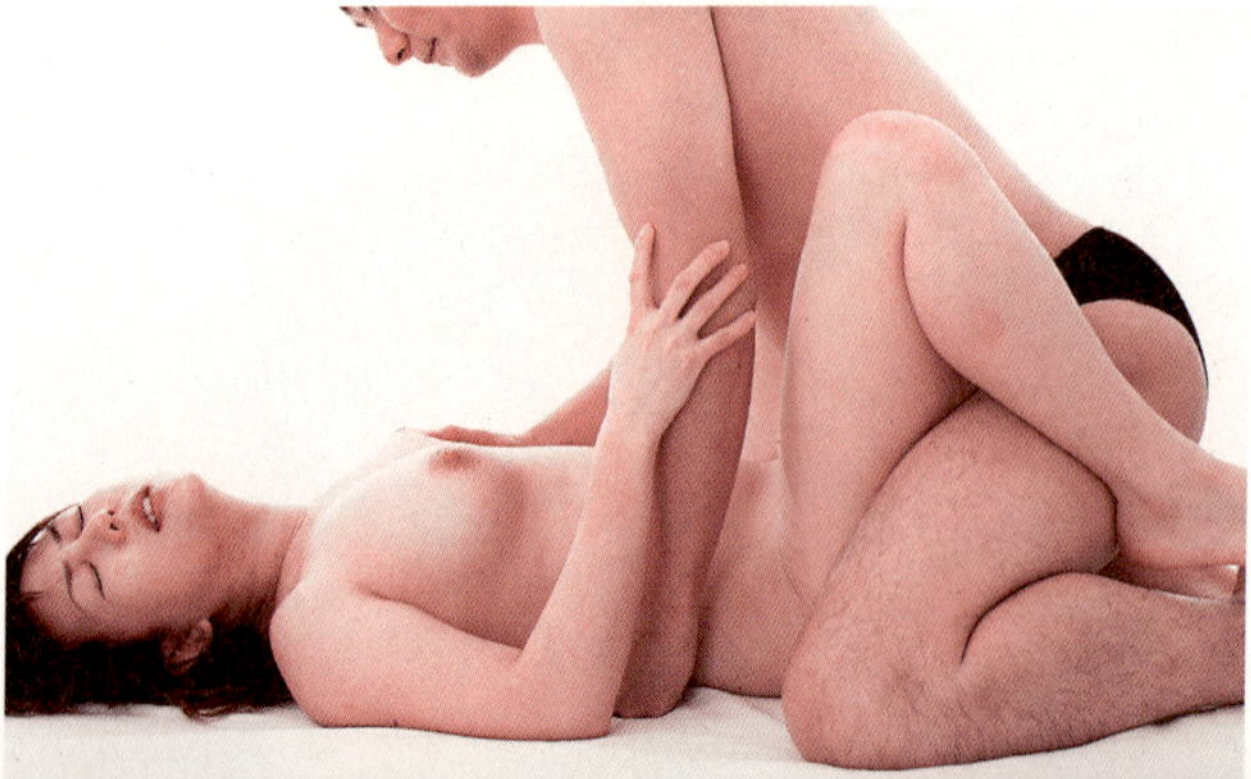

ポイント
ペニスの引きに合わせて肛門に力を入れて亀頭の溝をひっかけるようにお尻を引きます

ポイント 中腰の感覚でペニスを中心におなかで息を吸いながら肛門と膣口を締めるようにお尻を引き上げます

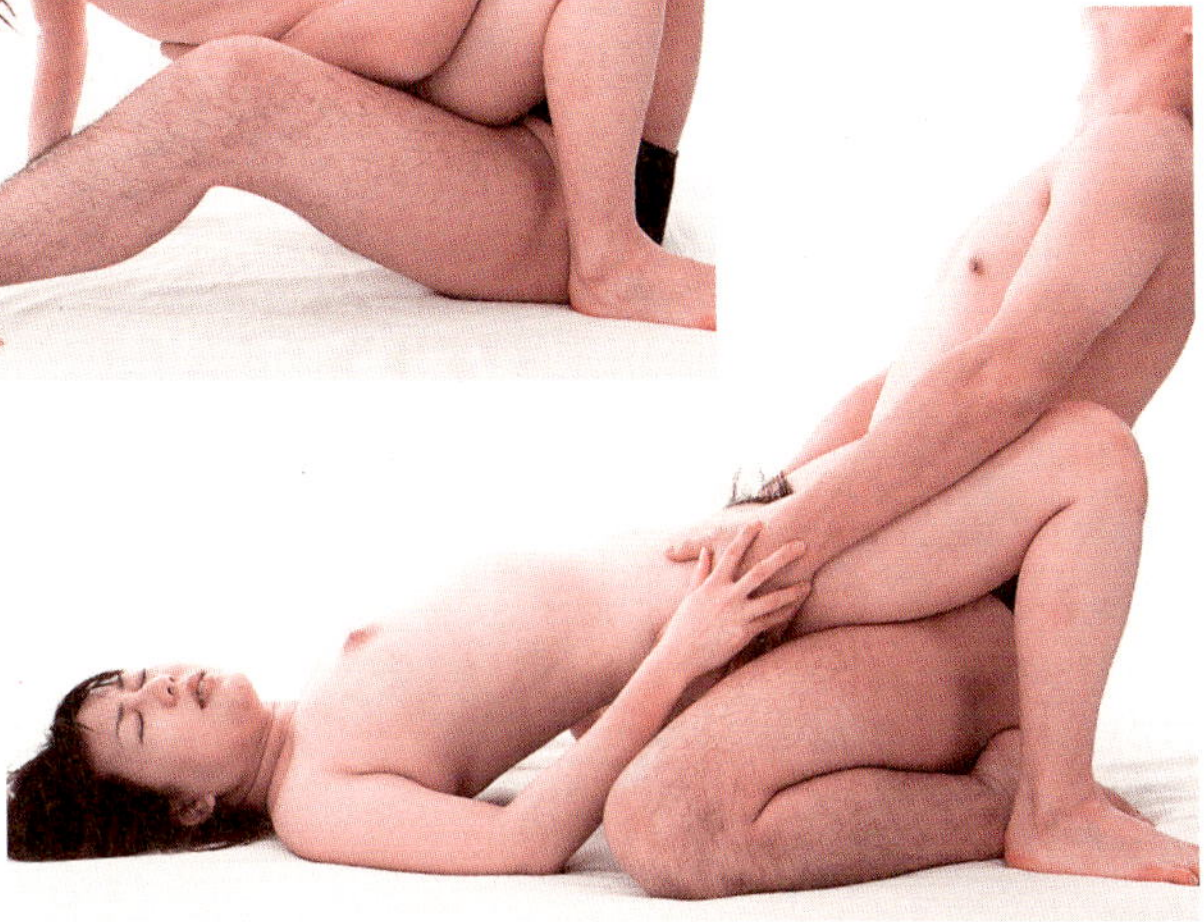

ポイント

入ってくるとき開いて子宮で押し出し、引きにはおなかで息を吸いながら締めつけて子宮に吸い込みます

ポイント

押し戻して締めて、
子宮に引っ張りこむ！

彼の指が膣に入ってくると、腰を波打たせ、背を反らせたり丸めてクリトリスに当たるようにします

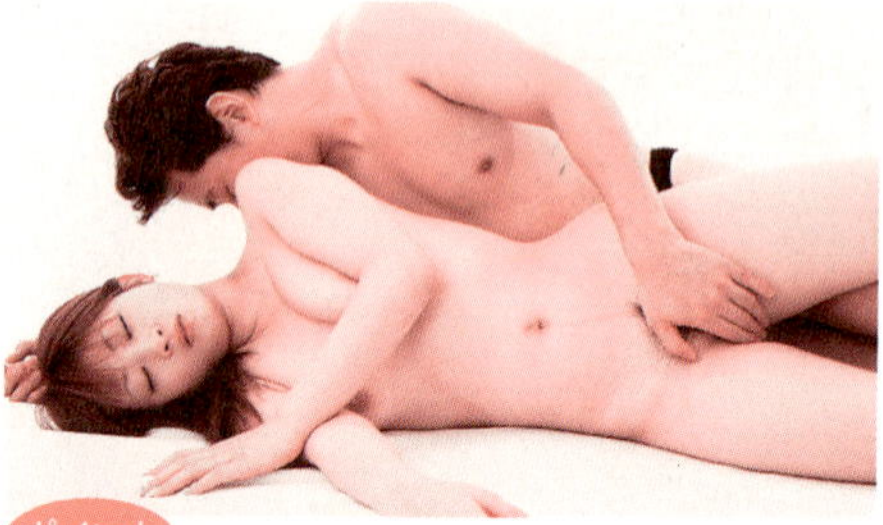

ポイント 背中を反り気味にして後ろ足に彼の腰や太もも、お尻を絡めてひきつけるようにします

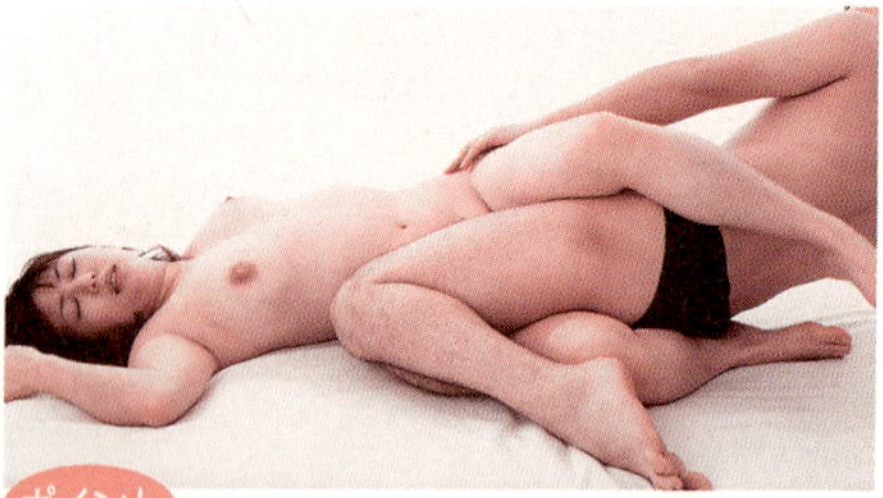

ポイント お尻を突き出し彼のももと股間部のあいだに隙間を作り、指を伸ばしやすくします

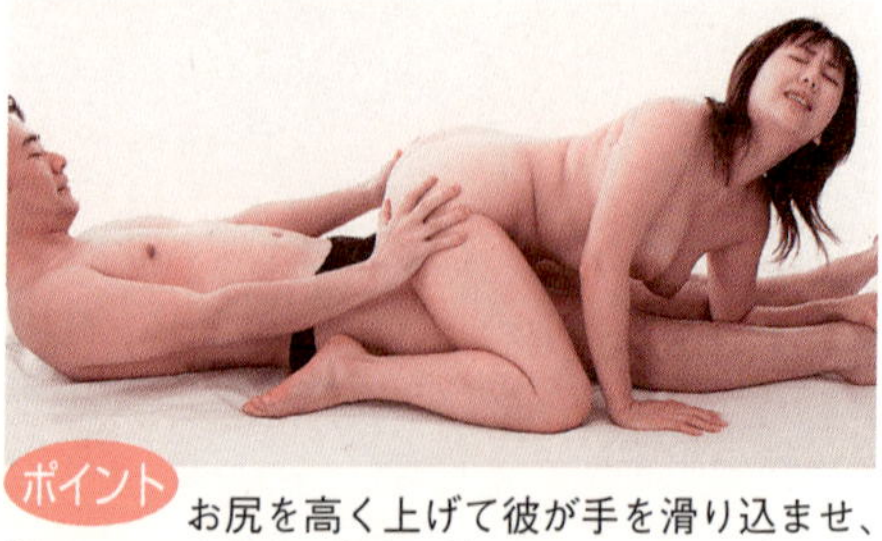

ポイント お尻を高く上げて彼が手を滑り込ませ、指でペニスを挟み、指先を使いやすくしてあげます

お尻を彼に向かって突き出す要領で、肛門を上向けにします

「指使い」で鋭いオーガズムを得る

クリトリスは刺激されるだけで鋭い快感が体を突き抜けます。ペニスを挿入されたまま指でじょうずにクリトリスを刺激してもらうのは、早く気持ちよくなり、鋭くとんがった快感でイクよい方法です。あなたは自分で体位を取り、腰を動かしながら彼の指をクリトリスへとじょうずに誘います。

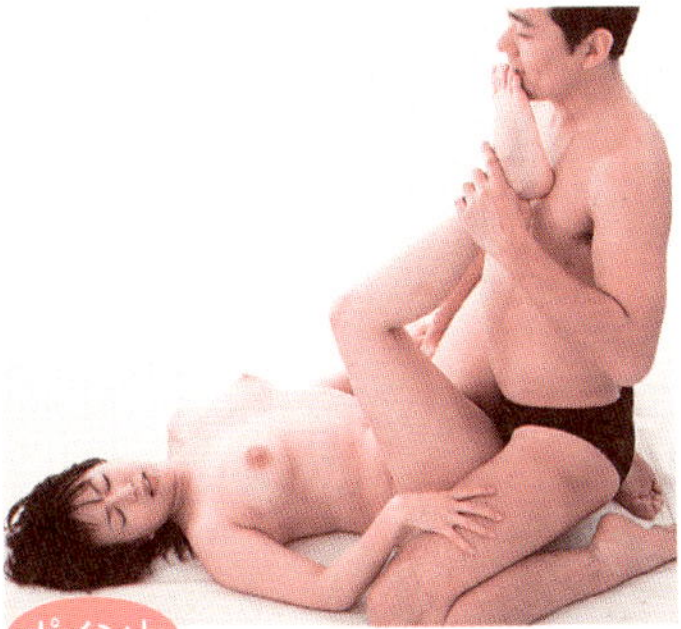

ポイント 足の指を吸ってもらい、片方の手でクリトリス、さらにペニスで

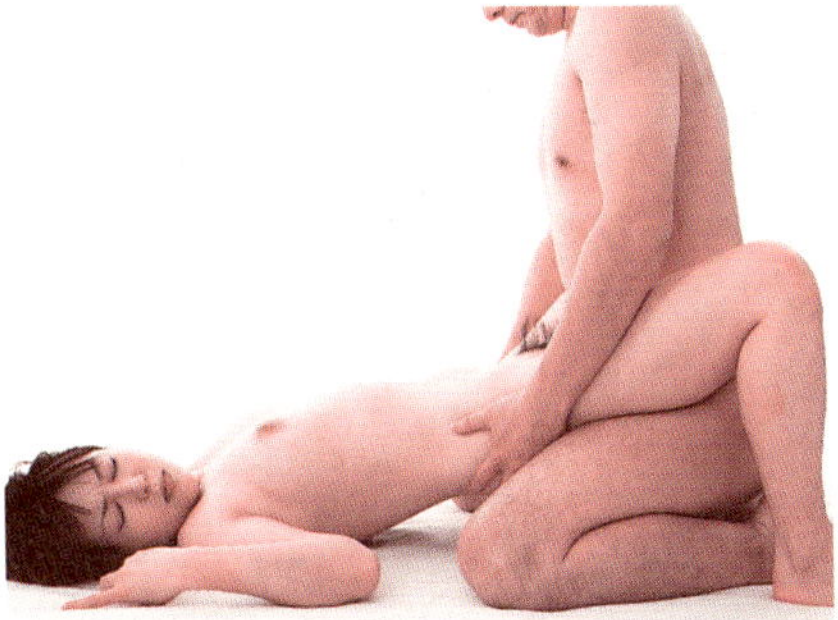

ペニスを中心に挿入したまま腰をグルグル回転させながら、彼の手や指を取り、誘います

自分のお尻を引いたり押したり前後に動かし、彼の親指の腹にクリトリスが当たるようにします

積極的に彼の手を取り
自分でそこに押しつけます

ポイント 足に大胆にまたがり思いきり足を開いて動きやすくし、彼の手を取って誘います

ポイント

お尻を高く上に向けて突き出し、また頭や乳房を床につけて手を誘います

無理なく「挿入を促す」進め方

女性器は興奮度によって4段階で形が変わります。興奮し始めると閉じていた膣口もゆるんできて、色も赤く変わり、口を少しずつ開けながら潤ってきます。さらに興奮が進むと口の周りが厚く大きく広がり、クリトリスも顔を出して膨れ上がり、下がってきます。口を開け潤ったときが一番気持ちよくて、このときこそ挿入のチャンスです。

濡れてもすぐ挿入してはダメ。さらに興奮して大きく口が開いてから……

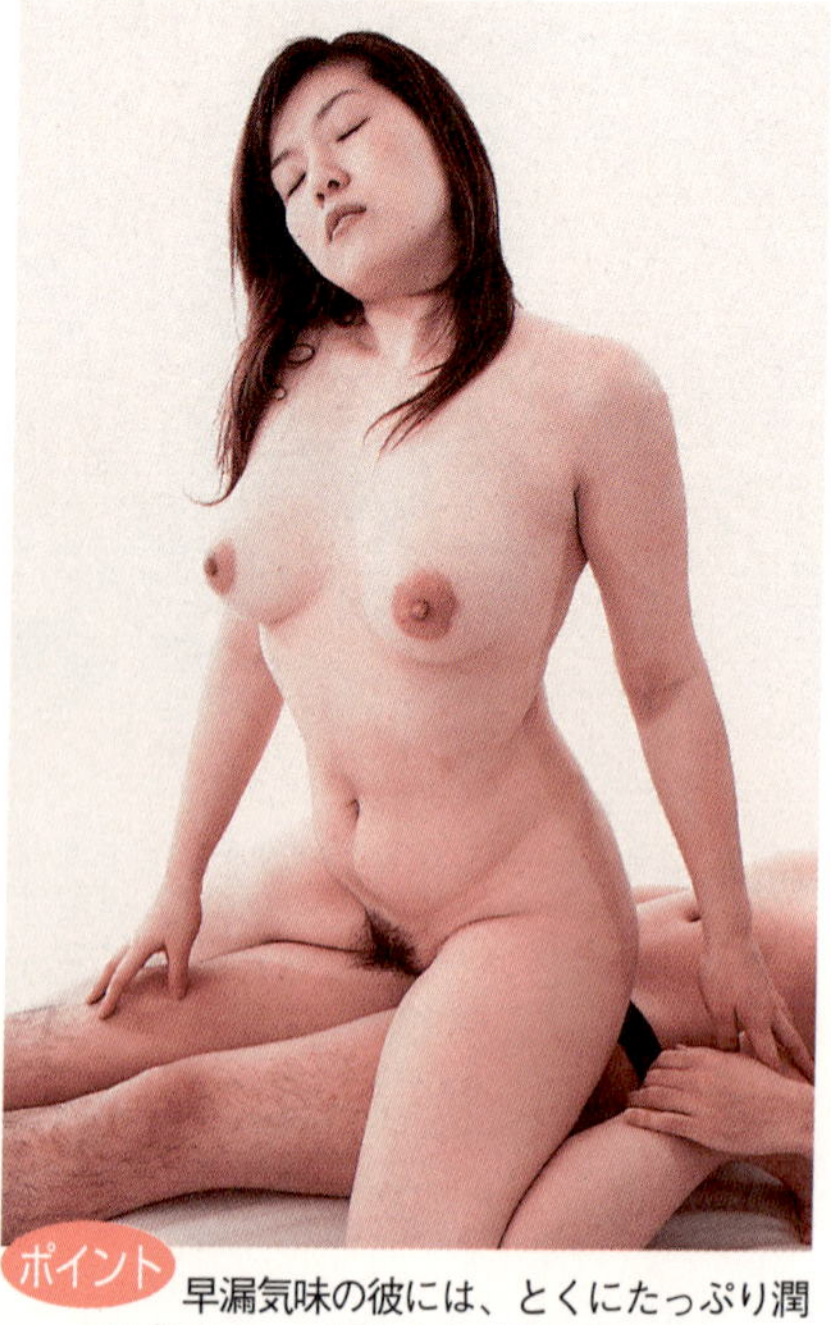

ポイント 早漏気味の彼には、とくにたっぷり潤い、口も開ききって気持ちも最高のときに！

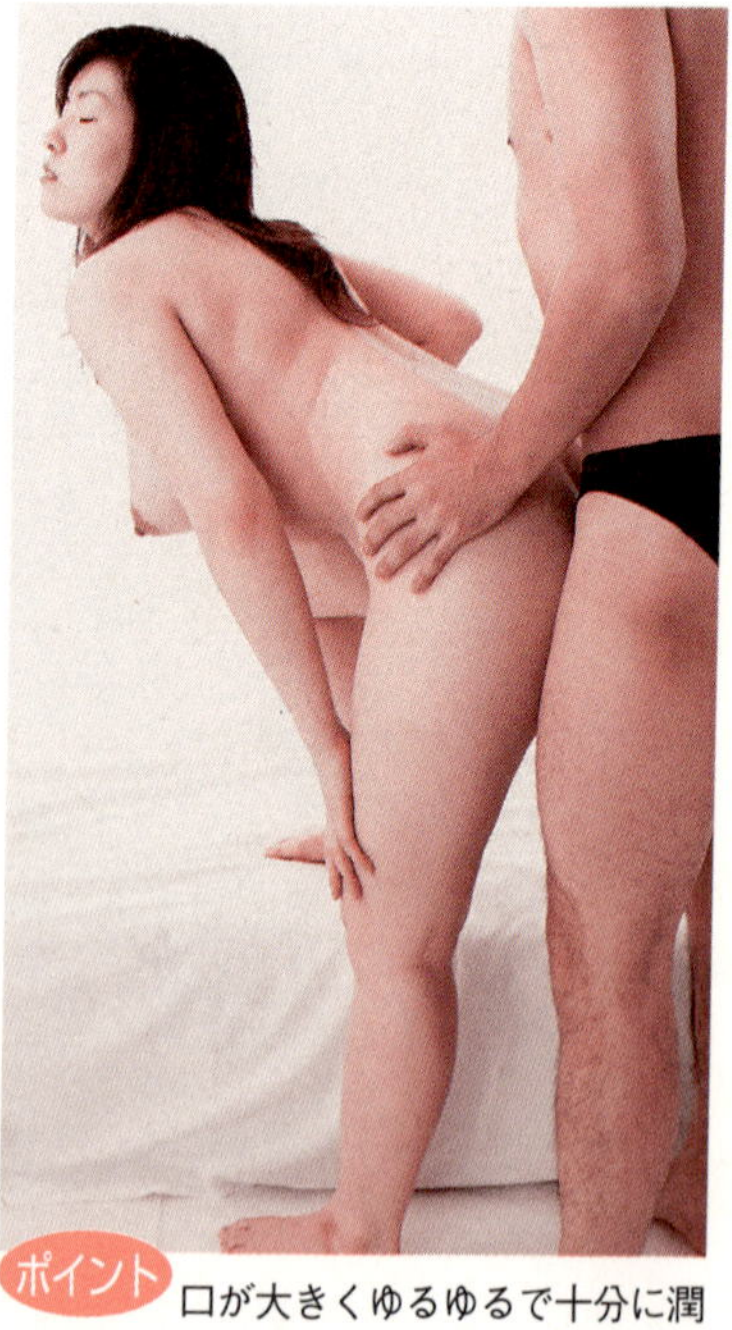

ポイント 口が大きくゆるゆるで十分に潤ってきた今こそ挿入チャンス

濡れ濡れに潤い口も大きく開くまで
挿入は急がないでッ

タイミングは濡れ濡れでこれ以上我慢できないほど口が広がったとき。そこまでは挿入を我慢させて

ゆるゆる状態で入れてもすぐ膣はジワジワとペニスを包み締めつけてくれます

ポイント 遅漏気味の彼には、潤い口が開き始めたら、あなたから腰を下ろします

気持ちよくて十分濡れ、口が大きく開くまでタイミングを計り、それからまたがります

彼の手で膣口に「高ぶりを誘う」テクニック

ゆるゆるになってだらしなく開いた膣は緊縛感がないと思われそうですが、そんなことはありません。そのころにはあなたの興奮、気持ちよさも最高に達していて彼が入ってくるとすぐ膣の中は柔らかくペニスを締めつけます。それをさらによくするためにも彼の手でいろいろと快感を高めてもらう方法を考えます。

彼は下から抱えて、両手で結合部を開いたり閉じたりします

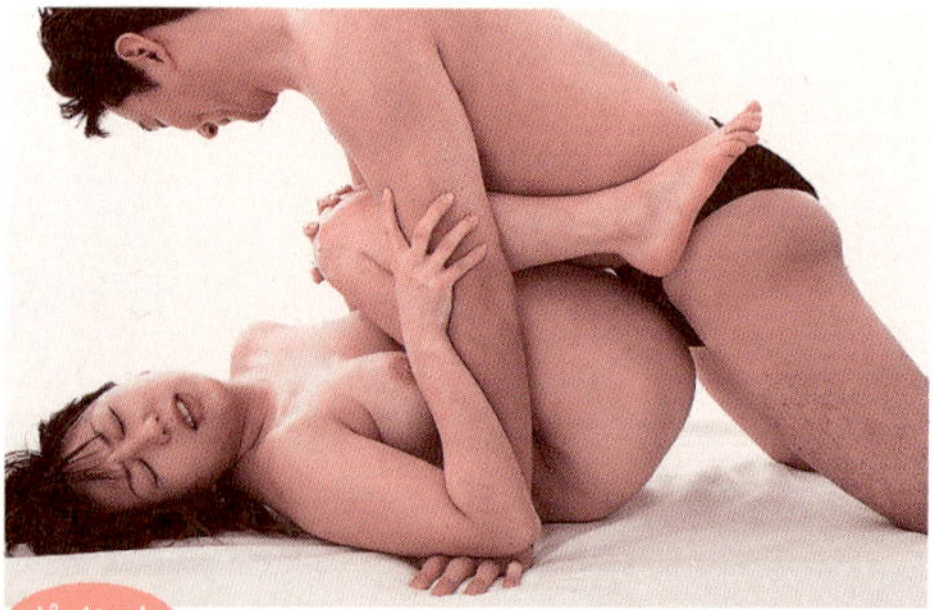

ポイント　この体位では結合部をゴリゴリ押さえつけつつも彼の手でお尻を両側から押したり開いたりします

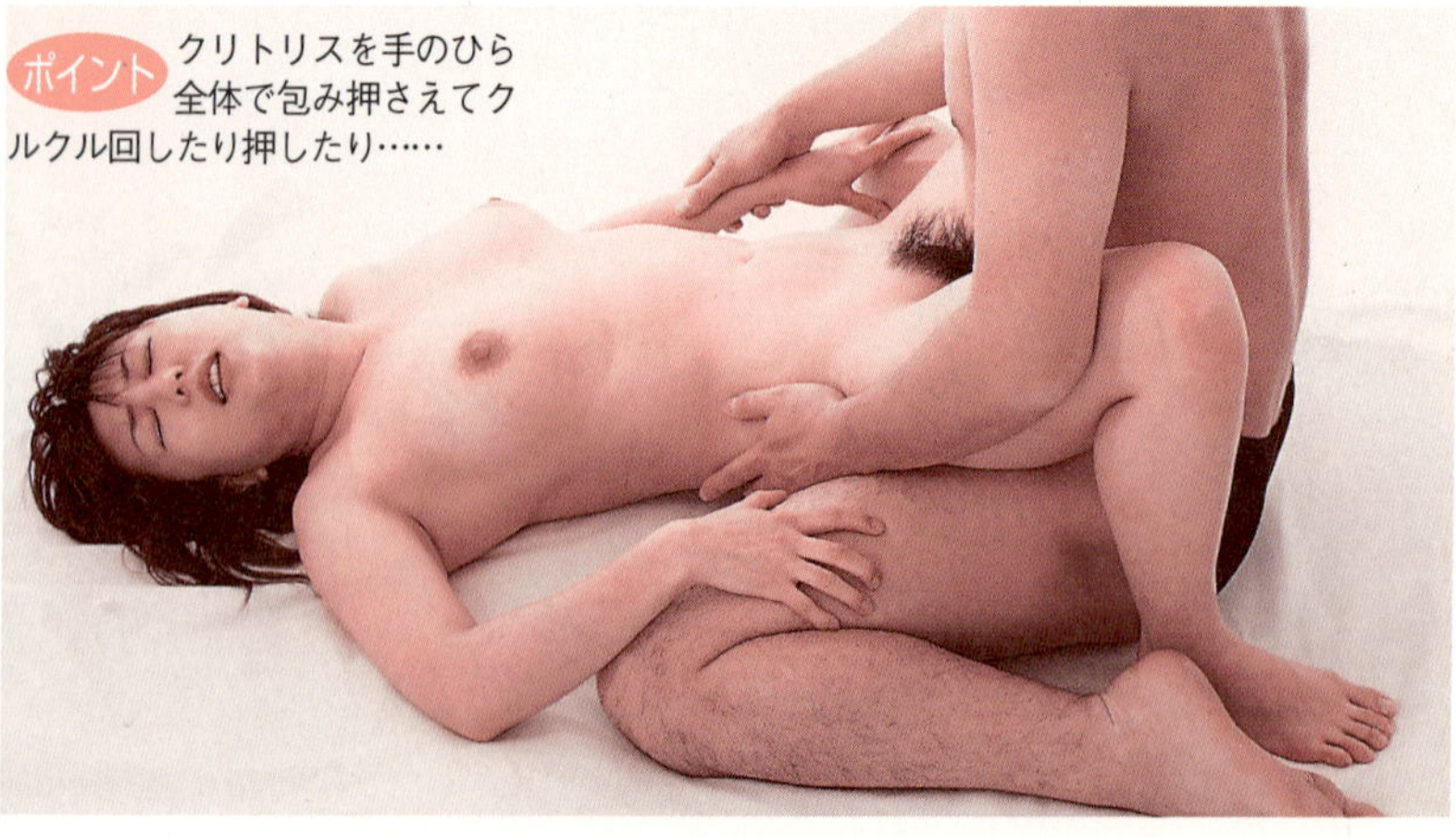

ポイント　クリトリスを手のひら全体で包み押さえてクルクル回したり押したり……

ポイント 両手のひらでお尻の左右を押すと緊縛感、密度、摩擦度も高くなります

ポイント 結合部にそって彼の指で撫でたりペニスと一緒に指を挿入させたりします

両手でお尻の上から
結合部分を
押したり開いたり…

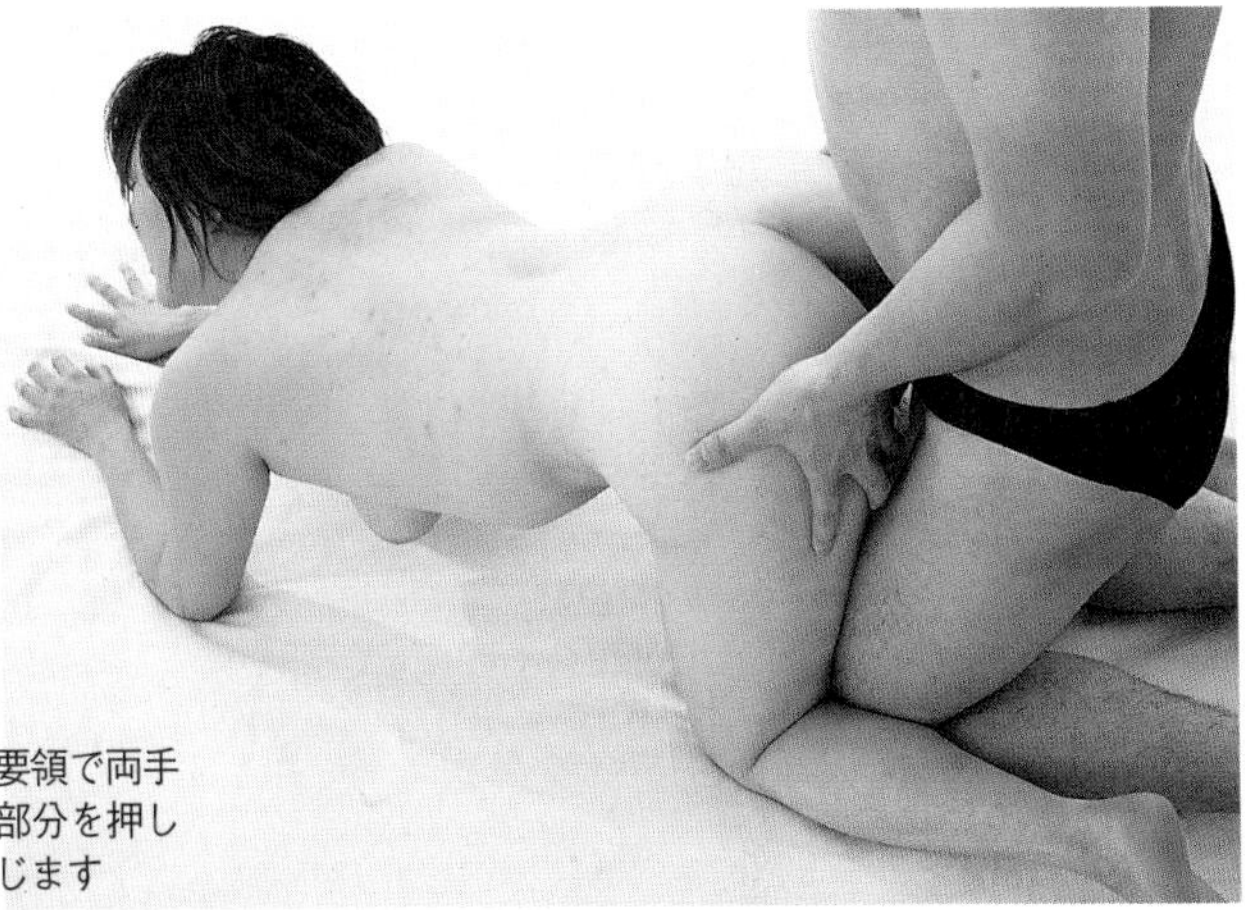

ポイント 写真の要領で両手で結合部分を押し開くと、奥深く感じます

ポイント

写真のようにお尻のこの部分を両親指で強く押したり押しつけ合えば締まり具合も高くなります

一度のセックスの中で「数回イク」方法

オーガズム、エクスタシーのことをフランスでは「小さな死」と呼ぶそうですが、オーガズム曲線を見ると、それがよくわかります。じょうずにセックスをすれば、女性は深い絶頂に達する前に小刻みに数回の絶頂を味わえます。そんな深くて高い本当のエクスタシーのための方法を考えます。

1

立位に入る前に愛撫とキス、ネッキングなどでたっぷり時間をかけて、もう我慢できないくらいに高まってから挿入します

2

そのまま座り座位で。このとき彼の指はクリトリスへ、あなたは自在に快感ポイントへ当てます

3

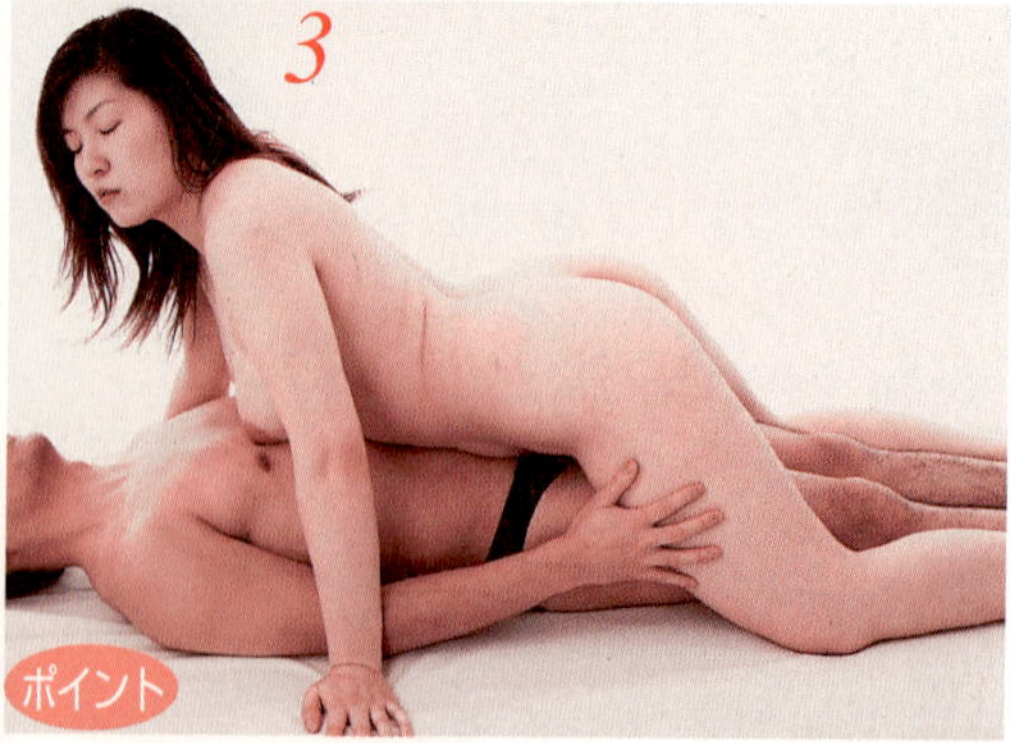

ポイント

体をずりおろし気味に足を伸ばして内ももや足の親指に力を入れてクリトリスを前後にこすりつけます

4

快感ポイントに
貪欲にペニスを
押し当てて

5

敏感に開ききった膣口いっぱいにペニスを吸い込み、ヴァギナの奥にあてお尻で円を描きます

6

ヴァギナは開いてペニスを奥へ奥へと誘い、腰を引いたり押したり上下に自在に快感ポイントへこすりつけ続けます

ポイント　あとはGスポット刺激だけ。今までの複合快感の最後はお尻を持ち上げてGポイントへ集中させて

1

誰もが確実に「絶頂感」を味わう方法

彼の手や指の刺激を得るのが早道。ヴァギナの奥深くペニスを感じつつ、クリトリスをデータによりますと、女性のうちの約半分近くの人が絶頂感を知らない、わからない、と答えています。しかし、それをセックスのたびごとに感じられている女性もいます。つまり、方法の違いで感じられ、達することができたりできなかったりしています。方法しだいで、そこには大きな違いがあるのです。

2

ポイント 深いペニス挿入と彼の指による刺激を求め、自分からお尻を動かして一カ所の快感を刺激し続けます

3

この体位でもクリトリス刺激がポイント。彼の手を取り指をクリトリスへ。背を反らせてGスポットにペニスをこすりつけます

4

まずクリトリスセックスから。挿入と指刺激のダブルで

ポイント 足を伸ばして彼に足で強く挟んでもらい、ペニスをクリトリスに押しつけて思いきり圧迫します

「花時計」による経験のないねじり感覚を

セックスの最中に行なう体位の変化にともなう連続技ですが、彼のペニスを中心にグルリと一回転することから、このようにいわれています。ペニスが自分の中でねじれていく快感を味わってください。刺激的で、慣れるとじょうずになれます。

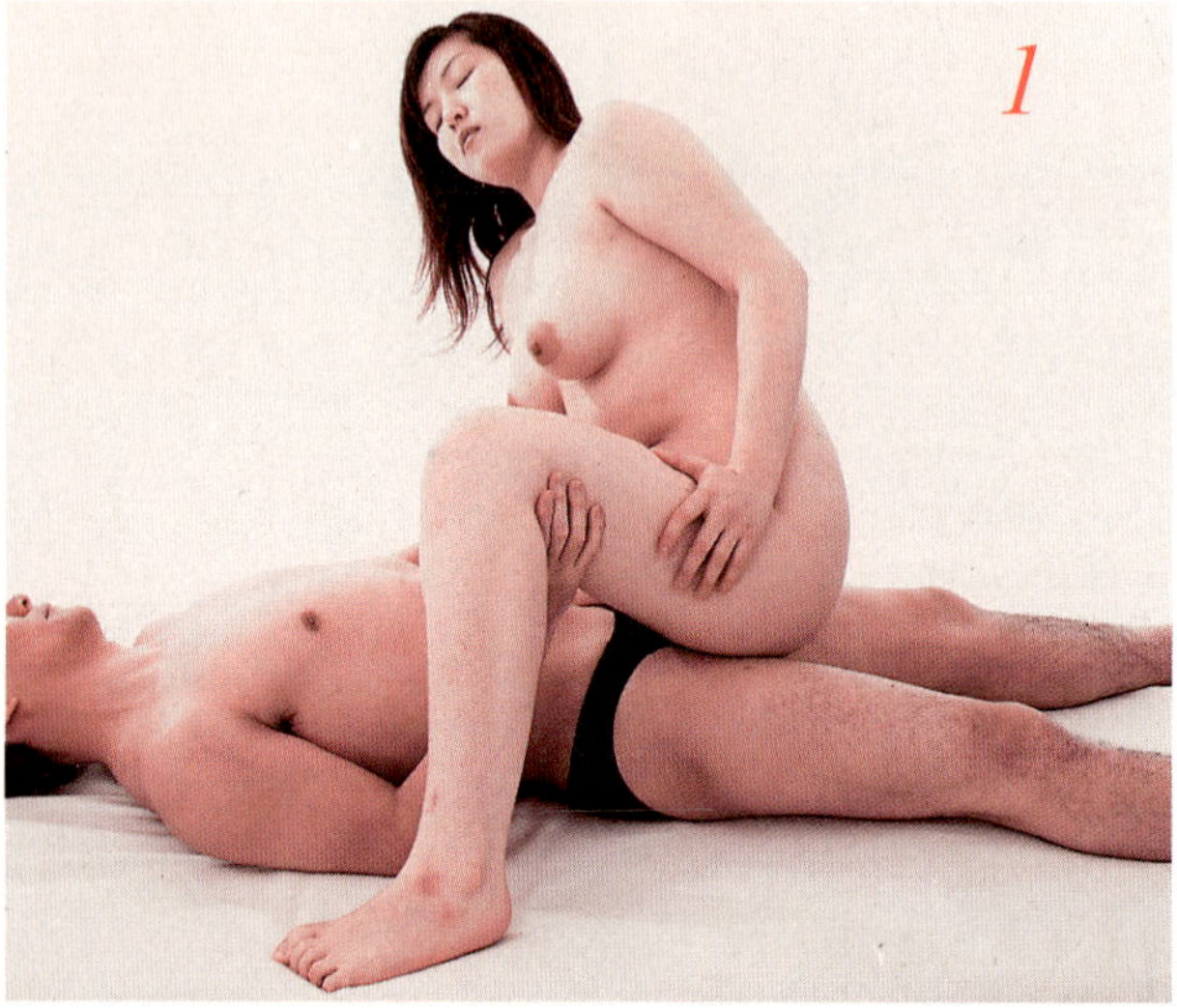

前向きの騎乗位で始めます。膝を立てて、いくぶん腰を浮かし気味に

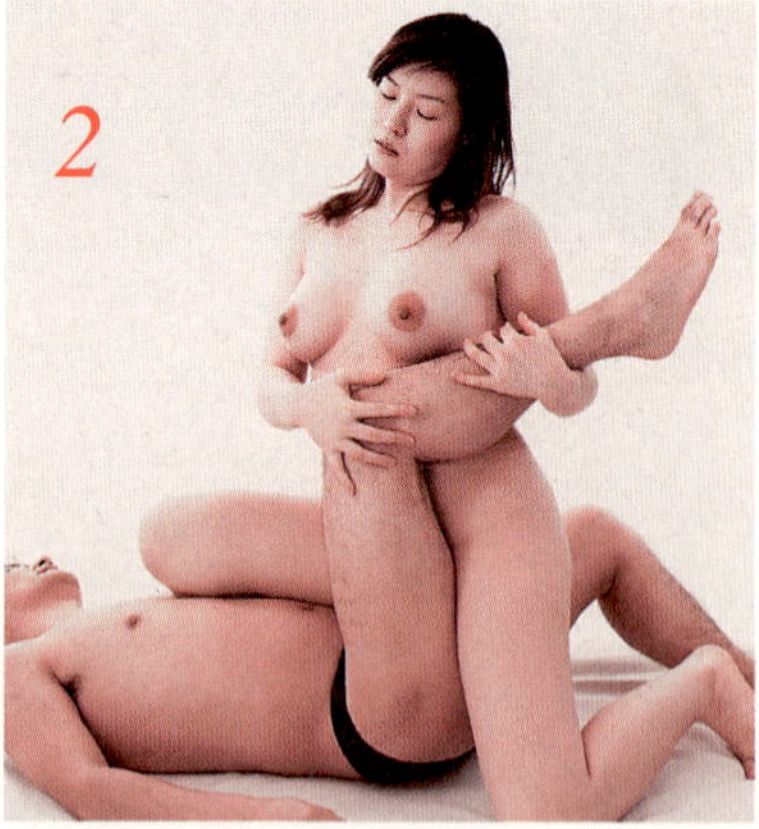

彼の太ももを抱きかかえ、クリトリスに押しつけ、前後にお尻を振り続けます

この体位になったなら、左右にお尻を振って、彼の指でクリトリス刺激を促します

4

ポイント お尻を浮かせたままペニスを一度も抜去することなくグルリと後ろ向きになって彼の目を刺激します

5

息を吸いながらおなかをへこませペニスを中に吸い込んだまま腰を密着させてグリグリこすりつけます

6

抜去なしに入れたまま彼の上でグルリと一回りします

もう一度ペニスを入れたまま元の位置に戻り、中腰になって激しくお尻の上下、蛇行、回転運動などで快感ポイントを刺激します

彼の「疲れた日」の快適な性

疲労気味や病後のときに行ないたいセックスの方法です。彼に動いてもらわないで、あなたが中心となって運動し、あまり激しくしないでも、比較的短時間で確実にイケル連続の快適な体位を取ります。

横たわった彼の上になって真上から挿入し、密着面を広くして前後にこすります

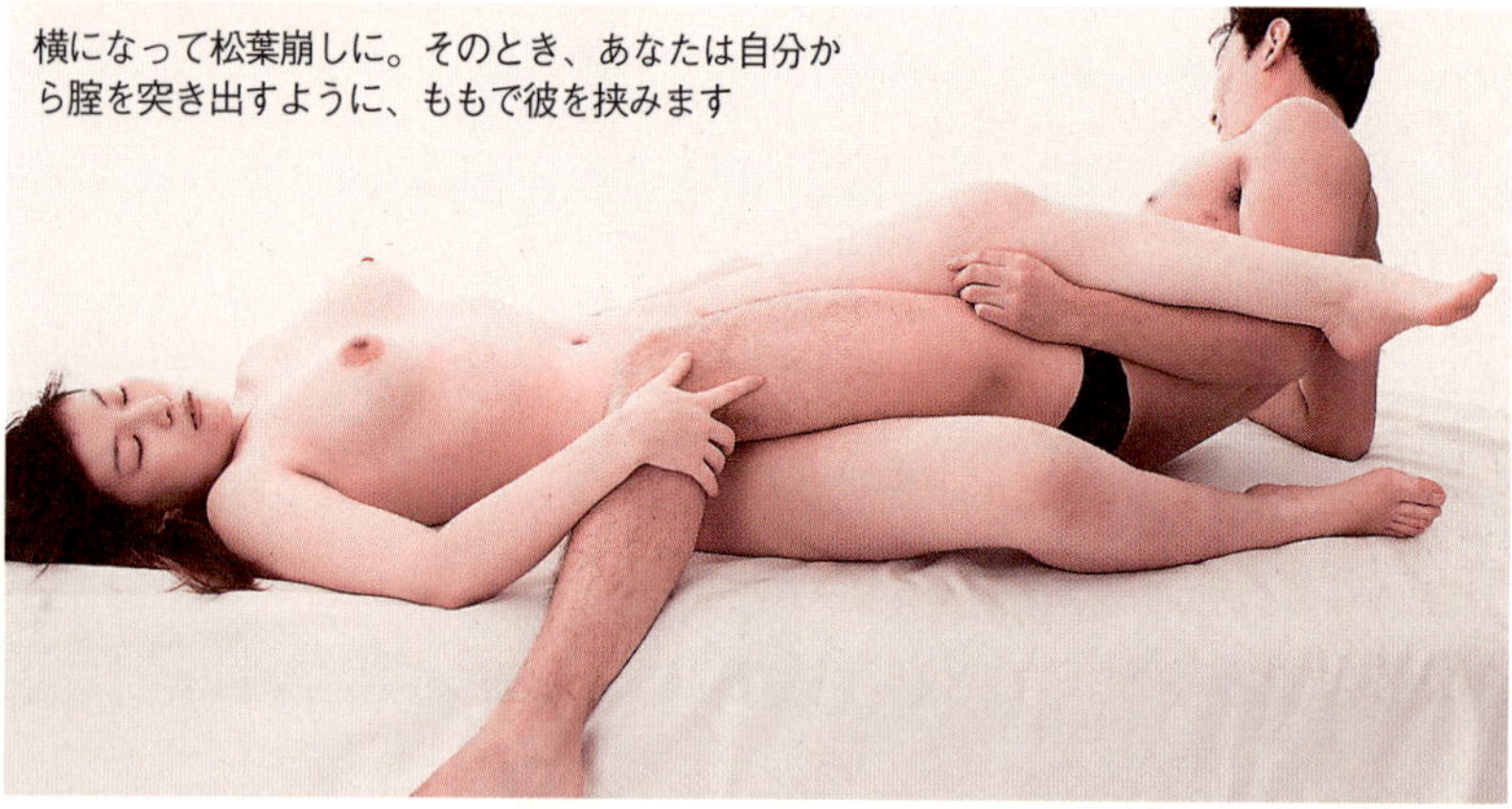
横になって松葉崩しに。そのとき、あなたは自分から膣を突き出すように、ももで彼を挟みます

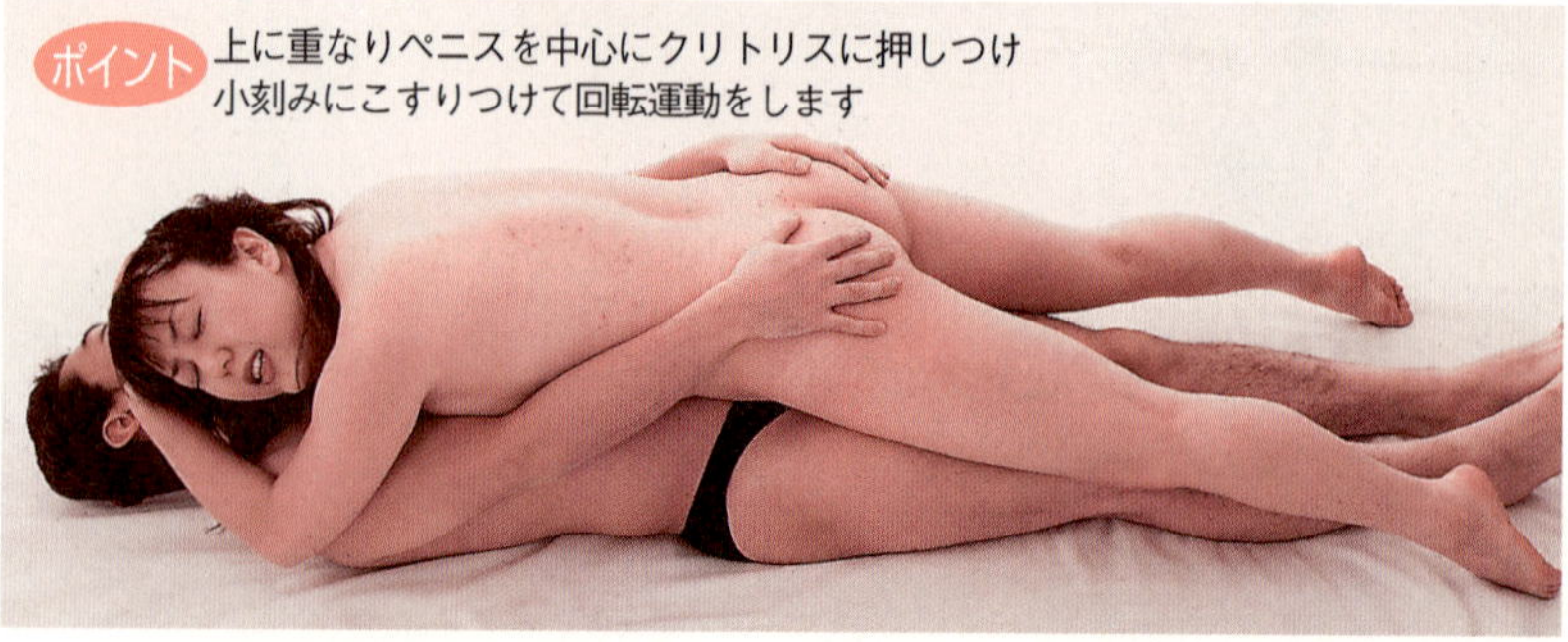
ポイント　上に重なりペニスを中心にクリトリスに押しつけ小刻みにこすりつけて回転運動をします

もう一度松葉崩しの返り、今度はお尻を彼の目に見えるように向けてペニスの緊縛感を高めます

後ろ向きに騎乗位へ移り、前後運動と同時に結合部分を彼の目に見せてあげます

自分主体に動いて彼の負担をなくします

最後は彼の上にまたがって腰をグルグル回しながらGスポットを刺激します

「妊娠中」にもおなかに負担のない体位

男性の中には生理のときや妊娠中には妙に性欲が高まる、という人も少なくありません。我慢をしようとすればするほど欲望は強くなってくるものです。そんなとき、おなかの赤ちゃんにも安全で、あまり激しくなくて、彼の満足も十分に達せられる体位を考えます。くれぐれもおなかは圧迫しないこと。

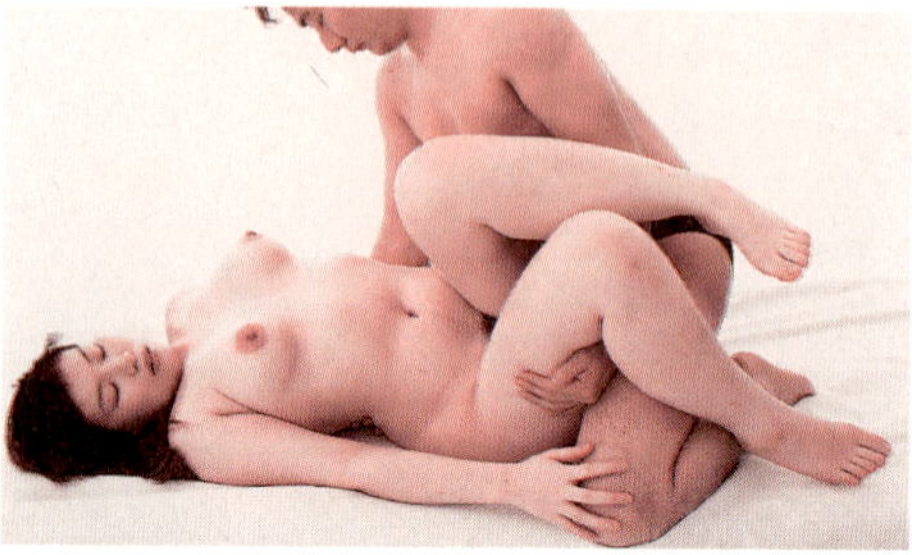

ベッドの縁や枕で腰を高くして行なえば、挿入も動きも楽で、おなかに負担のかかることはありません

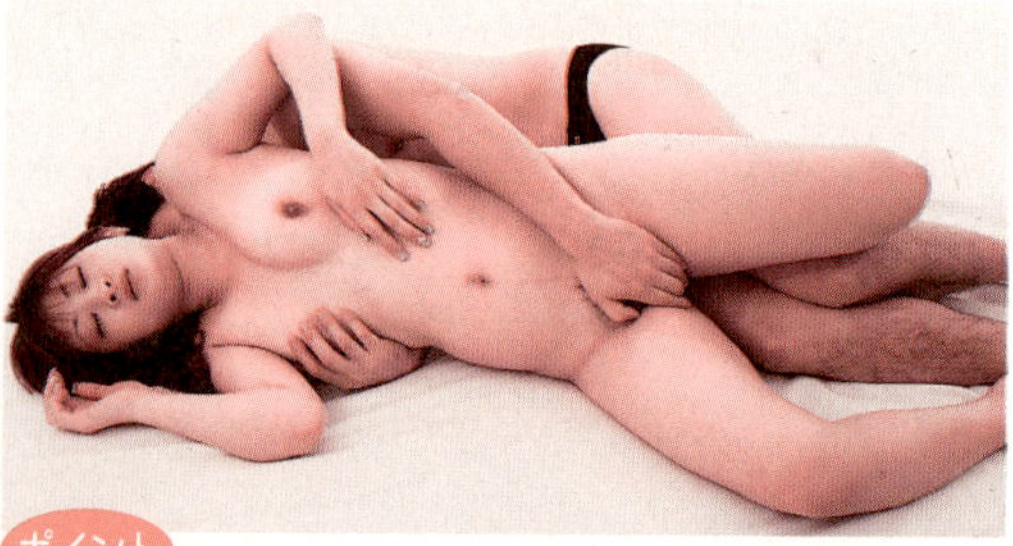

ポイント　横になったあなたの後ろから寄り添って浅いGスポットにペニスを当て、指はクリトリス刺激をします

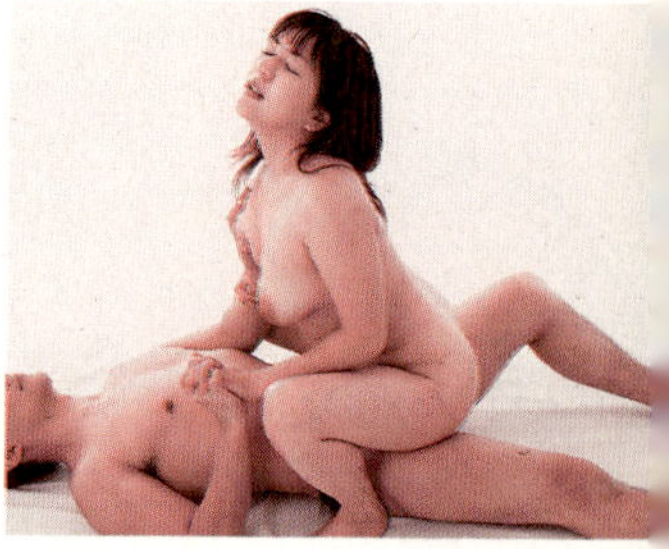

上にまたがってクリトリスだけを彼のペニスにぶつけるようにこすりつけます

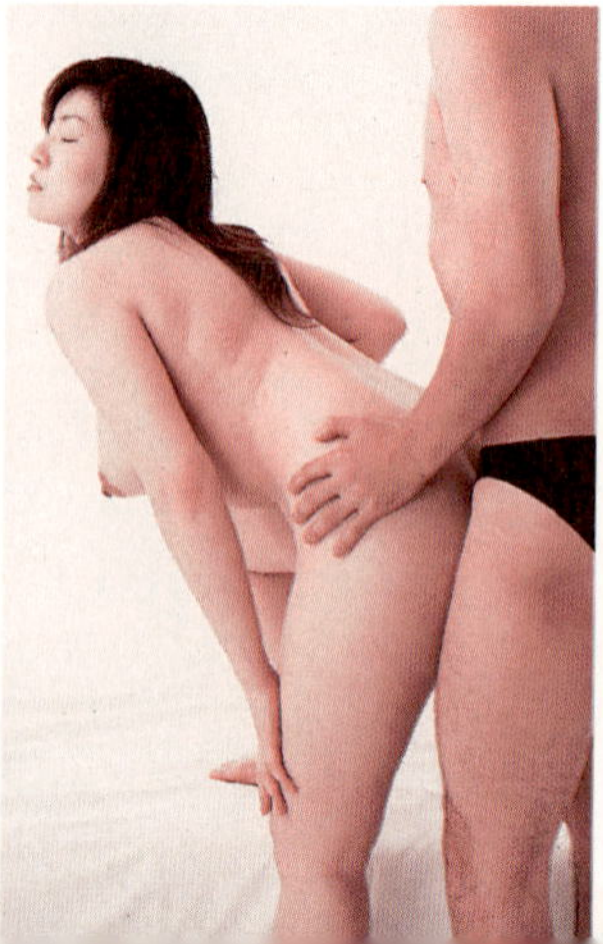

後背位は立ってもひざまずいてもできます。背を反らせて深度を調節します

後ろ騎乗位のポイントは腰を浮かせ気味にして挿入の深さを調節できること

深度は浅く、圧迫は避けて クリトリス刺激を中心に

この形で座ったままペニスを挿入しないで「素股」を行なうこともできます

ペニスを強く締めつける「緊縛感」を高める体位

男性にとって射精がオーガズムでありエクスタシーのすべてだといえます。それだけにすぐ「ゆるい」だの「よく締まる」だのといいたがります。たしかに膣の緊縛感はセックスの重要な要素ですから、体位の取り方しだいでそれを作る工夫が必要でしょう。

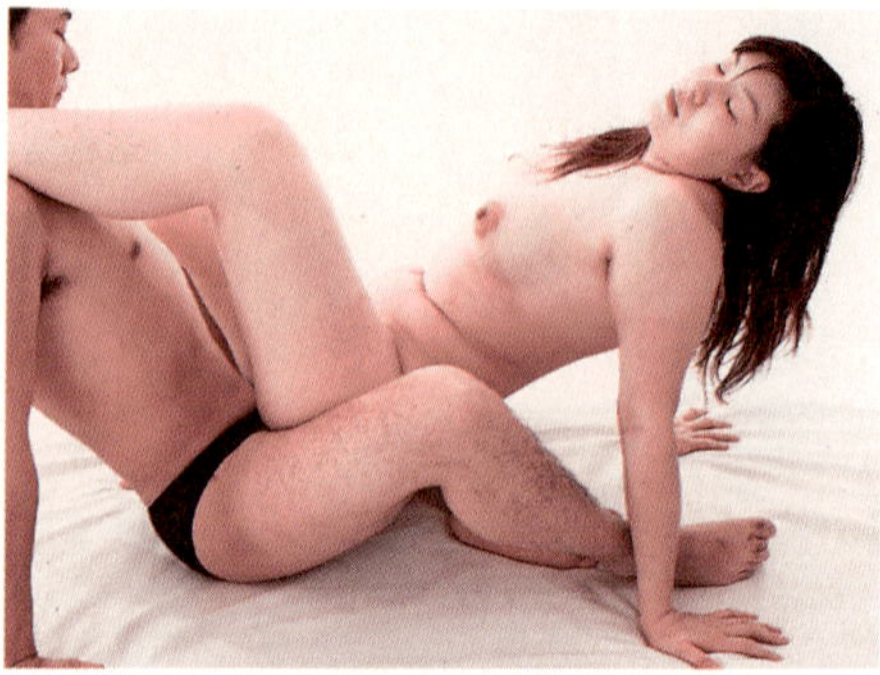

彼の肩に足をかけて腰を持ち上げるとペニスの挿入角度に無理がきて亀頭部が上に強くこすれます

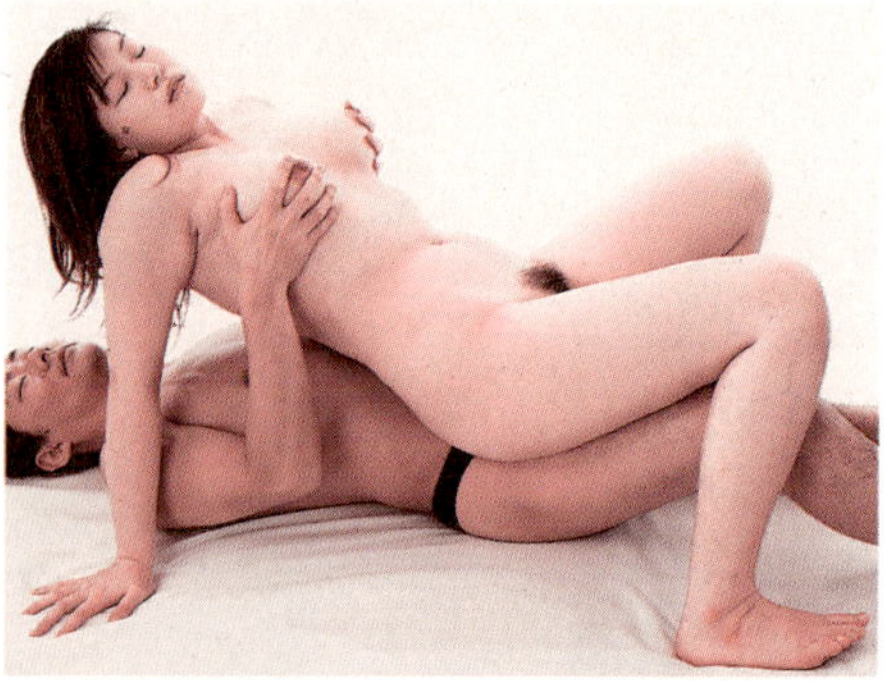

この形も角度がきつく無理があり、また前のめりになれば勃起方向の逆になって緊縛感が高まります

ペニスの進入する角度が膣の上になってこすれ、いやが上にもGへ当たります

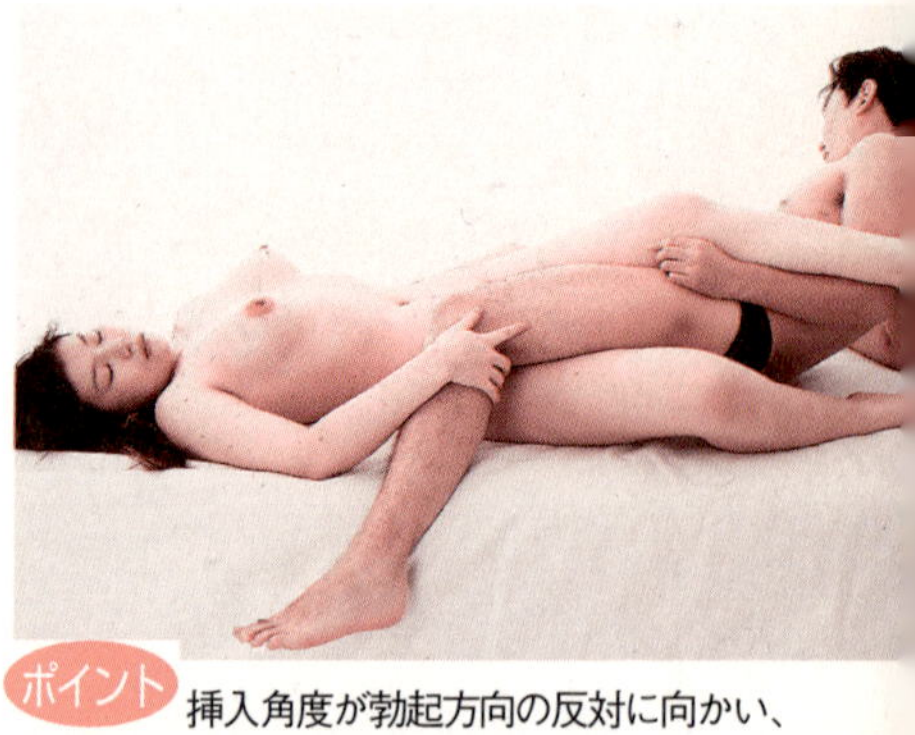

ポイント 挿入角度が勃起方向の反対に向かい、お尻をひねることでさらに締まります

これも勃起角度に逆らって挿入されますから、ペニスは膣の中で曲がりくねります

挿入角度に逆らった無理な体位が刺激を強くする

ポイント あなたが極端にお尻を下げることでペニスの角度に無理がきて締まりよくなります

「早漏防止」は浅い挿入とタイミングで

同じく背面の立位も背中を反らせることによって角度や深度を浅くできます

ポイント 対面の立位は進入角度が浅くて動きも少ない体位です

この体位ではあくまでも自分本位に腰を上げ下げして深度や角度を調節できます

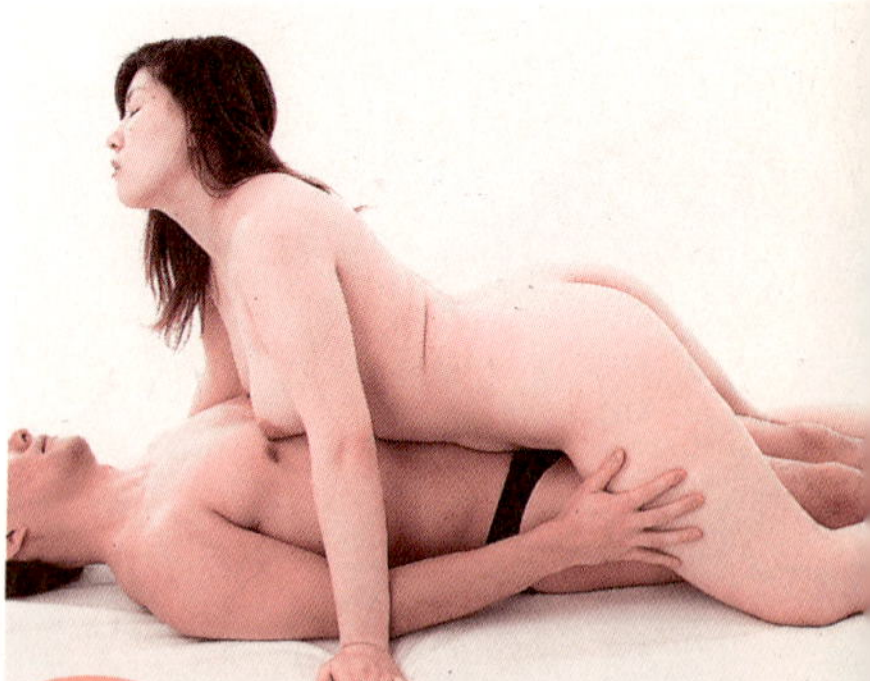

ポイント 挿入したペニスを足のほうに引っ張るようにずらせて角度、深度を浅くします

なによりも、早く挿入しないで、あなたが十分に潤い、もうこれ以上待てないといった興奮状態になるまで我慢することです。そうすれば、あなたも早くイクことができますし、彼が早くてもタイミングを合わせて一緒にイクことができます。あとは浅く、緩やかなあなた本位の体位の工夫しだいでしょう。

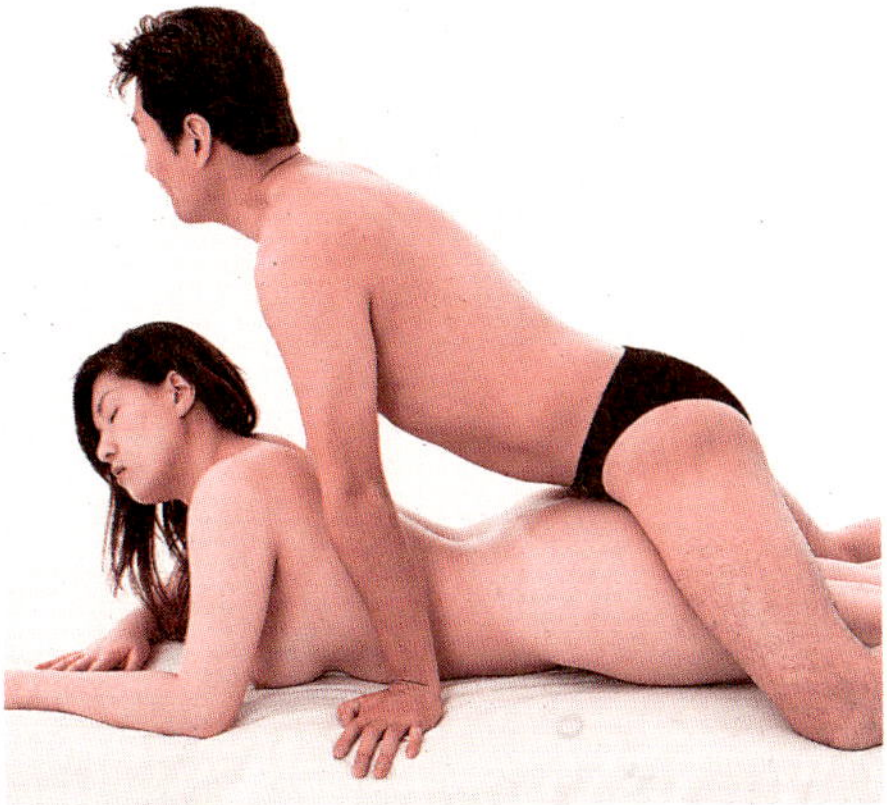

ペニスを真上から挿入させることで角度は浅くなり、お尻を左右に振って深度も調整します

無理な角度で緊縛感を強めるのは避け、自在に動いてあなた本位に調整します

あなたが十分に興奮してから浅い角度でー

［遅漏克服］は早い挿入と視覚刺激を強めて

まず濡れた段階で早速お尻のほうから挿入。体の線が美しく見えます

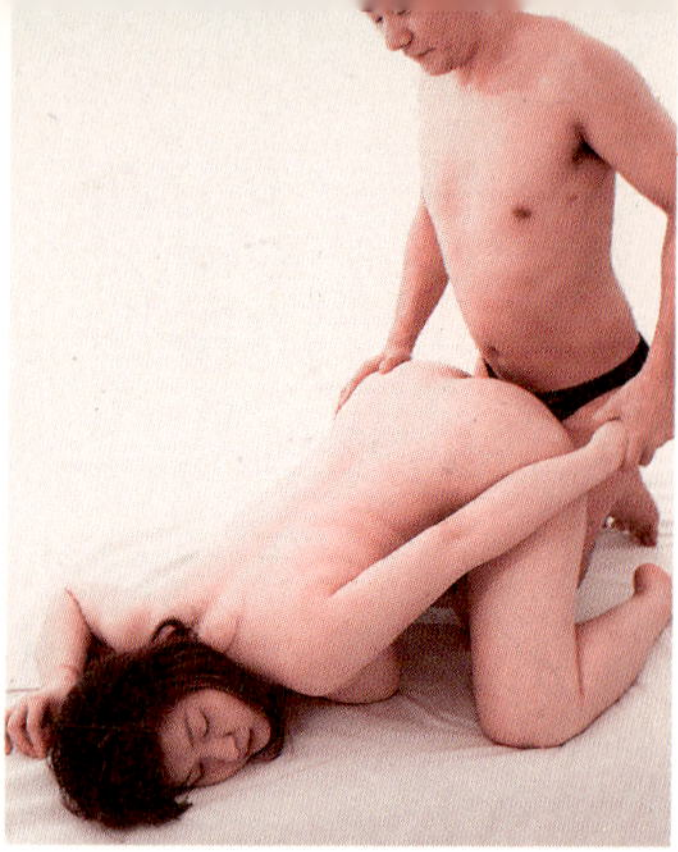

ペニスをなるべく深く強く挿入させ、お尻を盛んに振って刺激をします

遅漏の問題点は行為が長すぎることで、そのうちに女性の興奮が冷めてきたり、すでに終わっているにもかかわらず彼が取り残されてしまう、もしくは膣が乾いて、こすれて痛くなることなどが考えられます。濡れているあいだに挿入し、視覚を刺激して早く終わらせるように強い摩擦や強い興奮、刺激を与えることで、スムーズに終わらせられます。

足を大胆に開いて彼の目に二人の結合部分がよく見えるように。ペニスに緊縛感を与えます

ポイント　あなたは太ももを合わせてペニスを挟み、そのまま素股で直接刺激をします

入り口を締めて入れにくくすると興奮を誘います

再度挿入するときにはペニスの角度に無理がくるように、結合部を見せます

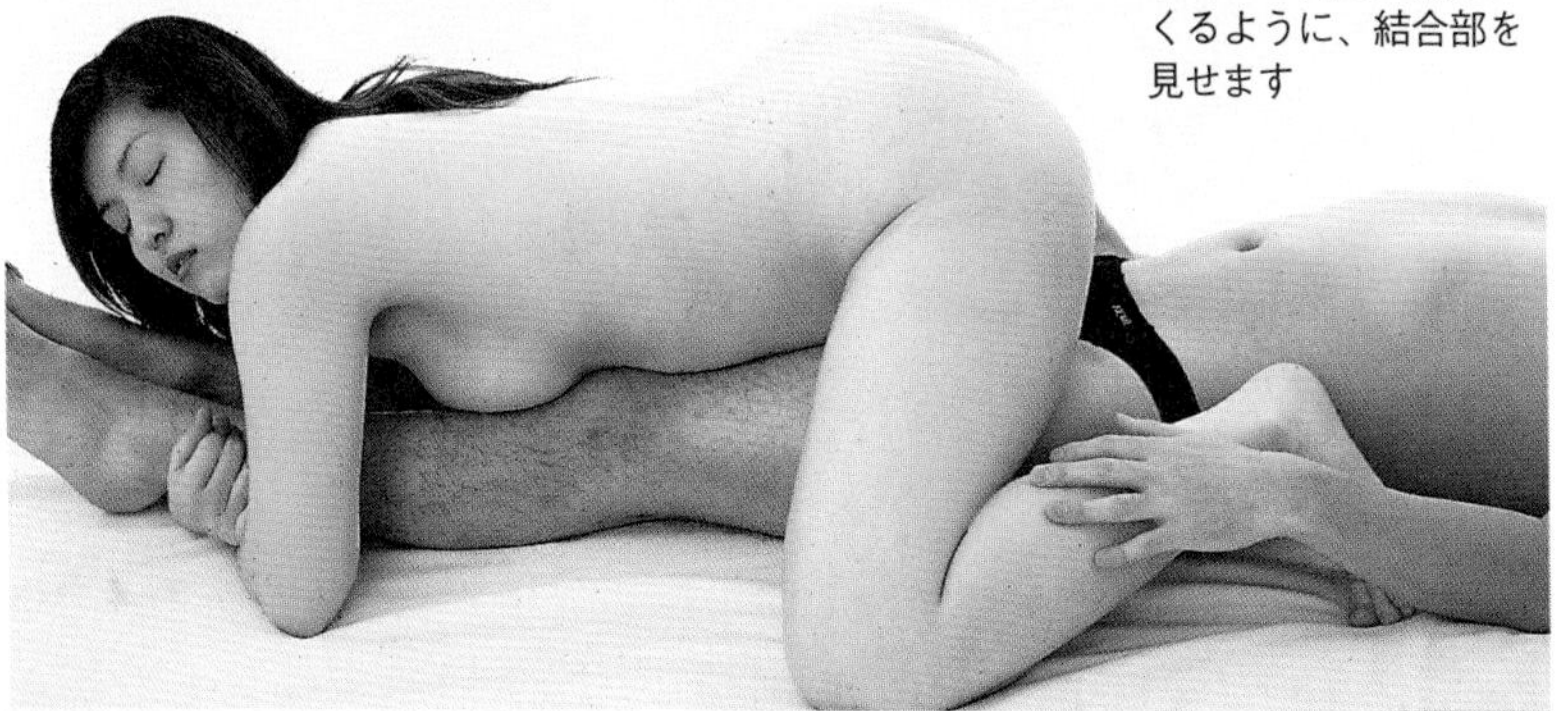

フィニッシュは前かがみにペニスを入れたまま視覚刺激ときつい角度の摩擦で

上からお尻の動きをよく見せてあげ、興奮を誘い、動きやすくしてあげます

「痩身美容」のためのセックスの在り方

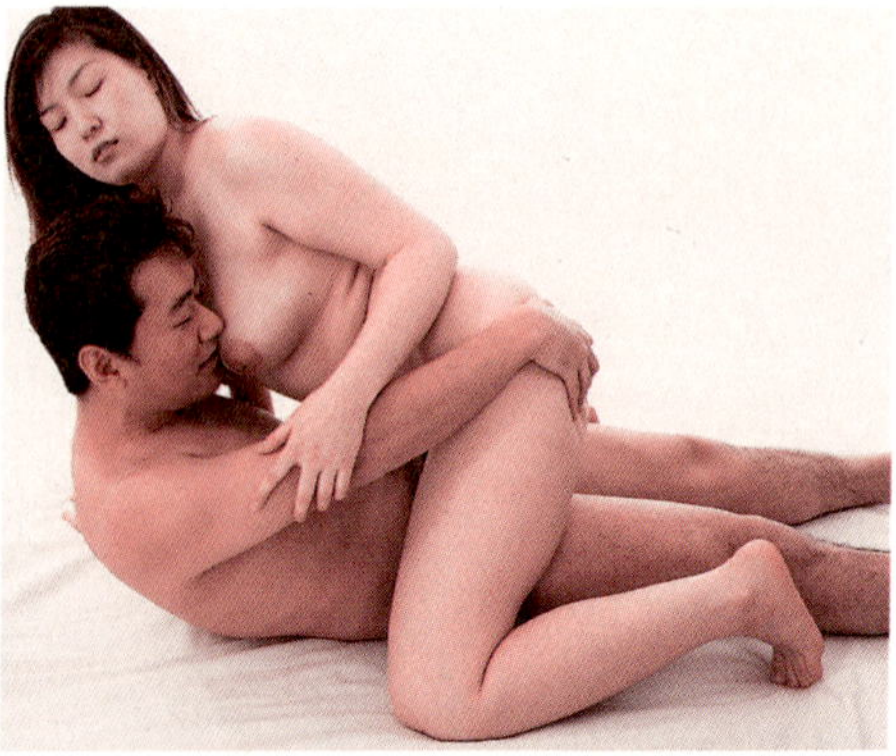

この体位ではあえて中腰の位置で腰を回転させたり激しく上下させて快感とともに痩身効果も狙います

痩身美容の体位は腰を中心によく動かすところに特徴があります

雑誌「アンアン」で一年に二回特集が組まれ、よく売れていることで知られているセックス美容体位。これはセックスをすることで新陳代謝がよくなり、血行やリンパ腺の働きも活発になって、肌が美しくなるからだといわれています。たしかに恋をすると女性は美しくなる、といわれる根拠です。あとは激しく腰を使ってカロリーの消費と引き締めを。

ペニスを入れたままお尻を左右、前後、回転などの運動を激しく続けます

お尻をドシンドシンッという風に激しく上下、左右に振り、回転も加えます

馬に乗っている要領で股を締め、髪を振り乱して縦横に動きます

激しく動きカロリー消費と新陳代謝をよくします

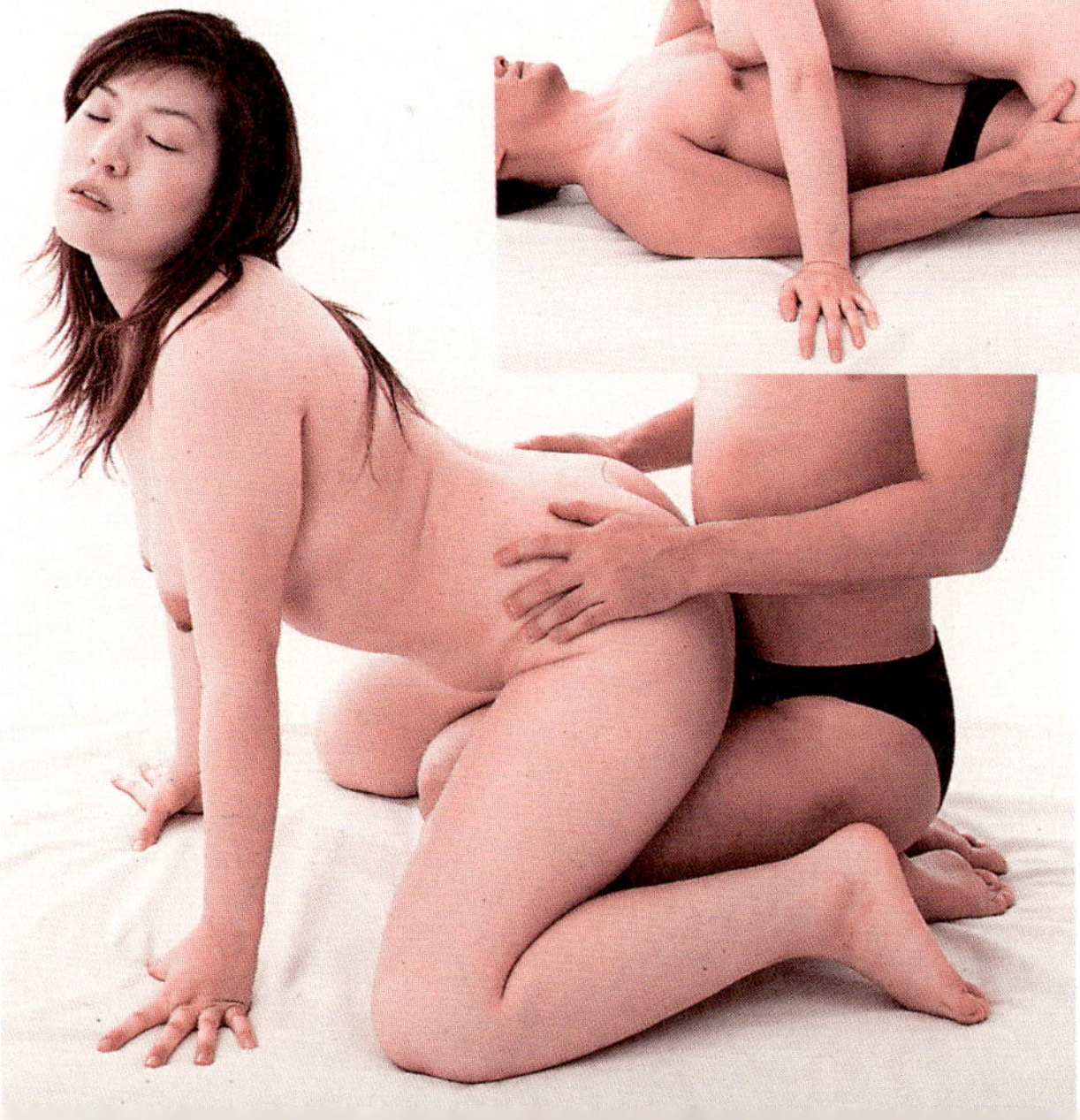

思いきり腰に力を入れてペニスを振り回すくらいに激しく動かし、カロリー消費をします

体位で挿入の角度が変わります

体位によってペニスの挿入角度は大きく違ってきます。亀頭部がヴァギナの奥に、またGスポット、下腹部がクリトリスに接触するなど体位次第で快感も変わってきます。

対面座位

前茶臼といわれ、腰の回転がしやすい

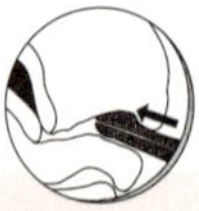

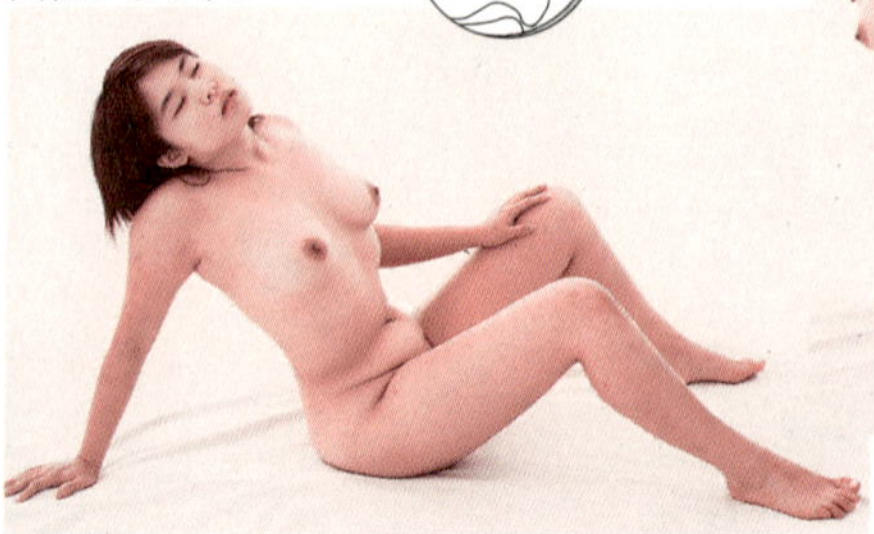

後座位

後ろ茶臼といわれ、深い挿入ができます

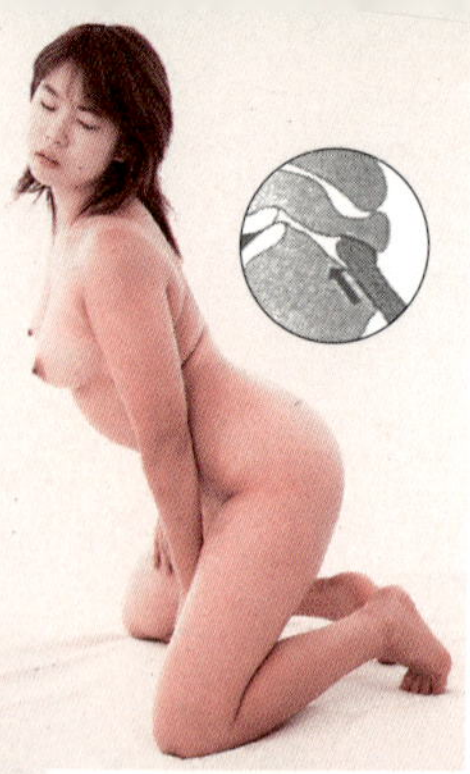

後背位

男性は腰を使いやすく深度も深い

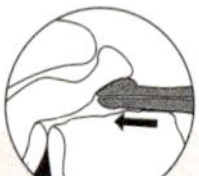

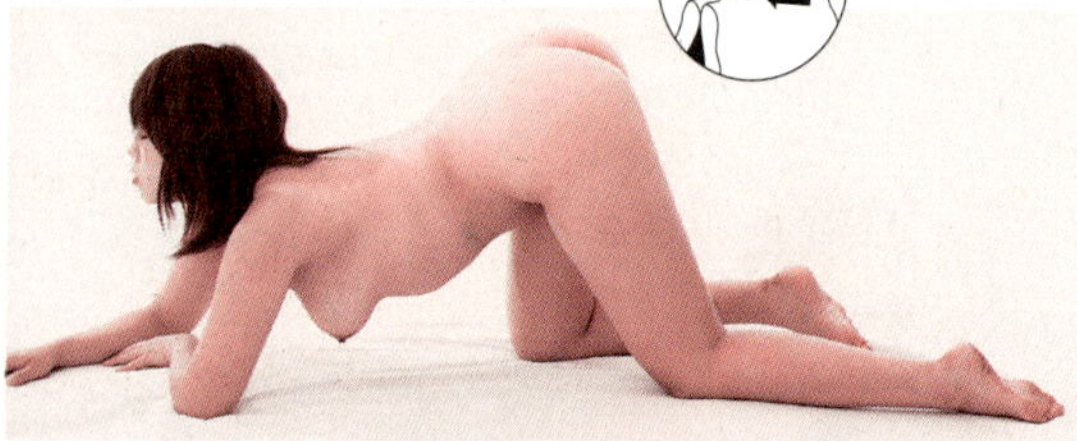

正常位

女性が一番達しやすい安心できる体位

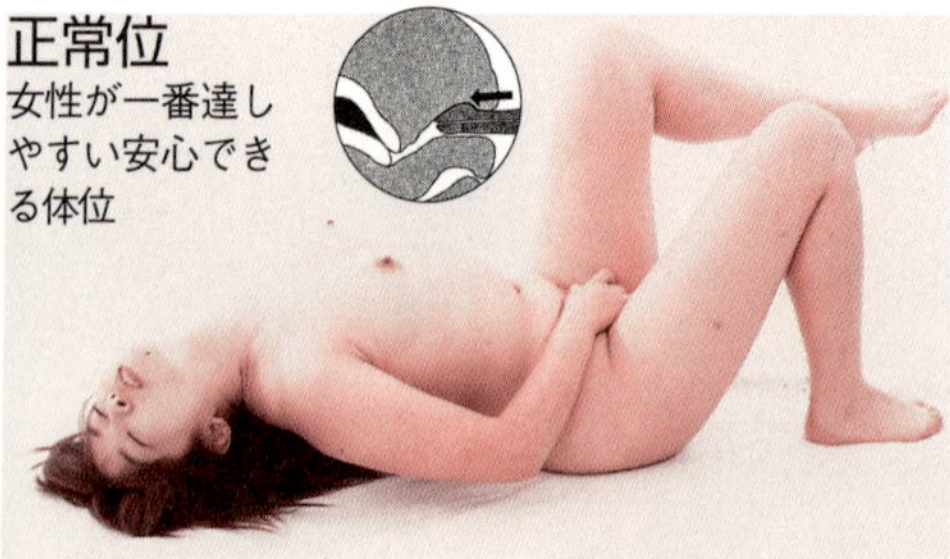

伸展位

深度は浅いものの圧迫感がよい

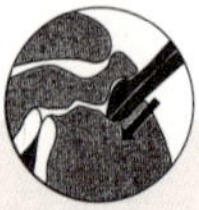

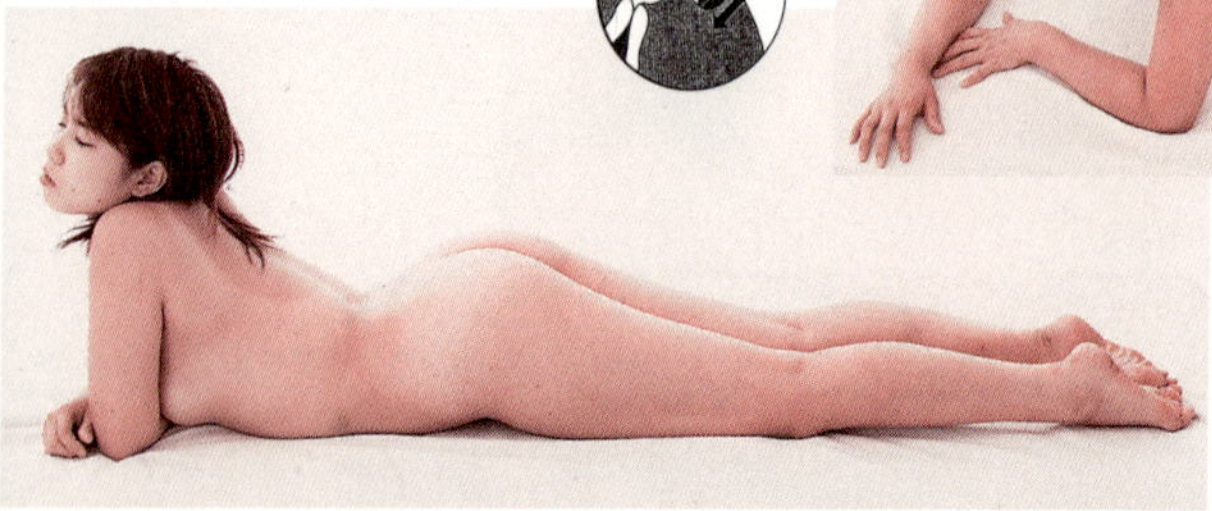

後背位崩し

前のめりになることで膣の締まりがよくなる

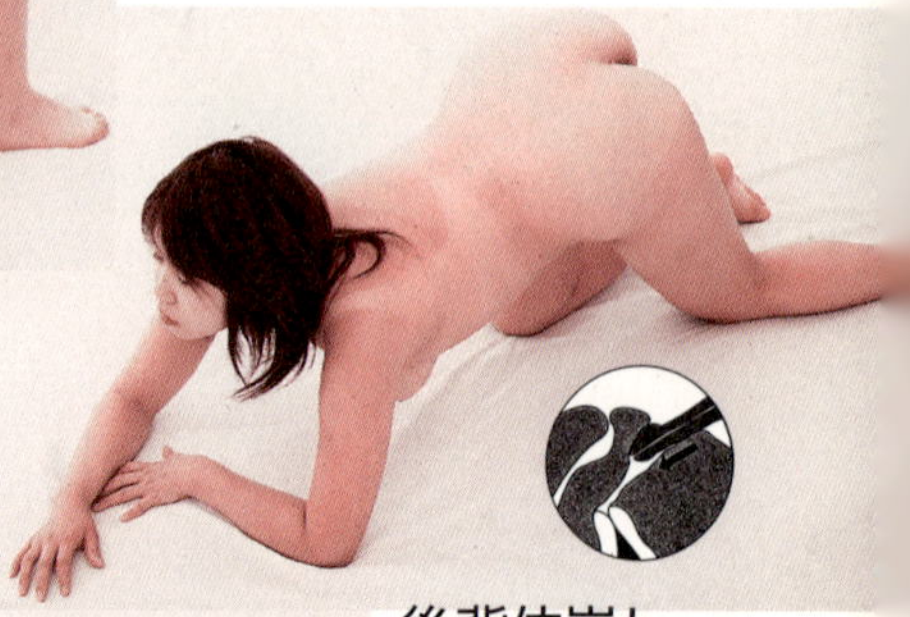

松葉崩し

足を挟み合ってペニスの角度に負担を作る

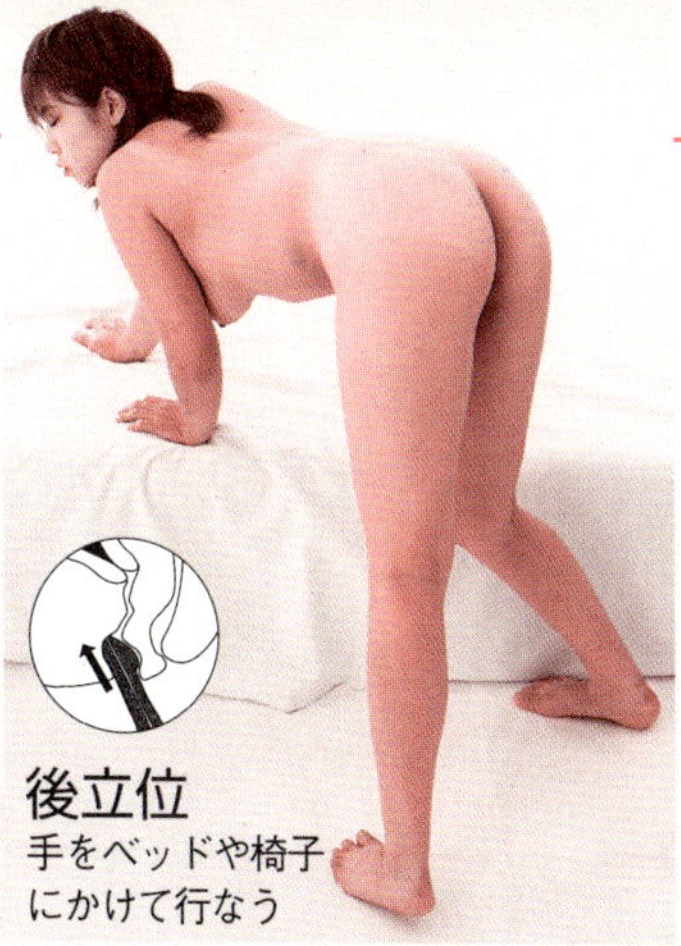

後立位

手をベッドや椅子にかけて行なう

側位

前から彼に添って静かに密着し合う体位

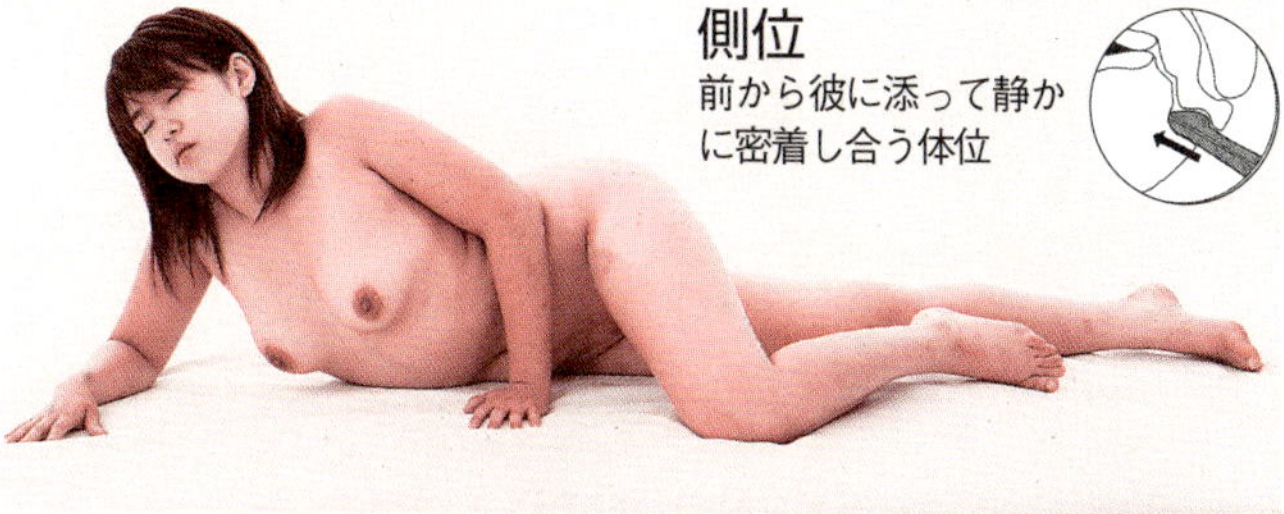

後側位

後ろから体を反らせて挿入する

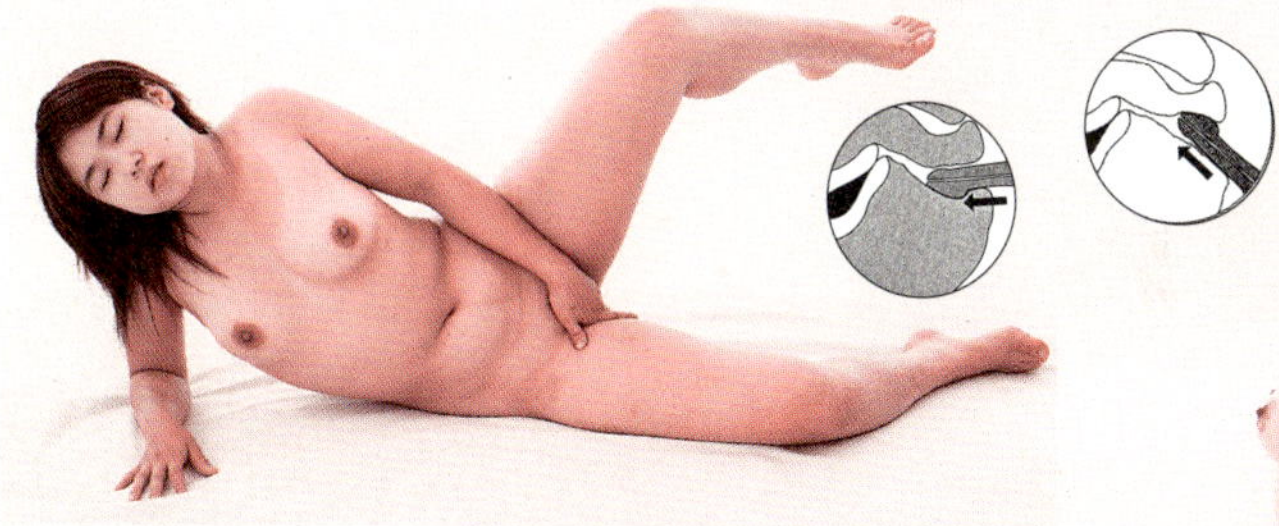

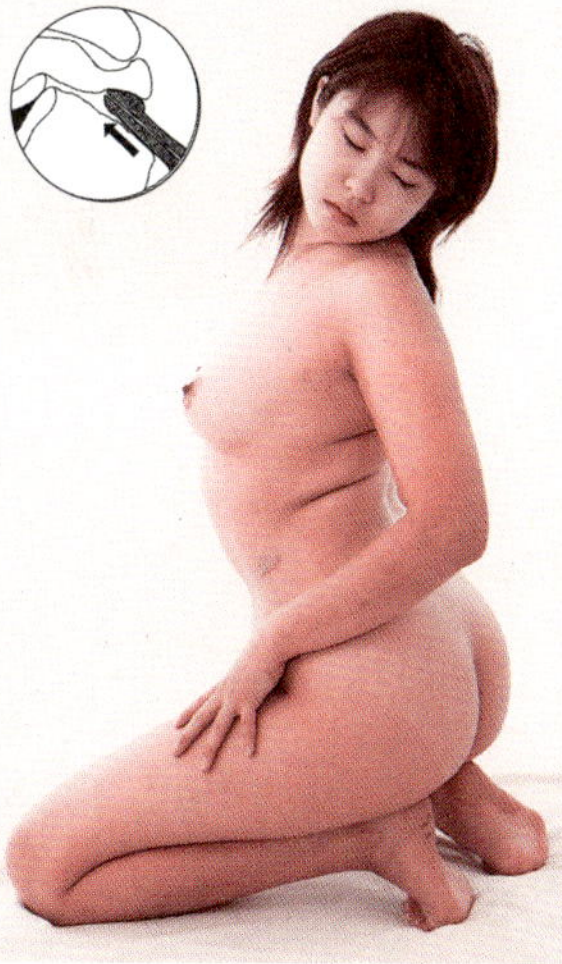

屈曲位

足の高さで深度を調節する

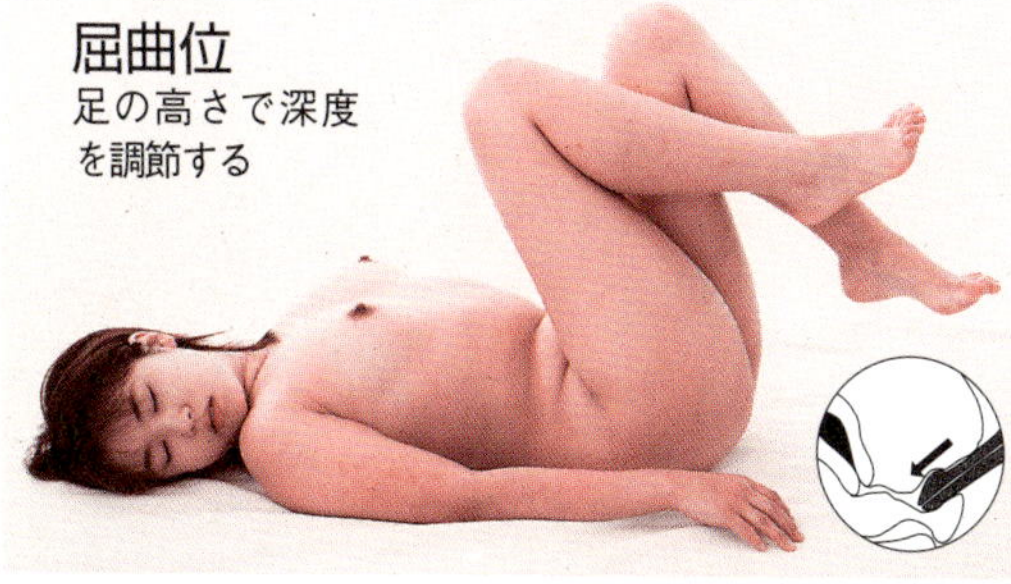

騎乗位

女性本位に自由に動ける

戸外で刺激的なセックスを

セックスが日常的なものになった段階からマンネリ化してきます。セックスにとってマンネリはなによりの危険信号。彼の浮気もマンネリや刺激のない生活、燃え立たなくなった気持ちの隙間に起こってきます。

いつも自分の家の寝室ばかりではなく、たとえば家の台所やバスルーム、リビングルームもいいでしょう。テラス、ベランダなども、外部の空気と触れて、ちょっと緊張しますし、興奮もできます。

ときどき二人でシティーホテルやモーテルに行くのも刺激になります。いつも同じ環境の中でセックスをしていると、安心はできるものの、飽きるに決まっています。

そこで戸外で衣装を着けたままだとか、下着を着けないで外に出かけ、そこで愛し合うなどのプランを立てるのもいいでしょう。

二人のためにもちょっとした刺激が新鮮なものにしてくれます。

STAGE 6

安全で楽しみを損わない確実避妊

妊娠と避妊のメカニズムってすごい！

■妊娠と避妊のメカニズム

妊娠とは卵子と精子が出会い、結合することで始まります。卵子は卵巣の中にあって、およそ月に1回、成熟した卵子が排出されます。いわゆる排卵です。排出された卵子は、通常2～3時間しか生きられません。せっかく卵管に送り込まれても、そこに精子がいなければ、すぐに死滅して体外に排出されてしまいます。

けれど排卵時に射精があれば、精子は子宮から卵管へと進んで卵子と結合します。2～3億といわれる精子のただひとつだけが卵子と結びつくのです。受精した卵は子宮内膜に着床し、ここで初めて妊娠になるわけです。

■避妊法の基本は6つ

避妊は妊娠のメカニズムを崩すことで可能になります。それぞれに対応する避妊法をあげてみます。

（1）精子の侵入を妨げる…コンドーム　ペッサリー
（2）排卵を妨げる…ピル
（3）排卵時期のセックスを避ける…オギノ式　基礎体温法　リズム法
（4）受精卵の着床を妨げる…IUD
（5）精子を殺す…ゼリー
（6）精子（卵子）を排出しないようにする手術…パイプカット　卵管結さつ

セックスを生殖と切り離して楽しみたいという思いは、いまに始まったことではありません。たとえば古代エジプトには〈ワニの糞を糊状のもので固めて膣内に挿入する〉という方法がありました。ワニの糞は弱アルカリ性で精子の活動を鈍らせる効果がありますから、あながちまったく意味のないことではありません。

現代でもセックスに没入できない理由として「妊娠が心配」という女性はかなりたくさんいます。つまり、本当の喜びを得るためにも、避妊の方法はしっかり検討しなければいけないことなのです。

● 妊娠しやすい時期

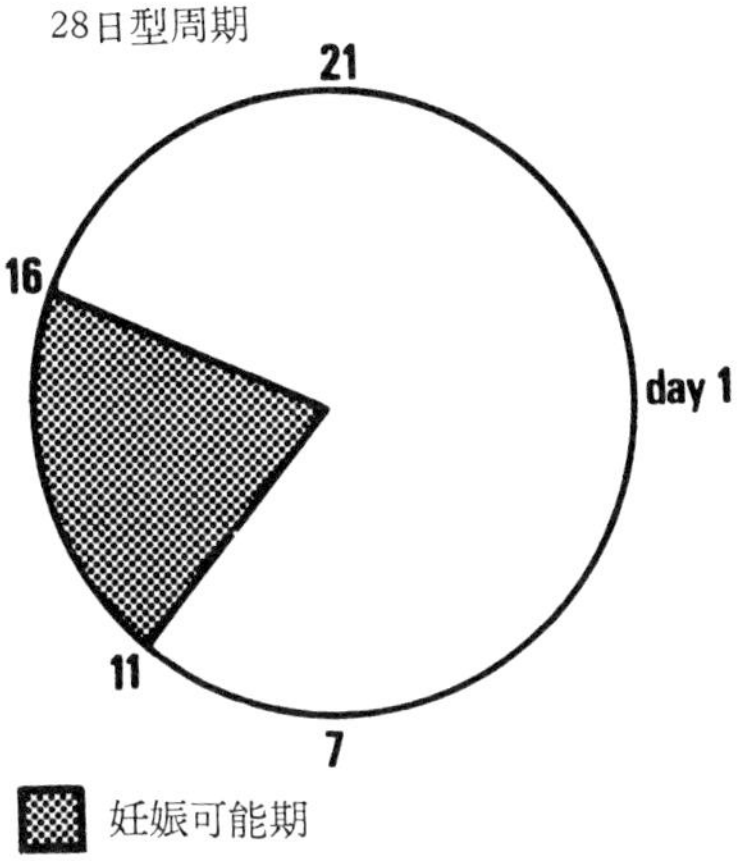

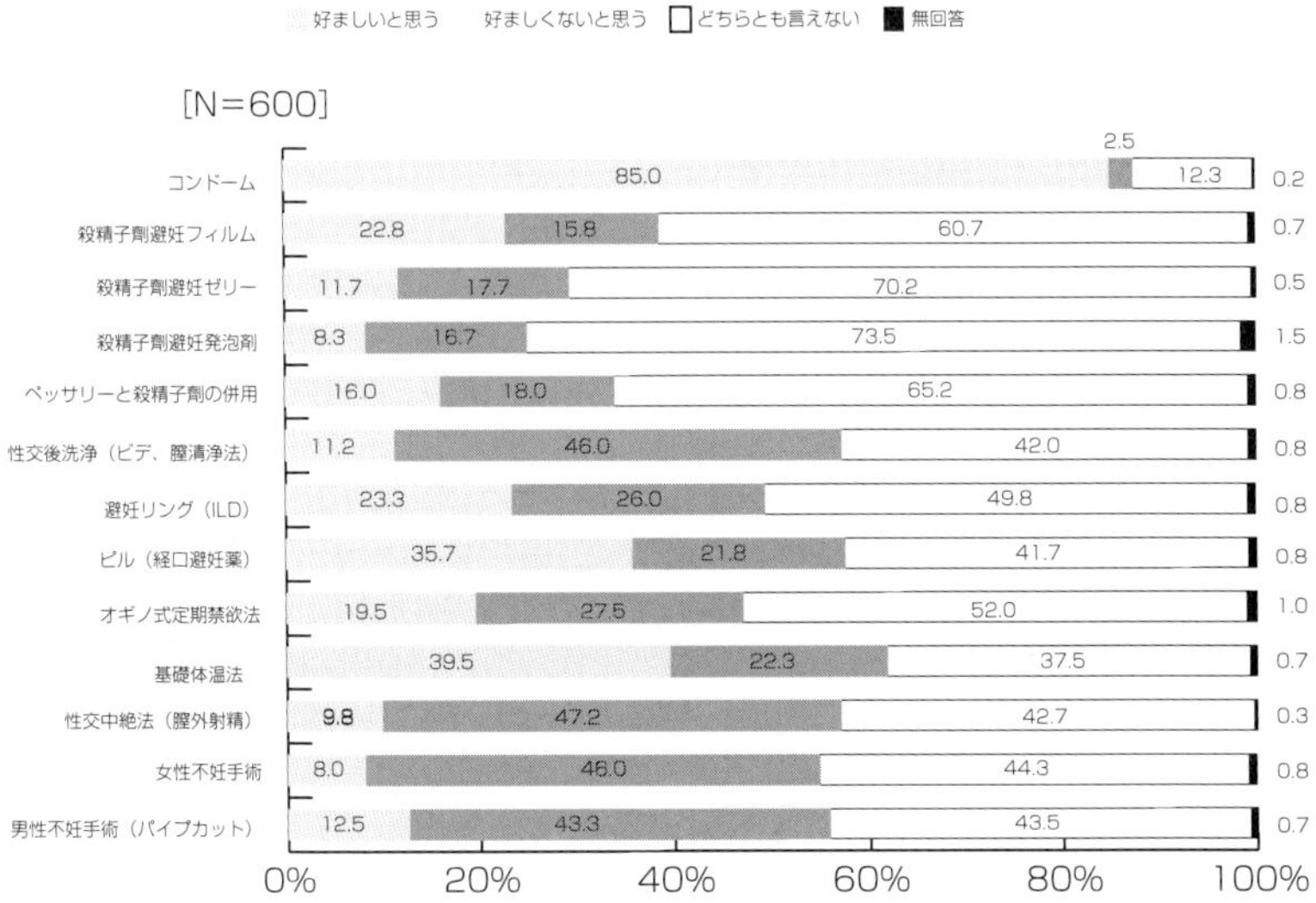

オギノ式
生理の周期を利用して避妊する

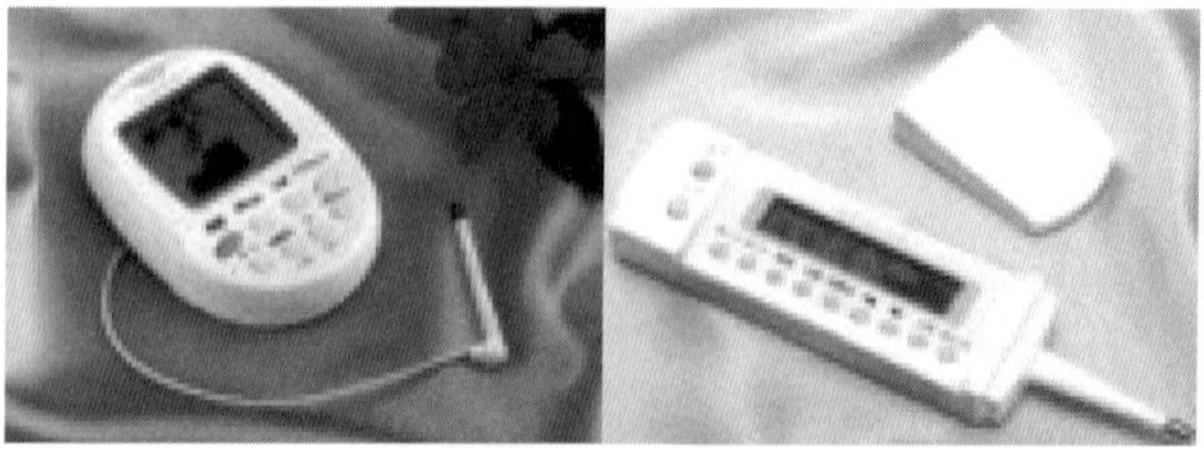

1年間くらい生理の周期を記録します

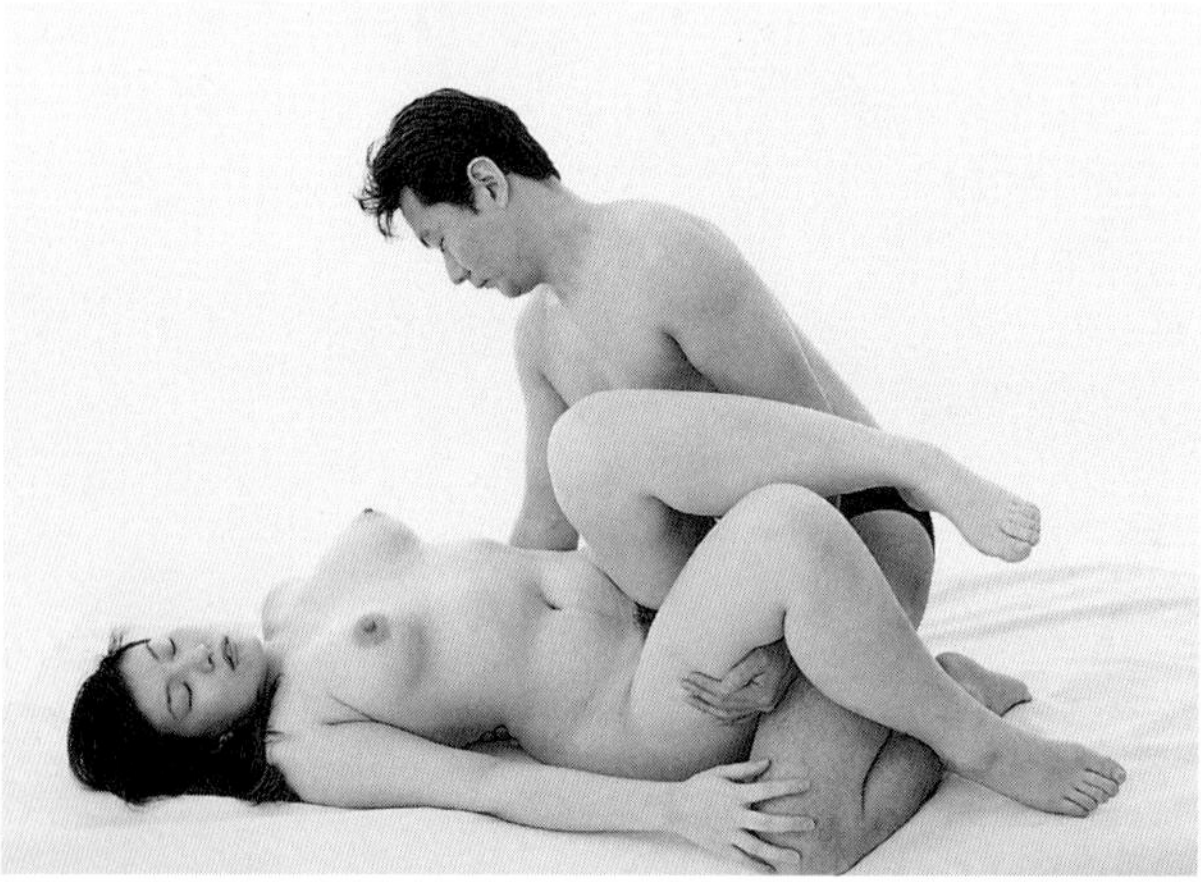

女性には〈生理周期〉があります。つまり、生理の第一日目から次の生理が始まる前日までの日数で、平均的には28日ですが、30日型という人もいます。排卵が妊娠という結果に結びつくのです。

こうしたメカニズムから、一九四二年、荻野久作博士が発表したのが、

「女性の排卵は生理周期の長短や順不順に関係なく、次の生理が始まる12～16日前の5日間である」

という学説。もともとは、この期間前後にセックスすれ

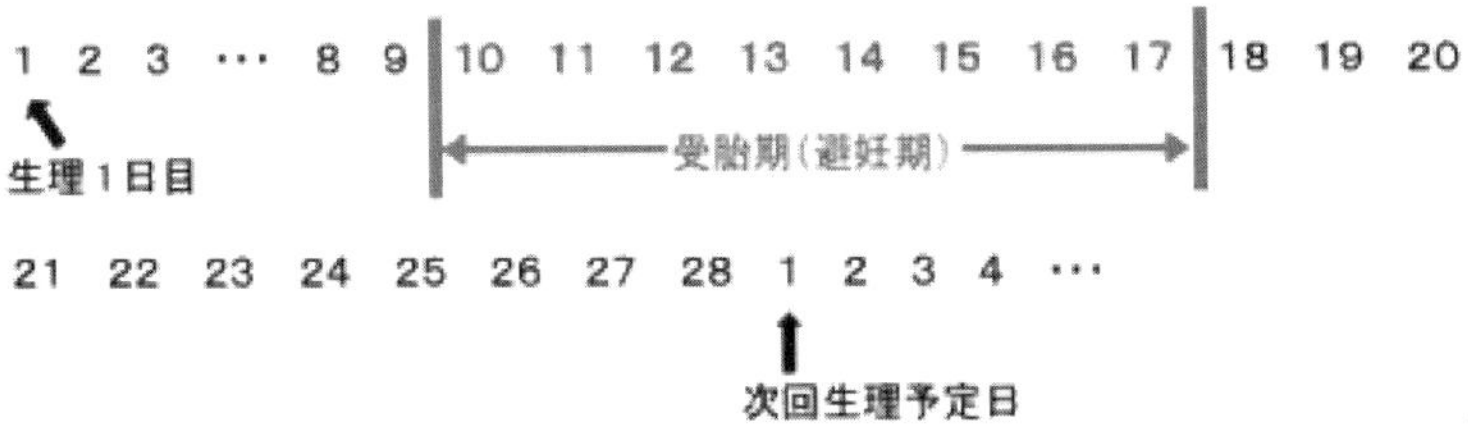

ば妊娠がしやすいという妊娠のための方法でした。

この周期を逆算することで避妊に応用したのが、世界中で広く知られる〈オギノ式〉です。

A　排卵の期間→5日間
B　卵子の生存→(最大)24時間
C　精子の生存→(最大)3日間

このA+B+C、つまり9日間がもっとも妊娠しやすい期間ということになります。次の生理から計算すると、次の生理前の11日~19日の9日間ということになります。

避妊ということでいえば、この期間は禁欲します。そして、この期間をはずした不妊期の中間日がもっとも安全な日ということになります。ただし生理周期は人によって違い、さらに周期が必ずしも一定しているわけではありません。

少なくとも1年間ていど、生理周期を記録にとったうえで試みてください。

【長所】器具などで体をいためることなく、しかも経済的。
【短所】失敗率が高く、長期にわたる記録が必要。

基礎体温法

体温の変化で排卵日をみつけて避妊する

男性の基礎体温は、いつも一定ですが、女性は生理周期に合わせて高くなったり低くなったり変化します。

排卵は低温期の最終日に起こることが多いといわれています。そして排卵後は黄体ホルモンの影響で高温の状態が続き、生理になるとまた低温状態に移行します。

排卵日を含めて前後それぞれ3～4日間つまり排卵日を真中にした1週間は最も妊娠しやすい時期になります。

卵子の寿命は約1日ですが精子は3日間ほど寿命があるといわれています。これを考慮に入れると、基礎体温が高温期に入って1～3日から10日間が、一応安全な日ということになります。

■基礎体温の測り方

基礎体温とは、わかりやすくいえば眠っているときの体温です。でも、これは自分で測ることはできませんから、朝起きたばかりの1日でもっとも体温が安定している時間に測るようにします。

体温計は目盛りを多くした婦人体温計を使用します。

体温変化は1～1.5度ほどの微妙なものですから、普通の体温計では小さな変化をキャッチしきれません。

現在は体温計としての機能を持ったものの他に、コンピュータ機能を持ち、半年間ていどのデータを蓄積グラフ化してくれる便利な婦人体温計も市販されています。

● 基礎体温リズム法

朝、目がさめると、ベッドの中ですぐ体温を測ります。経口体温計よりも肛内体温計のほうがよいでしょう。

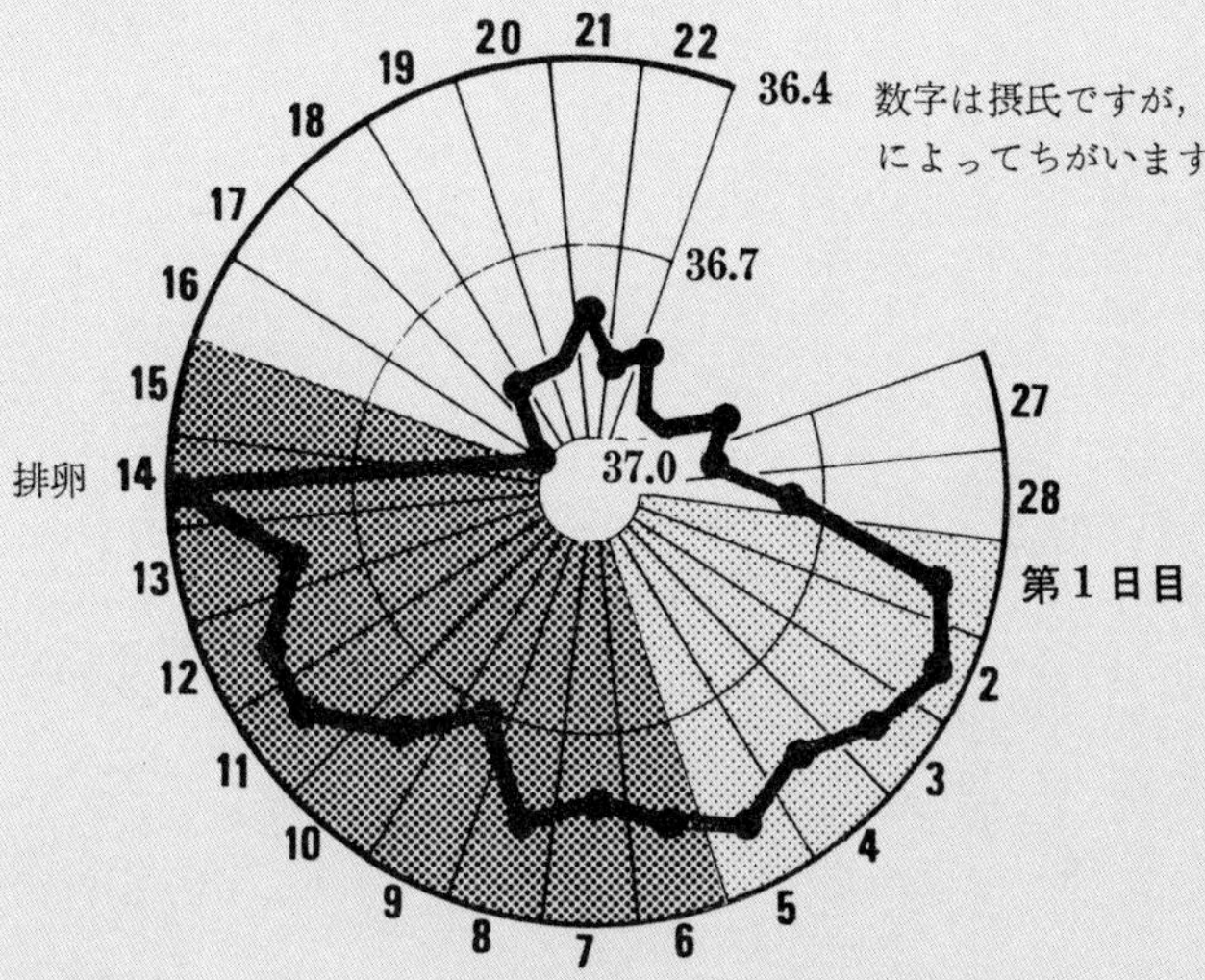

数字は摂氏ですが，測定値は人によってちがいます。

月経の周期と体温を表わしています。外側は低体温で、中心が高い体温。排卵日（約14日）に体温は上昇します。

基礎体温って何？

「人間が生きていくために必要な最小限度の働きを保つための基礎代謝により発生する熱」が基礎体温です。かんたんにいうと、寝ているときの状態。だから、朝起きてすぐ測らなければいけないというわけです。

排卵期チェッカー

毎日の基礎体温を測らなくても排卵期がわかるというスグレ・グッズが、この排卵期チェッカー。小さな口紅のような容器のレンズの裏側に唾液を薄く塗り、約5分間乾かすだけで、今が排卵期かどうか判定できます。

商品名　レディース・デイ

男性用のコンドーム
エイズ予防にも効果的で手軽な避妊

避妊法としてはもっともポピュラーで手軽なのは、やはりコンドーム。世界的に蔓延しているエイズに対する予防策としても効果的です。そのためか、いまでは若い女性がハンドバッグに忍ばせているということも少なくありません。しかもパッケージはキャラクター！

それほどポピュラーな割には、きちんとした装着法を実行している人が少ないのもコンドームの特徴。ある統計資料によると、避妊に失敗した率でコンドームは膣外射精に次いで第4位というデータがあります。左ページのイラストで、しっかりと装着法を身につけてください。

コンドームは装着のときにせっかく盛り上がった気分を冷ましてしまうことがありますが、ちょっとプレイ気分で女性の側が口で装着してあげるといいでしょう。

いまでは種類も豊富で、ゼリーや潤滑剤をたっぷり使った商品や表面にツブツブがついたもの、長時間のプレイを楽しめる厚めのものと、いろいろなタイプがあります。

ときには、いつもと違うコンドームで気分を変えてみては？

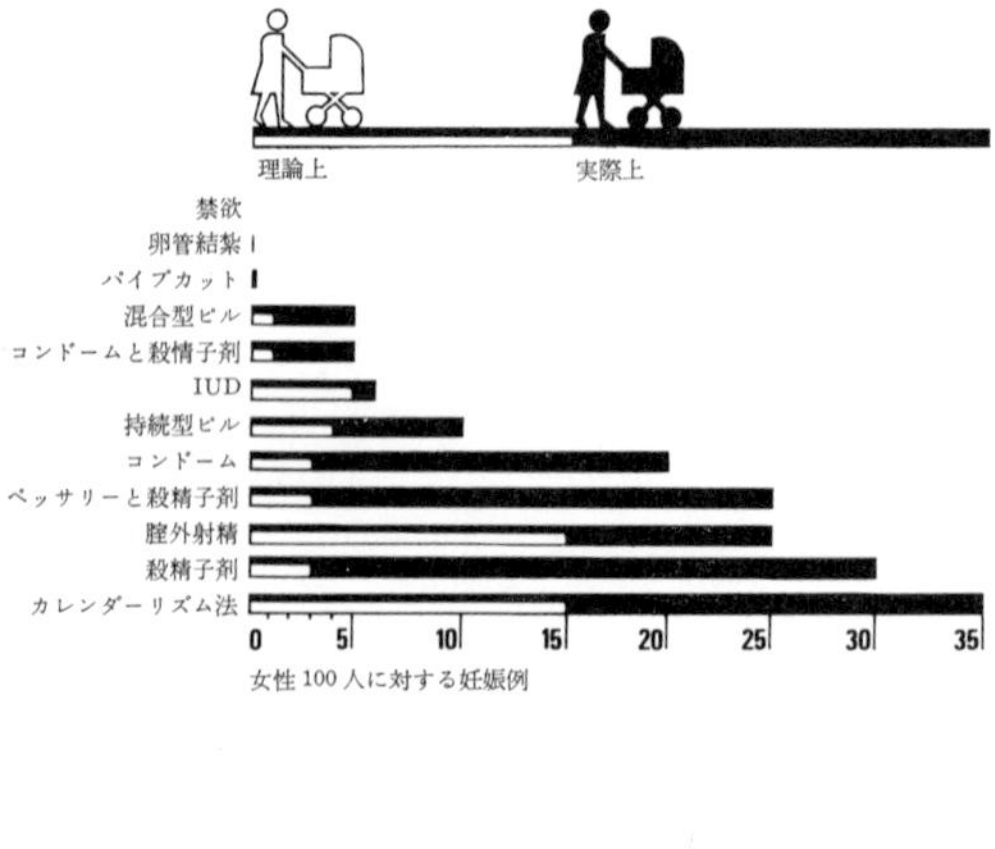

● 男性用コンドームの装着法（手で、口で）

■女性用コンドーム

女性が主体的に選べる避妊法のひとつ。勃起しなくても使えるため、途中で気分がそがれることがなく、コンドームを膣に入れるまでのプロセスを前戯のひとつとして楽しめます。

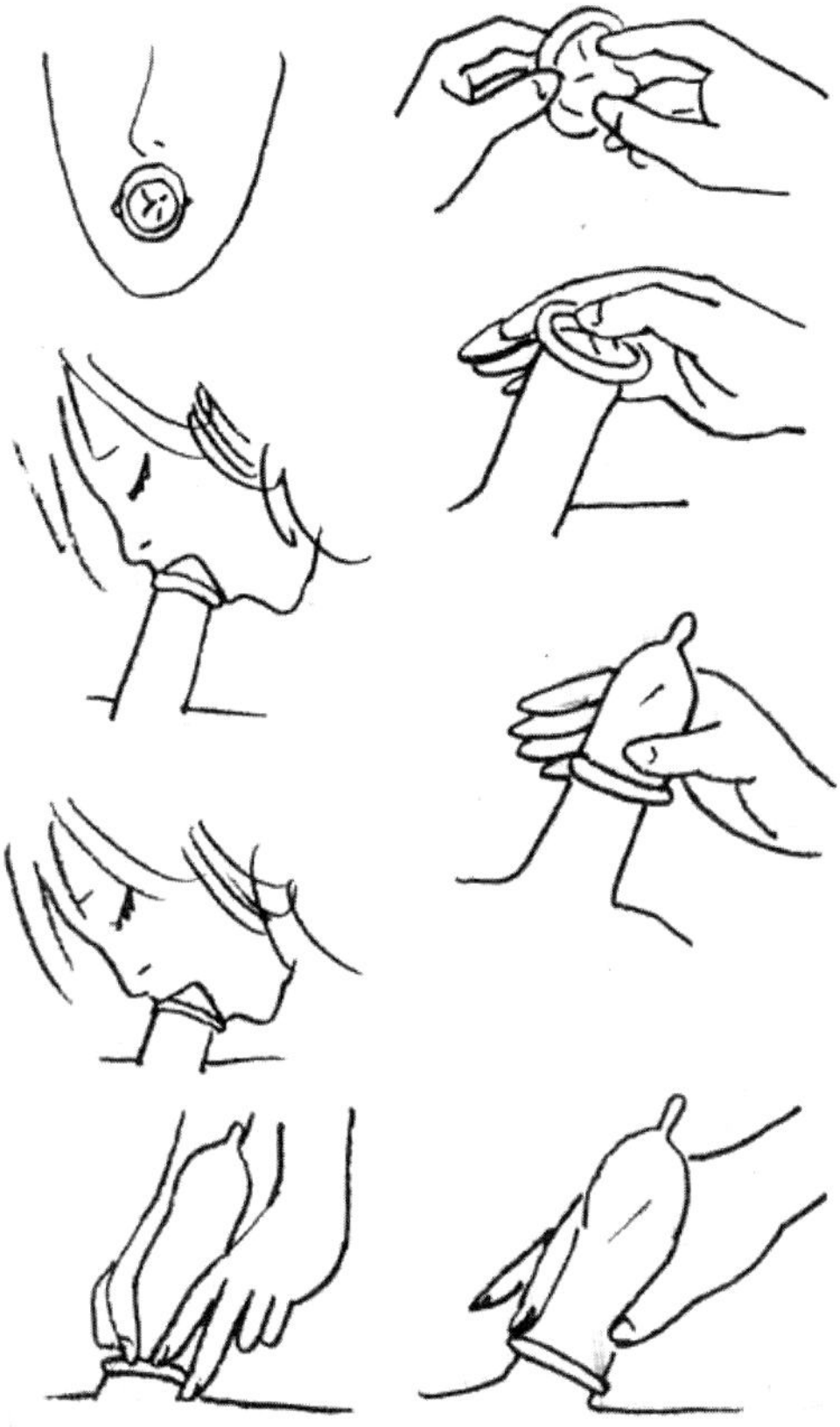

使い方

コツさえつかめば誰でも比較的、簡単に装着できます。うまく装着できるか、試しにつけてみましょう！

手にはバイ菌がいっぱい。まずは手をきれいに洗いましょう！

■マイフェミィ

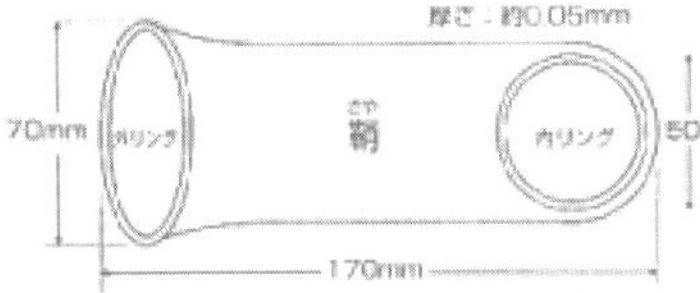

■男性用コンドーム

1 マイフェミィを爪や指輪などで傷つけないよう、袋から取り出します。

2 片足をイスの上に乗せる、ひざを立てる、しゃがむなどして、挿入しやすい姿勢を工夫してください。

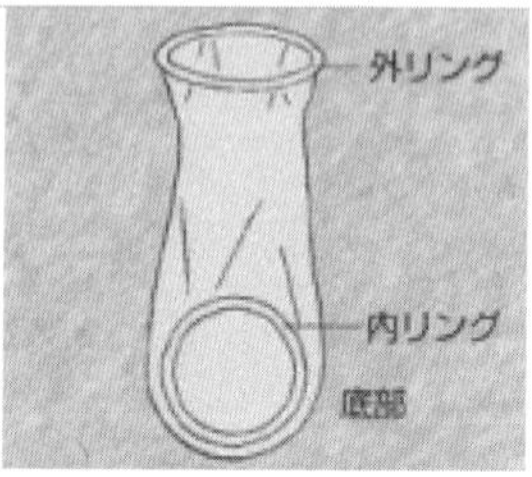

3 取り出したマイフェミィを広げ、開口部を上にして中に入っている内リングを底部に移動させます。
そして、内リングを外側から持ちます。持ち方は次のように2種類あります。

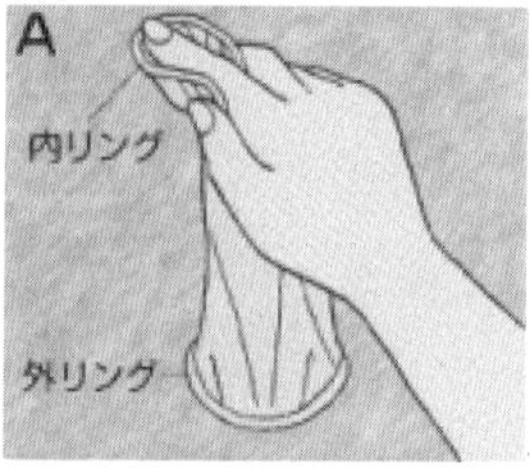

4A 人差し指が内リングの先端にくるように添え、親指と中指で内リングをはさむようにおさえ、内リングを細長くした状態にします。

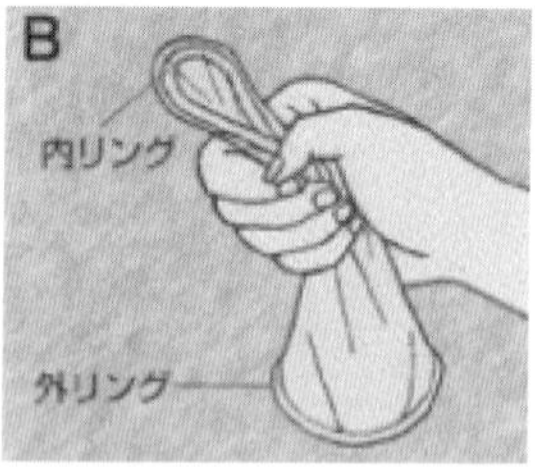

4B 内リングの弾力が強かったり、潤滑剤で滑ってうまく持てない人や、膣内へ指を挿入することに抵抗のある人は、持ち方を変えます。
親指と他の4本の指で内リングを包み込むようにおさえ、細長くした状態にします。

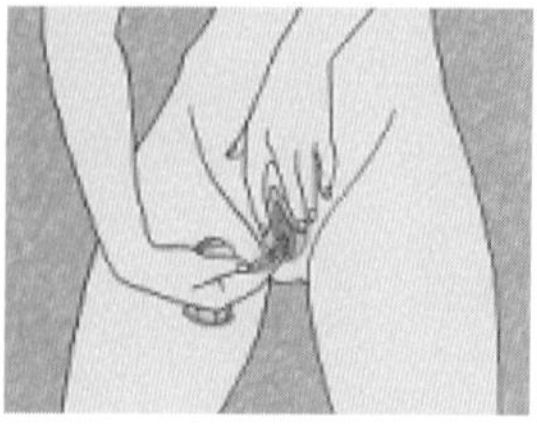

5 マイフェミィを持った手のひらを上に向け、もう一方の手で膣の入口を広げます。
内リングを細長くした状態のまま、膣内へゆっくりと挿入します。

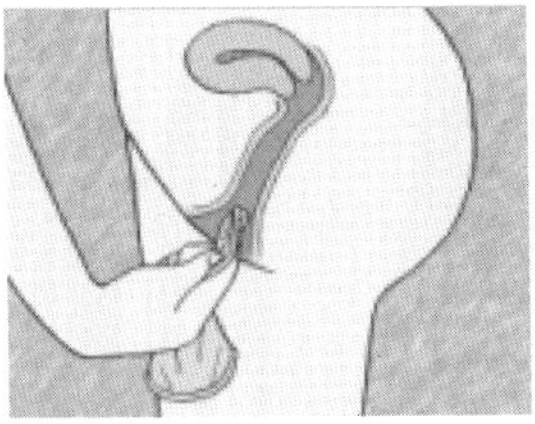

6 マイフェミィを持った手のひらを上に向け、もう一方の手で膣の入口を広げます。
内リングを細長くした状態のまま、膣内へゆっくりと挿入します。

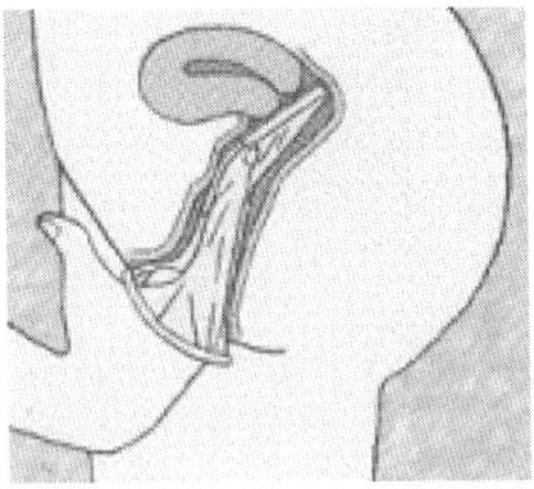

7 内リングの約80%が膣内に挿入されたら、今度は人差し指をマイフェミィの内側から指を入れて内リングを膣の奥まで押し込みます。
人差し指がほぼ完全に第3関節まで膣内に入ったら、そこが正しい位置です。
これで、内リングによってマイフェミィが膣内に固定されました。

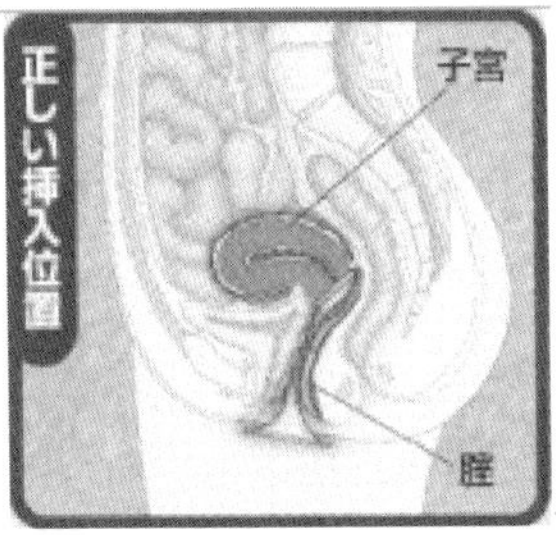

8 マイフェミィの開口部は膣入り口から2〜3cm出ている状態になり、外リングが膣入り口周辺を覆うように広げます。
これで準備OKです。

使用に慣れるまでの2〜3回は、女性の手でペニスをマイフェミィの内側に導いてください。

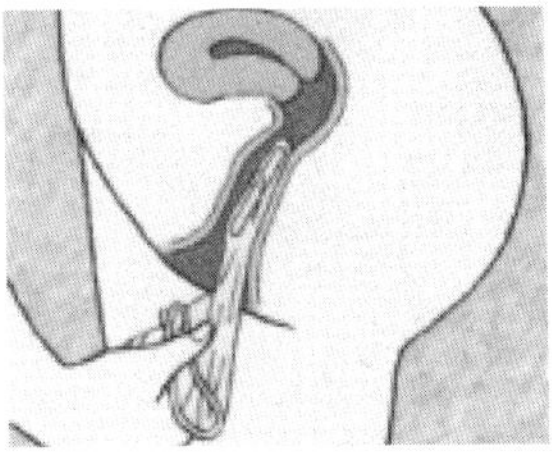

9 性交後は精液がこぼれないように横になった状態で注意深く引き出し、トイレには流さず、ゴミ箱に捨ててください。

女性の性器は男性のように外に出ていないので、むずかしいと感じる人もいるかもしれません。
自分でうまくできないときは、彼に装着してもらいましょう。

IUD（リング）
受精卵の着床を防いで避妊する

IUDはプラスチックなどで作られた小さな器具で、その形状から「リング」とも呼ばれています。

これを子宮内に入れることで、精子と卵子の受精や受精卵の着床が妨げられ、妊娠を防ぐことができます。男性に頼らない女性主導の避妊方法として、世界で約1億人以上の女性が使用しています。

避妊効果が約98％とピルに次いで高いこと、さらに銅を使ったリングの開発で使用者は増えつづけています。

しかも一度装着すれば、2～3年間はそのままでOK、セックスのたびに避妊する煩わしさがないことが、多くの女性に受け入れられている理由といえるでしょう。

IUDは専門医の診断で子宮に合った大きさを選ぶ必要があり、また挿入も医師の手にゆだねなくてはなりません。

人によっては、月経量が増加したり、腰痛や腹痛といった副作用が出る場合がありますから、定期的な医師の診断が必要です。

＊IUDの向く人
● 出産経験のある人
● 次の出産まで間隔をあけたい人
● ピルの使用に適さない人（中高年期の方・喫煙者など）

＊IUDの向かない人
● 出産経験のない人
● 月経量の多い人
● 性感染症にかかる危険性の高い人
● 子宮・性器などに変形・炎症のある人
● 妊娠中または妊娠の疑いのある人
● 子宮がん・卵巣がんの疑い

出産経験のある女性に一番使われているIUDはリップス・ループとサフ-T-コイルです。出産経験のない人にはカッパー7（およびカッパーT）がよく使われています。これはIUDの幹の周辺に銅をつけたもので、銅は避妊効果を高めます。

1 IUDは専門家に入れてもらわなければなりません。麻酔を使う場合もありますが、ほとんどのIUDは薄いプラスチックの挿入器に包まれており、簡単に子宮頚から子宮に挿入できます。月経の直後はとくにスムーズに入ります。

2 子宮内で挿入器をおすとIUDが出てきて子宮内におさまります。挿入は数分間ですみます。挿入時に月経のような痛みを感じる人もいます。わずかに出血し痛みが24時間続くこともあります。

3 IUDにはナイロン製の糸がついていて、その糸は膣にたれ下がります。IUDをつけたら、定期的にこの糸にさわってみて、IUDがぬけ落ちていないか確かめることができます。

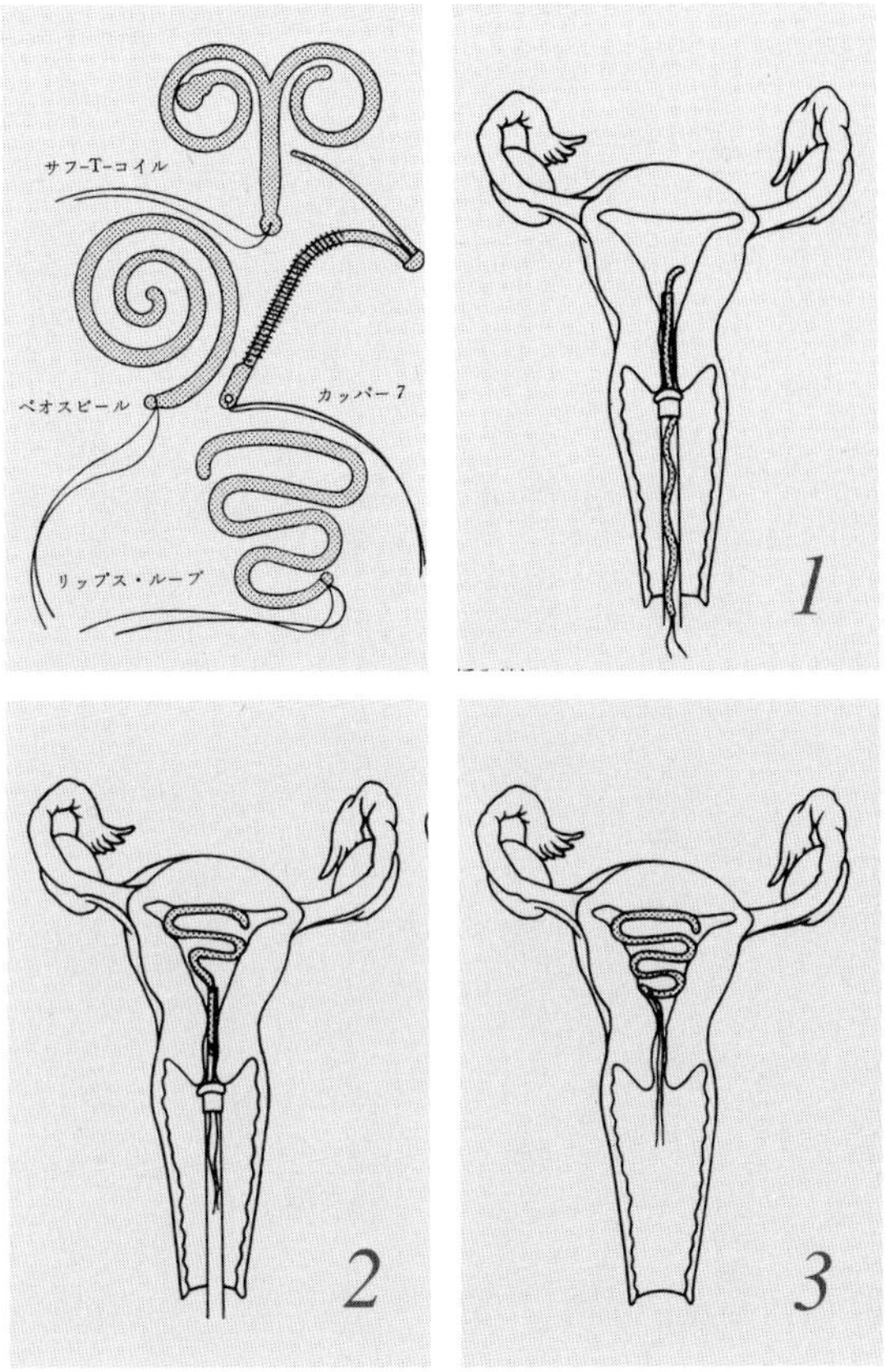

のある人
●子宮筋腫、子宮内膜症の疑いのある人
［長所］避妊効果が高く２〜３年に一度の交換でＯＫ。
［短所］医師によるアフターケアが必要。

ペッサリー

挿入感にスグレ、長所も多い避妊法

ペッサリーはピアノ線を使った円形の輪におわん型のゴムを張った避妊具です。これを子宮口にかぶせることで精子の侵入を食い止め、避妊します。

ペッサリーは子宮口にぴったりと張りつけるため、女性にとっても男性にとっても挿入感にスグレ、違和感がありません。ただ、医師に自分の膣の大きさを測ってもらい、ぴったりサイズを選ばなければいけません。装着が比較的難しいのと、入手しにくいこともあって、現在の日本での使用度はかなり低くなっていますが、長所も多い避妊法です。

（1） 女性の主導で使える
（2） 避妊ゼリーと併用することで避妊効果が高い
（3） 副作用がない
（4） 正しく使えば3年はもつ

などです。

■ペッサリーの装着

（1） まずペッサリーを塗って、ペッサリーの両側に避妊ゼリーを塗って、人差し指を中央に当て、二つ折りにして膣に挿入します。
（2） 子宮口に突き当たったら指を離し、ペッサリーの端を恥骨の裏のくぼみにひっかけるようにして固定します。
（3） 正しく装着されたかどうか確認します。
（4） 取り外すときはペッサリーの縁に指をかけ、とりはずします。
（5） はずすときはセックスの後、6～8時間たたないとゼリーで精子が死滅しない可能性があります。

【長所】 女性の意志ででき、挿入感が優れている。
【短所】 手軽に入手できない。

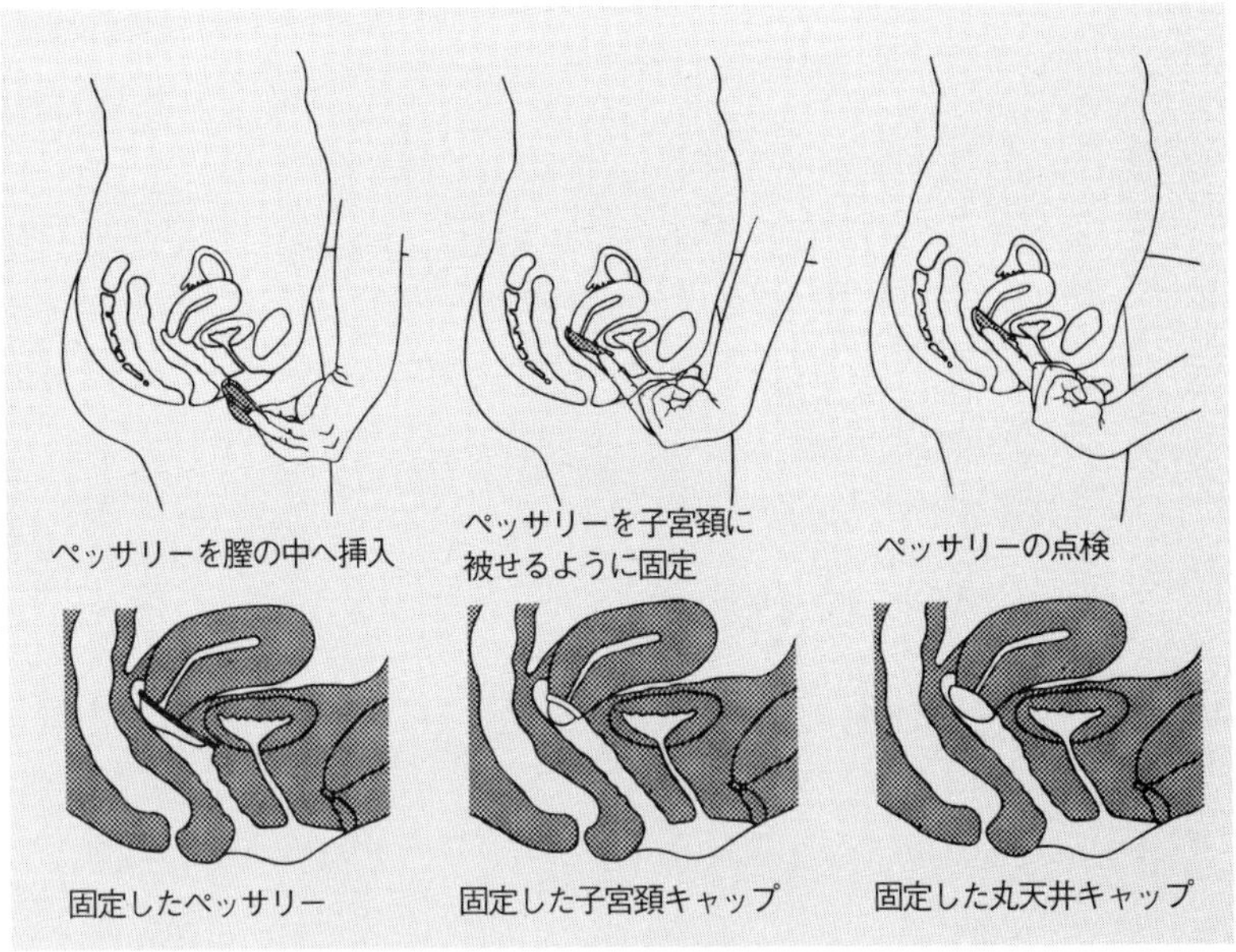
ペッサリーを膣の中へ挿入
ペッサリーを子宮頚に
被せるように固定
ペッサリーの点検
固定したペッサリー
固定した子宮頚キャップ
固定した丸天井キャップ

● ペッサリー挿入の基本

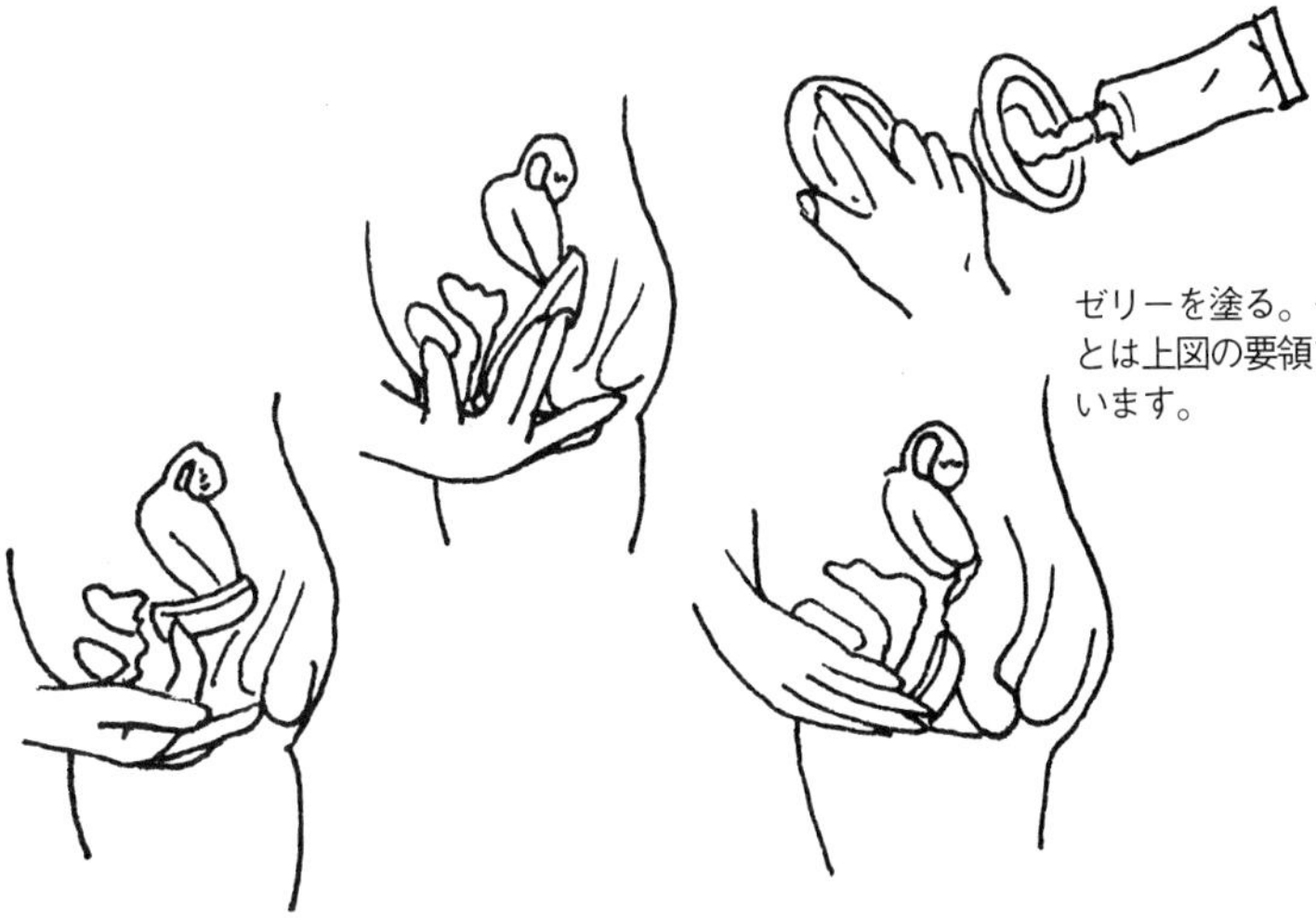
ゼリーを塗る。そのあ
とは上図の要領で行な
います。

避妊フィルム

単独使用は不安が残るが女性主導で避妊する

膣の奥に挿入して子宮への精子の侵入を防ぐというところは、ペッサリーに似ています。

でも、医師の診察という面倒はなく、誰でも薬局で手に入れることができる手軽さもあります。

形は5センチ四方ほどのペラペラとしたフィルム状。ペッサリーと違って、フィルム自体で精子の侵入を防ぐのではなく、フィルムに調合された殺精子剤が有効に働くという仕組みです。

溶剤が溶けるまでに時間がかかるので、少なくともセックスの10分ほど前には挿入しておくべきです。また、前戯などで膣内部が濡れていると、べたついて挿入しにくくなります。挿入してしまうと避妊効果が2時間ほど持続するのもメリットのひとつでしょう。

挿入法はイラストで説明してありますが、まず小さく折り畳み、指先ではさんで膣の奥まで挿入します。

きちんと奥まで挿入しないと有効に作用しないことがありますから注意してください。

また最近、フィルムに含まれる成分が使用後も体内に残留し、肝臓への影響、発がん性などの問題につながるという指摘もされています。

使用するときは、こうした情報にも注意を向けましょう。

【長所】 手軽で効果時間が長い。

【短所】 単独の使用には不安が残る。

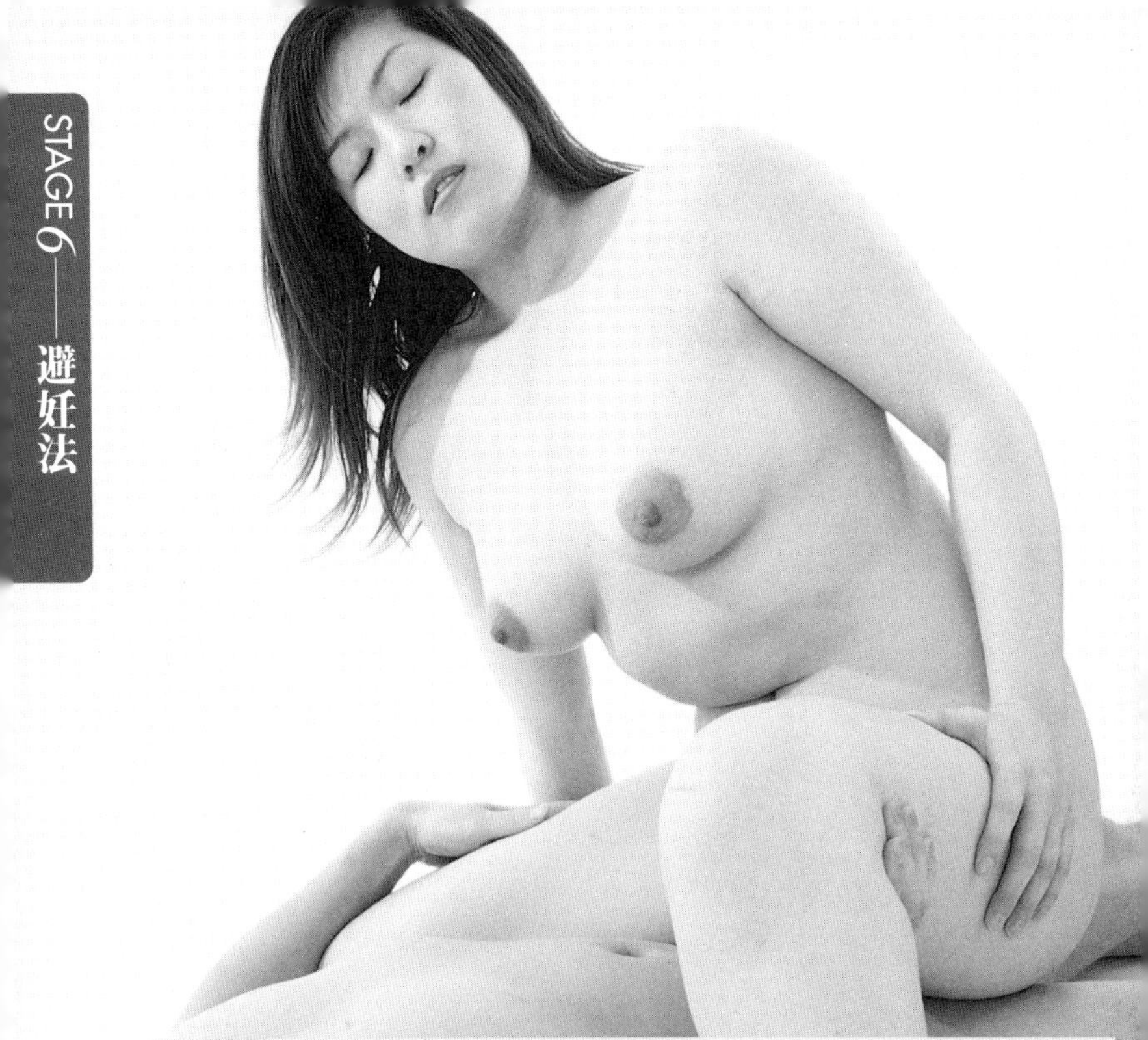

避妊フィルムの使い方

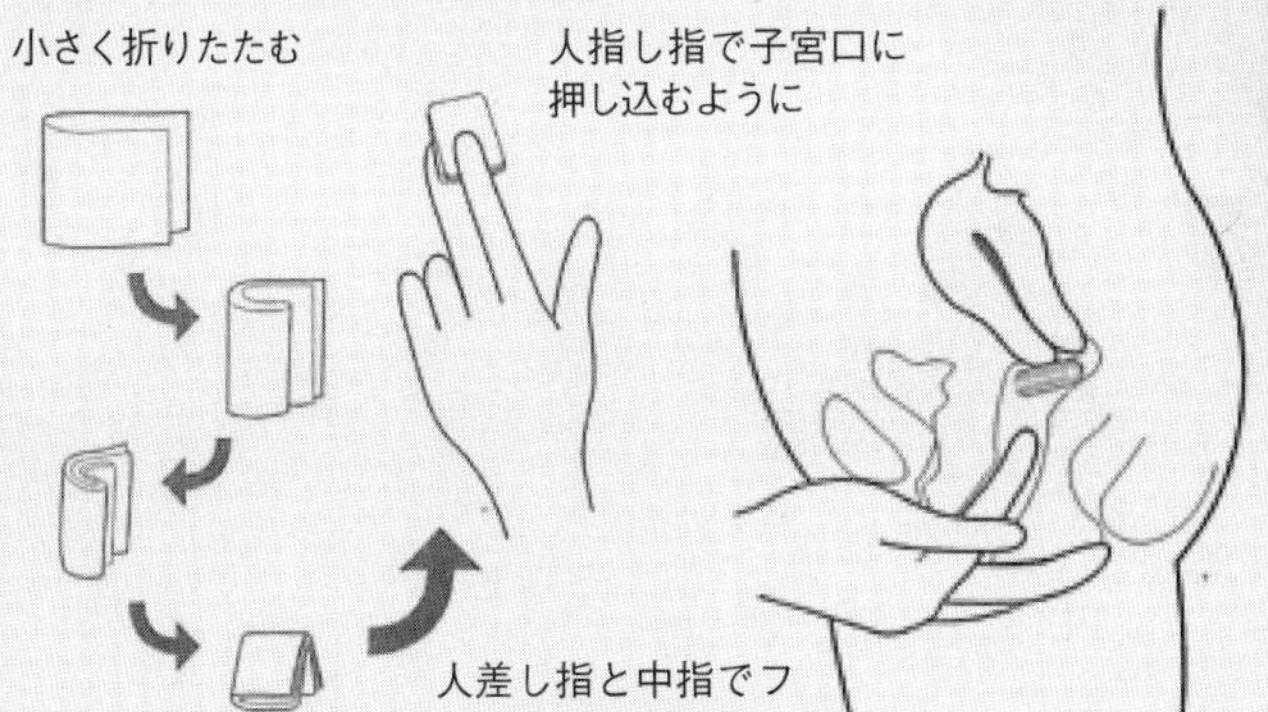
ィルムをはさみ膣内
に挿入

ゼリー・発泡剤
騎乗位はダメだけど手軽な避妊

■ゼリー

ゼリーは精子を殺す殺精子剤をゼリー状にしたもので、薬局で手に入ります。これを注入器を使って膣内に注入するという方法です。

扱いはかんたんですが、注入後にいくつか注意しなくてはいけない問題があります。

●注意点

(1) セックスの時間　ゼリーの効果は注入後5分ほどたってから現れ、持続するのは30～60分です。

せっかくゼリーを注入してもペニスを挿入してからの時間が長すぎると、途中でまた注入しなければなりません。

(2) 姿勢　立ったり、膣口が下を向くような姿勢ではゼリーが流れ出てしまい効果がなくなります。当然、セックスの体位も制限されます。騎乗位や座位は向きませんし、激しいピストン運動もゼリーを体外に流出させてしまうのでバツ。

■発泡剤

ゼリーと同じ殺精子剤として発泡性の錠剤があります。こちらは固形ですから、指でかんたんに膣に挿入することができます。

錠剤は水分と出会うと炭酸ガスを発生して溶けるようになっています。そのとき細かい泡が発生し、それが膣内を満たすことで精子を殺すわけです。愛液の多い人なら2分くらいで、少ない人は10分ほどで溶けてきます。

ということは、つまり錠剤が働くためには膣内が十分潤っている必要があるということになります。たっぷり前戯に時間をかけてから挿入する方が効果的です。

また、ゼリー同様に効果の持続時間は20〜30分なので、セックスが長引くときは途中で錠剤を入れなおす必要があります。

【長所】入手がかんたん。

【短所】体位を制限される。

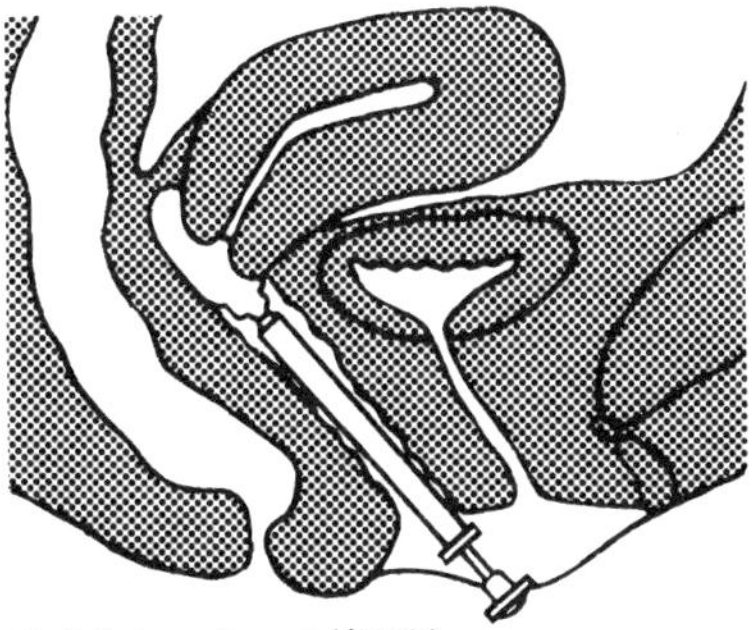

アプリケーターの使用法

100%確実、120%愛を楽しめる避妊

ピルは黄体ホルモン（プロジェステロン）を主体にして、卵胞ホルモン（エストロジェン）を配合した錠剤です。これら女性ホルモンの作用を利用し、疑似妊娠状態をつくることで排卵そのものを止めてしまうので避妊効果が高く、しかも女性が主体的にできる避妊法といえます。

妊娠をしたいときは、ピルの服用をストップするだけで排卵が再開します。つまり、思わぬ妊娠で人生設計を狂わされることなく、女性が主体となって避妊し、希望した時期に妊娠するという選択が可能になったわけで、女性自身の生き方をサポートする避妊法ということができます。

日本では一九九九年にやっと認可されましたが、世界では一九六〇年に認可されて以来９０００万人の女性が使用しています。

■ピルの種類

日本で認可されている低用量ピルには12種類ありますが、そのほとんどは同一成分で実質的には4種類です。ピルには、いろいろな分類の仕方があります。

（1）ミニピルと混合ホルモン剤

排卵後や妊娠中に多くなる黄体ホルモンだけで作られたのがミニピル。黄体ホルモンと卵胞ホルモンを合わせたものが混合ホルモン剤で、日本で使われているのは、ほとんどどこの混合ホルモン剤です。

卵胞ホルモンは黄体ホルモンの効果を高めるだけでなく、子宮内膜が剥脱しないようにする役目を果たします。

（2）低用量ピルと中・高用量ピル

ピルの副作用は、多くが卵胞ホルモンによって起きています。そこで、なんとか卵胞ホルモンの用量を抑えようと工夫されたのが中用量ピルです。卵胞ホルモンを50μgまで抑えたものを中用量ピル、50μg未満のものが低用量ピルです。50μgを超えるものは高用量ピルということになります。

(3) 一相性ピル、二相性ピル、三相性ピル

ピルには21錠のものと28錠のものがありますが、28錠のものは、そのうち7錠が偽薬です。つまり、飲み忘れのないようにわざわざ偽物をセッティングしてあります。

この21錠の成分がすべて同じものを一相性ピルといいます。後半に黄体ホルモンの量が2倍になるなど二段階に変化するのが二相性ピル。ホルモンの作用をさらに穏やかにするため三段階に変化させたものが三相性ピルというわけです。

■ピルの副作用

ピルはホルモンバランスを人工的に変えるため、飲み始めの1カ月ほどは、吐き気やだるさ、頭痛、乳房の張り、不正出血、肥満などの症状が出ることがあります。しかし、ほとんどの場合、飲みつづけることで改善されるものです。

また、次のような症状を経験した人はピルは控えた方がよいでしょう。

不正出血　乳がんおよび生殖器がん
高血圧　心臓病　血栓症

さらに年齢35歳以上で、タバコの量が多い人も避ける方が賢明です。

【長所】完璧な避妊ができ、女性が主体的に使える。
【短所】肝臓や胃腸への負担がある。

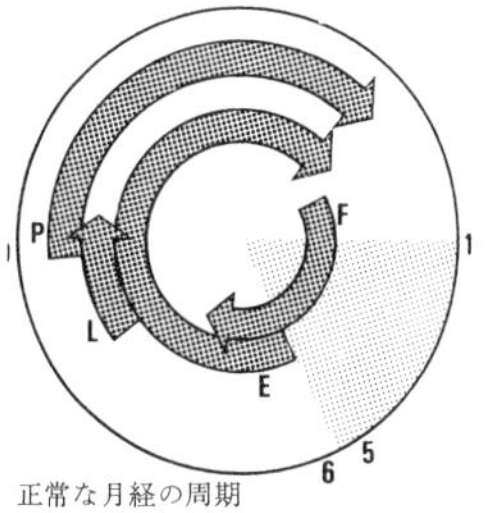

正常な月経の周期

月経
ホルモン
F　FSH
E　エストロゲン
L　LH
P　プロジェステロン
O　排卵（およそ15日め）

ノルプラントデポ・プロベラ
日本で認可されていない新しい避妊

■ノルプラント

2ミリ四方ほどの軟らかいカプセルを腕の皮下に挿入します。カプセルの中に入っているる黄体ホルモン（レボノルゲストレル）が徐々に放出され、非常に高い避妊効果が長期にわたって維持されます。

エストロゲン（卵胞ホルモン）が入っていないため、35歳以上の喫煙者や授乳中の女性など、エストロゲンを摂取できない女性も使うことができます。

【長所】一度挿入すれば5年間避妊効果が持続

【短所】装着・取り外しには部分麻酔をして皮膚の一部を切開する必要があります。

■デポ・プロベラ

プロゲスチンのみのホルモン注射で、3カ月に1回、医師によって投与されます。ノルプラントと同じようにホルモンを体内に取り込むことによって、排卵を抑制します。これもエストロゲンが入っていないので、ノルプラントと同じように35歳以上の喫煙者や授乳中の女性など、エストロゲンを摂取できない女性も使うことができます。

1回注射をすると3カ月間、避妊効果が持続します。

【長所】月経痛の軽減などの効果があり、子宮がん、卵巣がんのリスクが減るといわれています。

【短所】使用を停止した時点で副作用がなくなるピルやノルプラントと違い、3カ月間副作用が続きます。

■ルネル

二〇〇二年十月にFDAから許可が出たばかりの、アメリカでも新しい避妊法です。これまでデポ・プロベラのようにジェスティンというホルモンを3カ月ごとに注射する方法はあったのですが、ルネルはエストロゲンとプロゲスティンの2種類のホルモンが入った注射で、1カ月に1回注射します。

【長所】ピルで心配される血栓症がルネルではないとされています。

【短所】　エストロゲンの入ったピルと同様、35歳以上の女性、タバコの量の多い人などは使えません。

■緊急避妊法

レイプ被害に遭遇したとか、セックスの際、避妊しなかったり避妊に失敗したなどの場合に、高用量のホルモン避妊薬を服用することで妊娠を回避する方法です。

いわゆるモーニング・アフターピル、性交後避妊とも呼ばれています。

緊急避妊ピルは性交が行なわれてから72時間以内に使用する高用量のものです。利点としては望まない妊娠を回避することができること。欠点は使用する前に、すでに妊娠している可能性があり、その点をどうクリアするか心の問題が残ること。

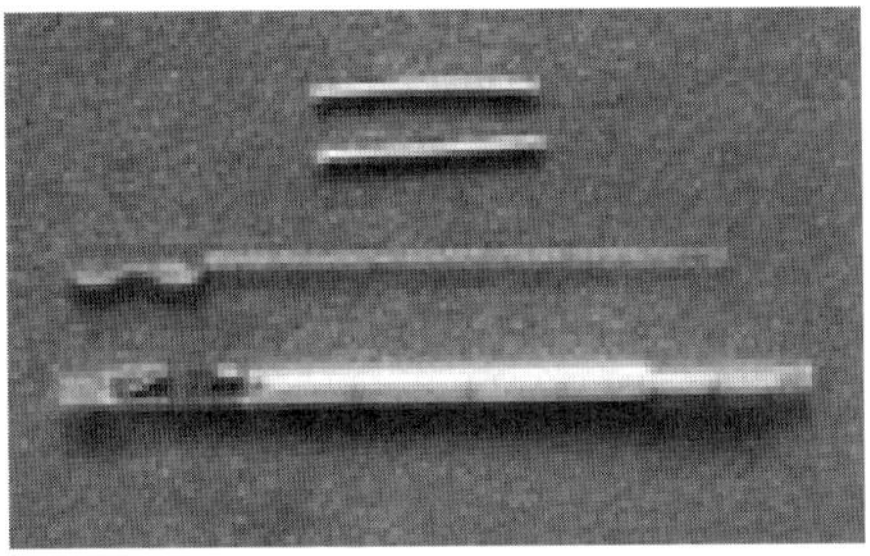

ノルプラント

体位・その他
妊娠しやすいセックス

多くの専門家は正常位が一番妊娠する確率が高いと見ています。

というのは、この体位がもっとも深く挿入できるので、精子を子宮頚管の近くまで送り込めるからです。

もっとも、実際の経験報告では後背位で女性が膝をついて腰をあげた体位も効果的なようです。

これも精子を子宮頚管の近くまで送り込むことができるからです。同じように横からのいわゆる側位も楽にリラックスしてセックスを楽しめるだけでなく、やはり精子の子宮頚管への送り込みが効果的になります。

■オーガズムとの関係

あたりまえのことですが、受精するためには男性のオーガズムが不可欠です。

それでは女性はどうでしょうか？　やはり女性のオーガズムも影響する可能性があるというのが最近の研究結果です。

女性がオーガズムに達することにより、ペニスをしごきあげ、より膣奥へと送り込もうとすることで精子を子宮頚管近くに送り込みやすくします。

またオーガズムの後はしばらくぐったりとしてじっとしているものですが、これも受精に効果的。できれば腰枕をしてじっとしていると、多くの精子が子宮に向かって流れやすくなるので、さらに効果的です。

■妊娠しにくい体位

座位や騎乗位、または立ったままのセックスは精子をたくさん送り込めないので、妊娠したい人には不向きです。

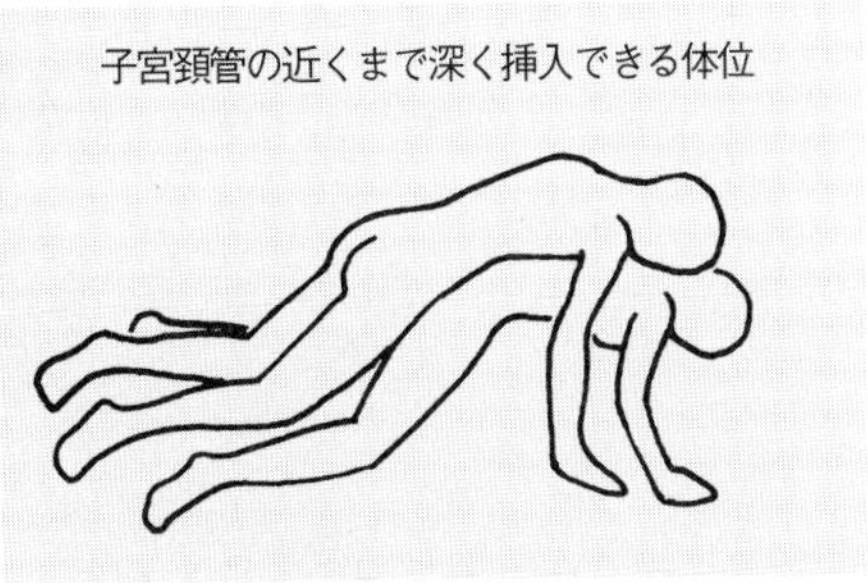
子宮頸管の近くまで深く挿入できる体位

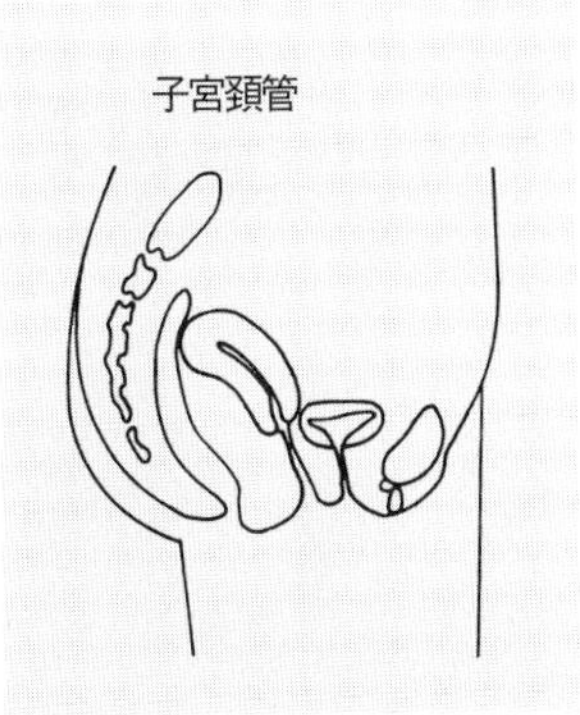
子宮頸管

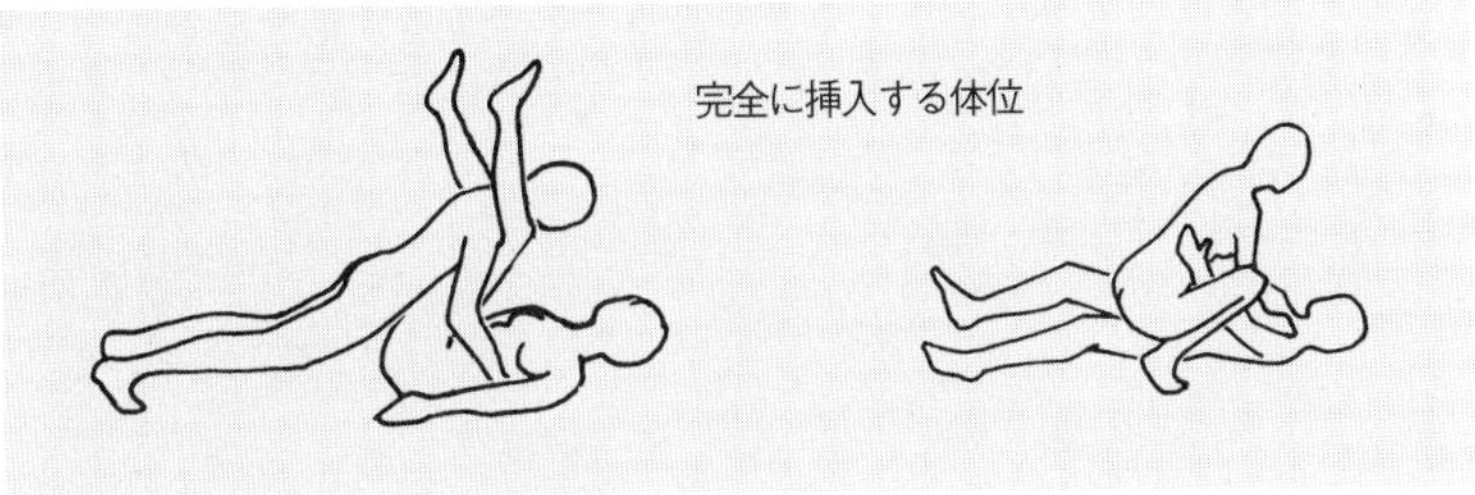
完全に挿入する体位

妊娠中のセックス
9カ月までは楽しめる体位

ふだんでもそうですが、妊娠すると男性と女性ではセックスに対する受け止め方が変わってきます。男性はふだんと変わりませんが、女性はなによりもお腹のなかの赤ちゃんを大切に考えます。

なかには妊娠期間中、セックスはいっさいなしにするという極端な人もいます。たしかに赤ちゃんにとってはいちばん安全ですが、これでは夫婦のコミュニケーションが危機にさらされかねません。

実際、妊娠を契機にセックスレスになってしまうカップルもいます。

女性にとっても緩やかなものなら、むしろ精神的な安定のためにいい効果があるといえます。

■腹部を圧迫せず、あまり深く挿入しない体位を

3カ月までの妊娠初期は、まだ胎盤ができていませんから、非常に流産しやすい状態です。あくまでお互いに思いやりのある優しいセックスを心がけましょう。

4〜7カ月の妊娠中期になると安定してきますから、普通なら流産の心配も少なくなります。初期より回数も増やしてOKですが、ただこの時期には腹部への圧迫がないような体位を工夫してください。

8カ月以降の妊娠後期には、かなりお腹もふくらんできます。やはり腹部を圧迫しない体位を選び、回数も減らした方が安全。臨月に入ってからは、早産や感染の危険が高くなります。通常のセックスは我慢し、女性がフェラチオや手による愛撫で男性を満足させてあげるといいでしょう。

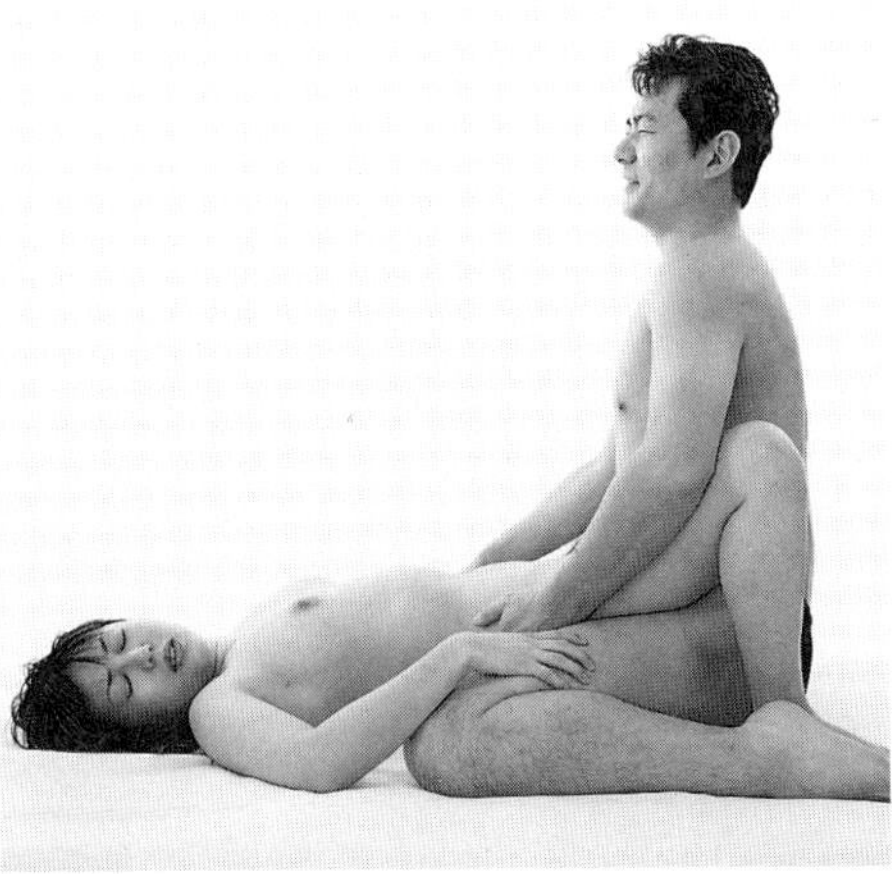

腹部を圧迫しない思いやりのある
やさしいセックスを

出産後のセックス

女性が挿入の角度と深さをコントロールできる体位で

　出産後の女性が普通の体をとりもどすまでは、男性が想像する以上の時間がかかります。まず、このことを二人で十分に話し合う必要があります。

　医師は一般的に出産から6週間たてば「セックスOK」の許可を出します。

　でも、これで完全にだいじょうぶという女性は、むしろ少ないもの。

　とくに帝王切開や会陰切開術を受けた女性は、出産後しばらくたっても膣の入り口や陰唇に引きつるような痛みを感じることがあります。

　男性の理解を得ないままセックスをつづけると、これが原因でセックスレスや忌避につながることになりかねません。

■出産後のセックスに適した体位

　膣や陰唇などの痛みを避けるためには、正常位など奥まで深く挿入される体位は向いていません。

　基本は、角度や深さを女性がコントロールできる体位です。

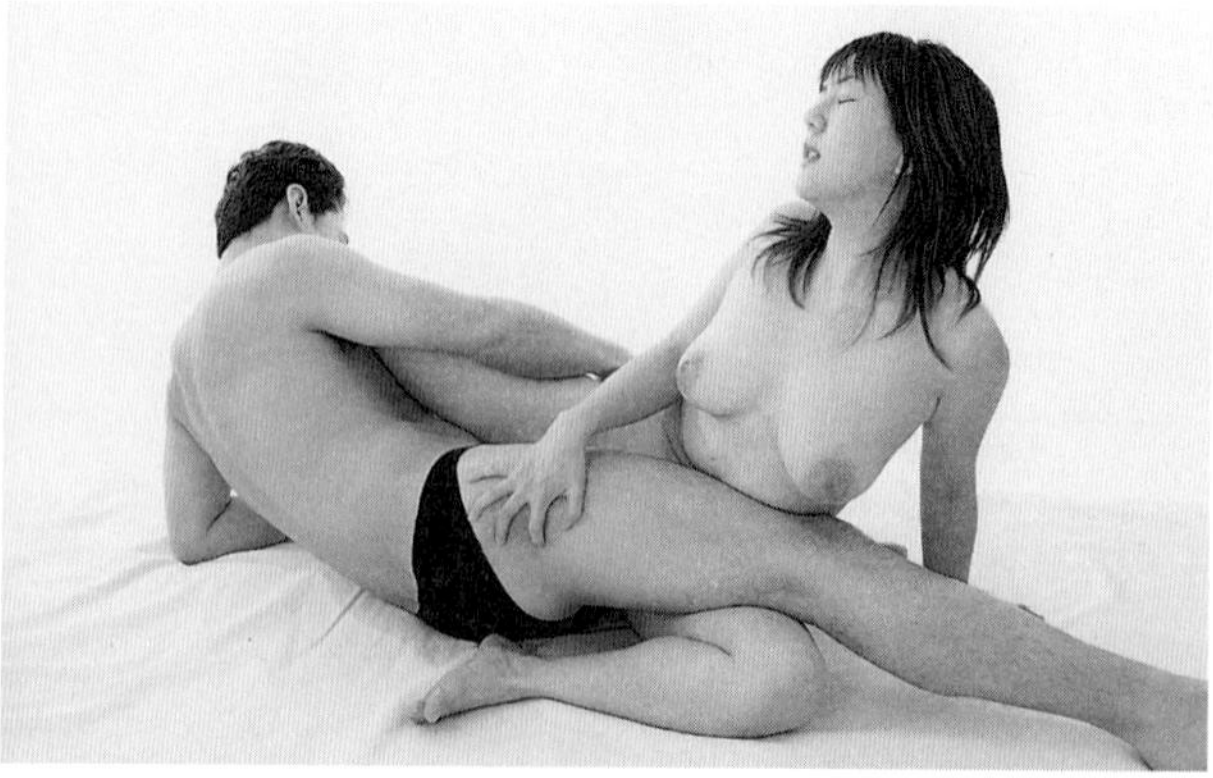

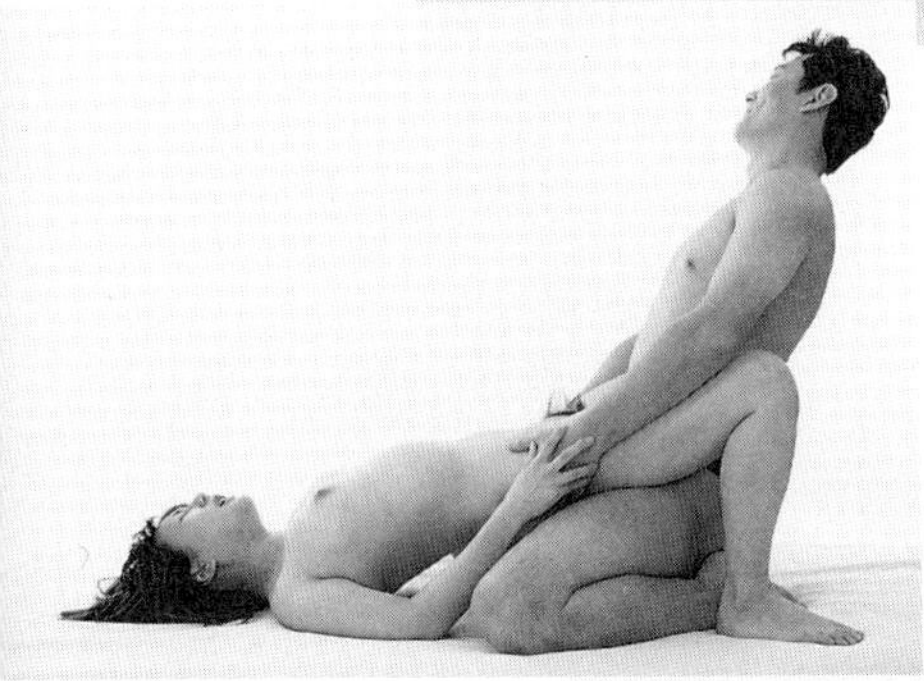

女性が自分でコントロール
できる体位で、
おだやかなセックスを

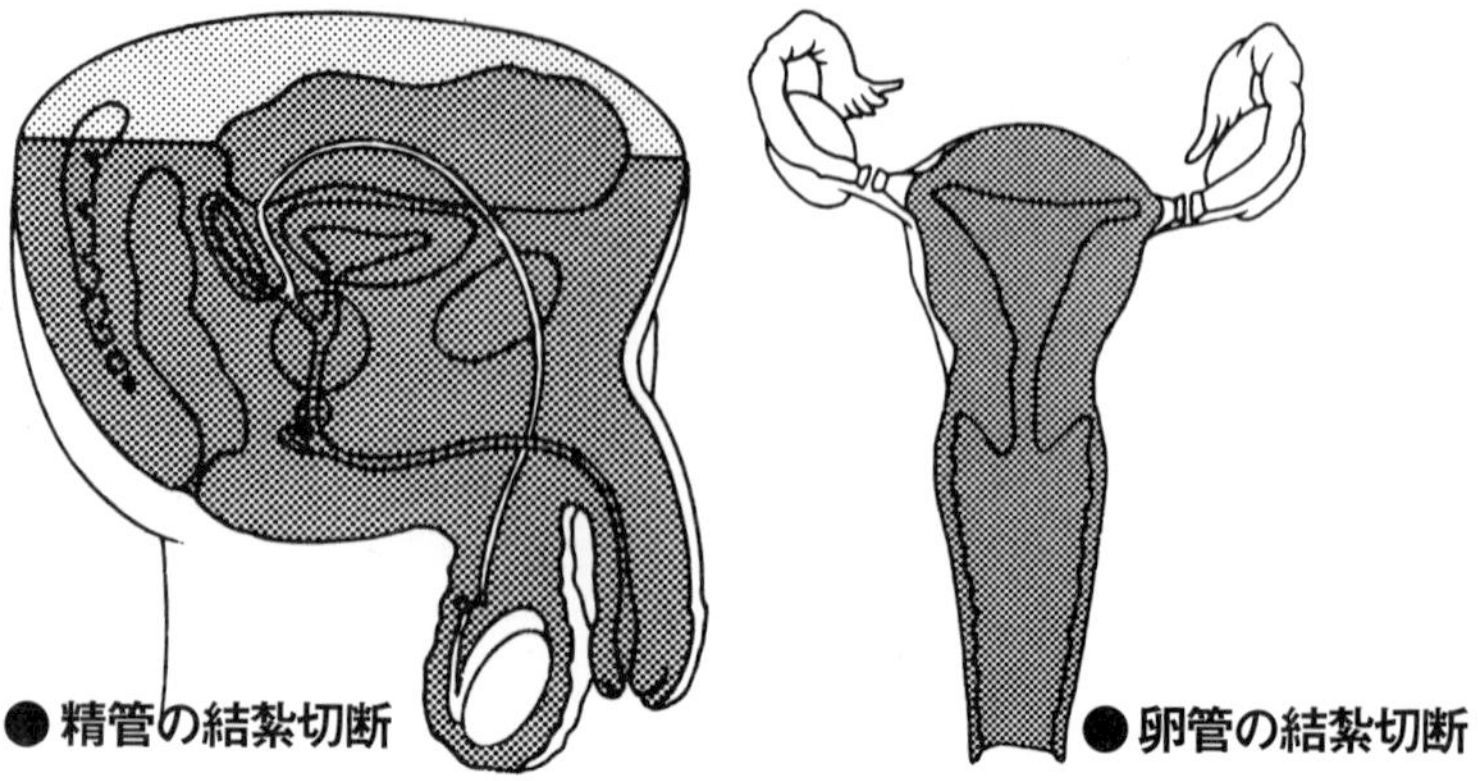

男性と女性の簡単な不妊手術

男性の場合は、パイプカットがいちばん簡単で安全な方法です。

精管を切って結びますから、射精された精液には精子が含まれることはありません。

この手術をしても性欲やオーガズム、射精能力が衰えることはなく、普通30分くらいの簡単な手術ですみます。

女性の場合は、基本的に卵管を切って結ぶか卵管をすべて切り取ってしまうことになります。

いちばん多く行なわれている方法は卵管結紮で、やはり管を結んで卵子を通さなくする方法です。

ほかにも内視鏡法とか子宮の摘出もありますが、いずれの方法でも、月経や性的に無関心になったりすることはありません。男性、女性にかかわらず、手術しても変化のないのが共通しています。

ただし不妊手術は、「これ以上子供はいらない」という明確な意思を持って臨むべきで、曖昧な気持ちで行なうべきものではありません。

なぜなら、手術後に再生、復活させるのはとても難しいからです。

STAGE 7 それぞれの性の「悩みとこわい病気」

冷感症・不感症

本当の姿をみつめて克服しよう

冷感症は、性への興味や関心はもちろん、欲望さえも持たないという症状をいいます。セックスに対しては、ただ拒否と嫌悪感を見せるだけというケースで、医学的には極めて稀といわれています。

より身近な問題は不感症です。これは一言でいえばオーガズムに達しないことで、自分は「不感症ではないか」とひそかに悩んでいる人、あるいは自分のオーガズムに対して懐疑的な人は相当数に上ると思われます。

事実、さまざまな意識調査の結果では、平均して半数以上の女性が「オーガズムを得たことがない」と答えていますし、なかには75%というデータもあります。

そのデータにしても、臨床的にオーガズムを計数化したものはほとんどありませんから、あくまで主観的でしかありません。

なかには実際にオーガズムを得ているにもかかわらず、「まだ、もっと素晴らしい感覚があるのではないか」と追い求めている人がいますし、一方では「セックスを楽しめれば、それでいい」という人もいます。いずれにしても、「自分は不感症だ」と決めつけるべきではありません。

もし、そうだとしても、不感症はトレーニングしだいで十分治すことができます。

不感症を克服するには、
自己開発と、愛のある彼の
協力が必要です

インポテンツ

そのおもな原因とじょうずに克服する方法

ED、いわゆる勃起障害の男性は日本だけで980万人いるといわれています。アメリカの統計では40歳で5%、65歳以上では15~25%に勃起障害が見られます。

原因としては男性ホルモンの低下、神経疾患、血管障害などのほか、心理的要因があげられます。

前者については専門医の治療で、かなり改善されますが、厄介なのは心理的要因。これは医師の手を借りても改善は難しく、自分で心理面をコントロールしていく以外に有効な方法はありません。しかも若い男性にこの種の勃起不全が増えていることに問題があります。そうした男性と結婚したり、恋愛関係になった女性の悩み相談も急増しています。

たとえばオナニーやフェラチオでは勃起し、射精もできるのに女性の膣に挿入すると、とたんに勃起不全になるという男性もいます。

こうしたケースではカップルでリラックスしてトレーニングをし、時間をかけて対処する必要があります。

機能的な不全に対する治療としては次のようなものがあります。

(1) **内服薬** 代表的なバイアグラのほかに、ヨヒンビン、フェントラミン、トラゾドンなど。

(2) **VCD** ペニスの根元で静脈を圧迫し、人工的に勃起状態にする方法。

(3) **海綿体注入** パパベリン、フェントラミン、プロスタグランディンE1などを海綿体に直接注入する方法

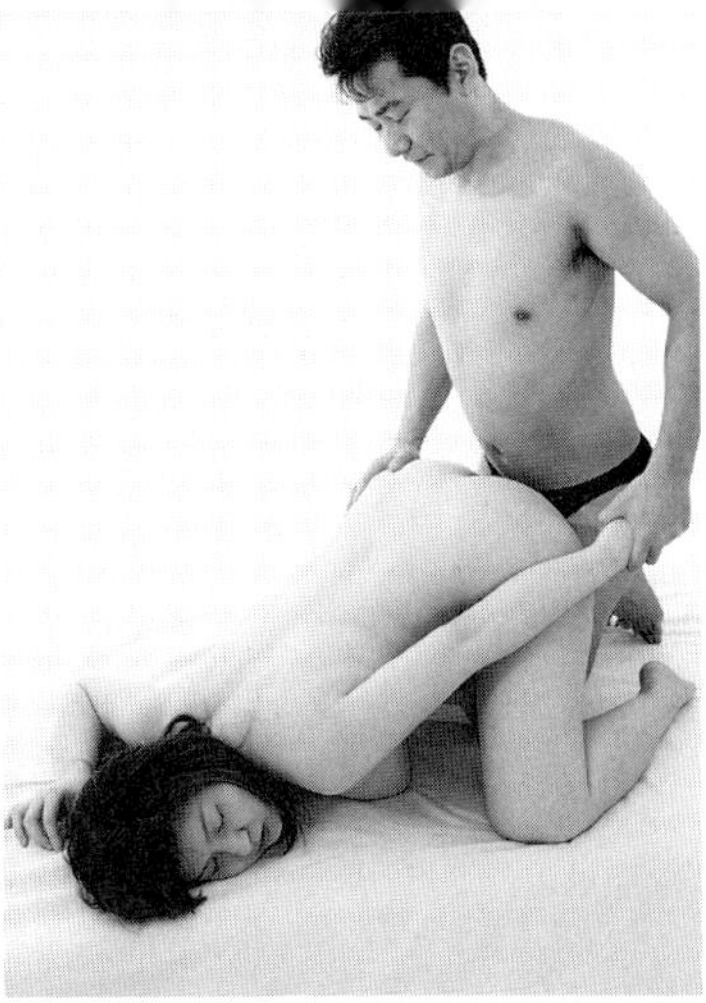

勃起し挿入してのちは、男性の視覚を刺激し続ける体位がポイントになります

a）一般男性のテストロン産生の変化

男性ホルモンが青年期にはピークに達しますが、老年期に向かってかなりのスピードで低下していきます。

b）インポテンツに悩む男性の変化

年齢とともに精子産生や勃起、射精といった機能は低下するのがわかります。とくに老年期になると急増します。

a） 一般的男性のテストステロン産生の変化

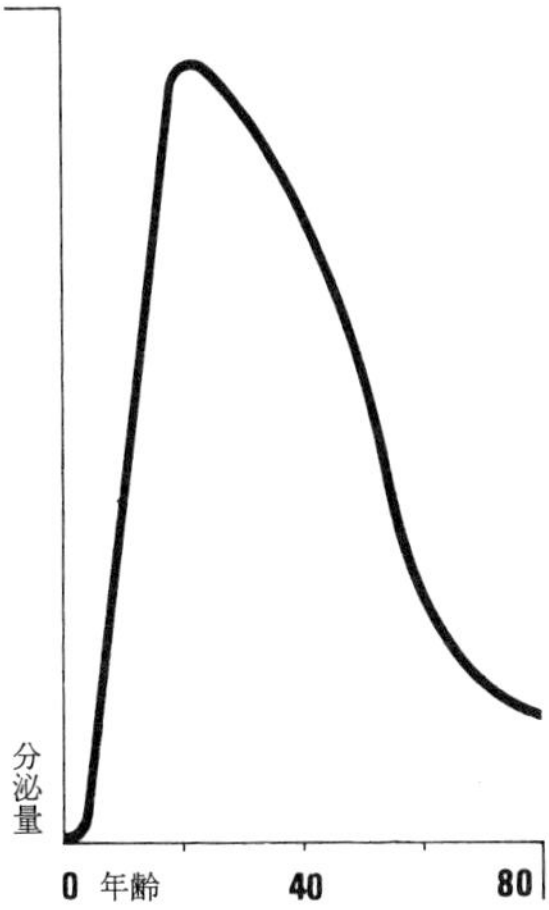

b） インポテンツに悩む男性の変化

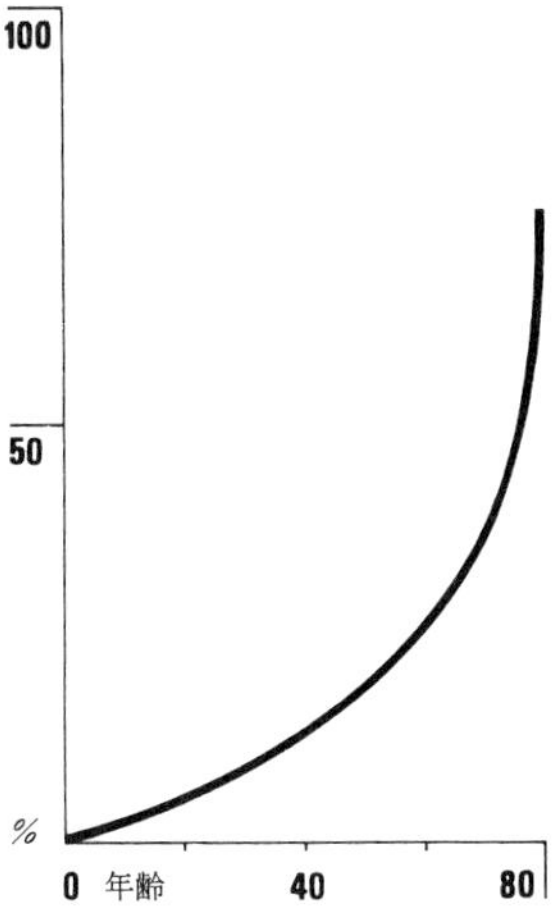

STD
いま身近で増えている見えない性行為感染症

かつて梅毒、淋病などのいわゆる四大性病といわれるものは、ある程度限定された環境で感染するもので、しかも比較的はっきりと症状の出るものでした。しかし一九九〇年代から急激に増えてきたＳＴＤは、夫婦などのカップルにまで広がる勢いを見せています。

しかも、これといった自覚的な症状が出ないものもあり、それが爆発的に広がる原因にもなっています。もうひとつの問題は、四大性病にはペニシリン治療が有効でしたが、最近のＳＴＤは一部を除いてペニシリンなどの抗生物質が効かないということです。

なかには放置しておくことで深刻な問題を引き起こすケースもありますから、もっと危機感を持って対処する必要がありそうです。

■クラミジア感染症

【症状】　きわめて症状が軽く、感染症例の5人に1人しか症状が出ません。たとえ症状が出ても、女性で排尿時の痛み、軽いおりもの、軽い不正出血や下腹部痛ていどで、医師でさえ見落とすことがあります。

感染した男性は、やはり排尿時の痛み、ペニスからの分泌などの症状があります。

【トラブル】　骨盤内炎症疾患、不妊、感染した母親から生まれた新生児に肺炎、中耳炎などが起こりやすい。

【治療】　抗生物質のテトラサイクリンやドキシサイクリンの服用で完治。

日本におけるSTD患者の推移1

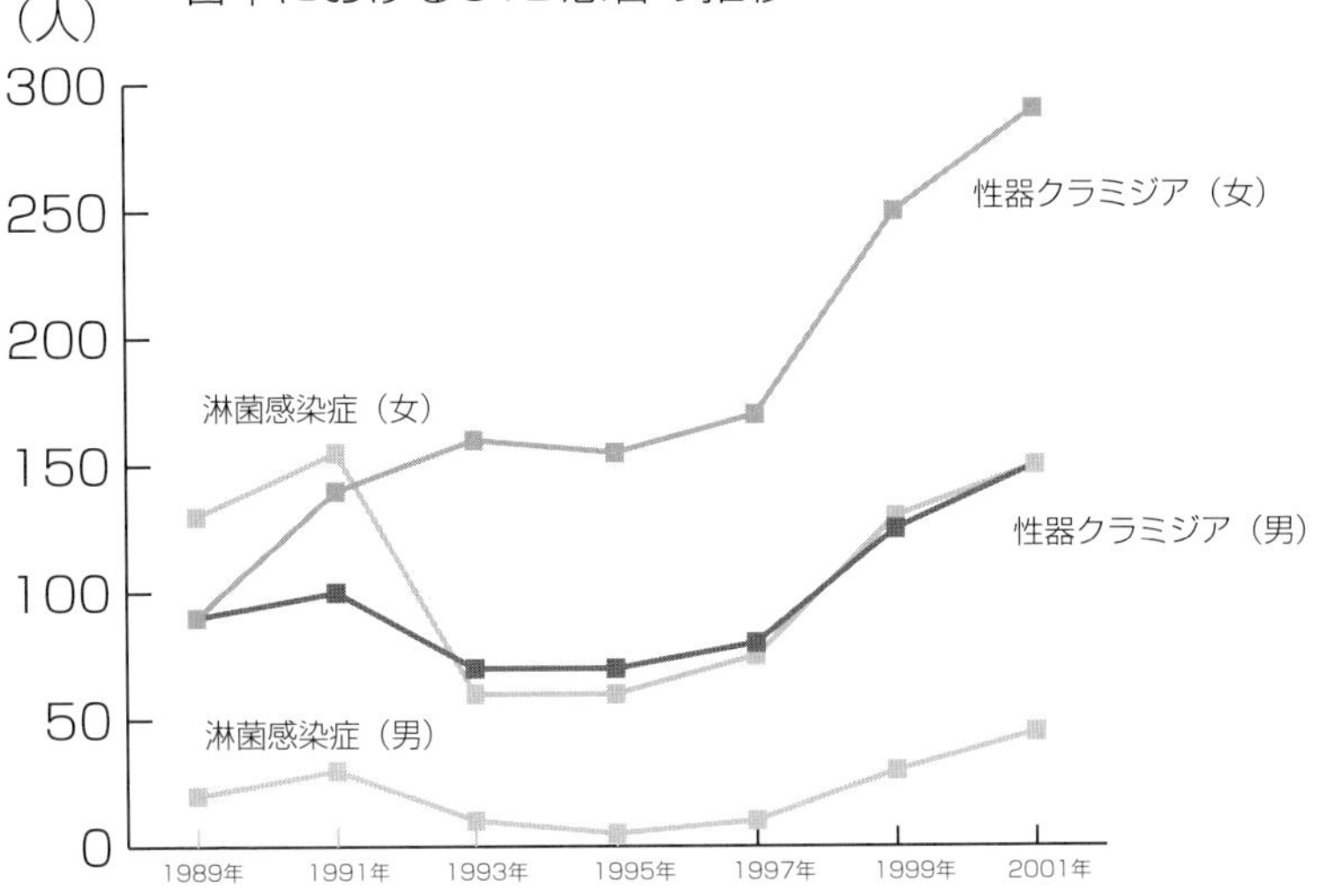

日本におけるSTD患者の推移2

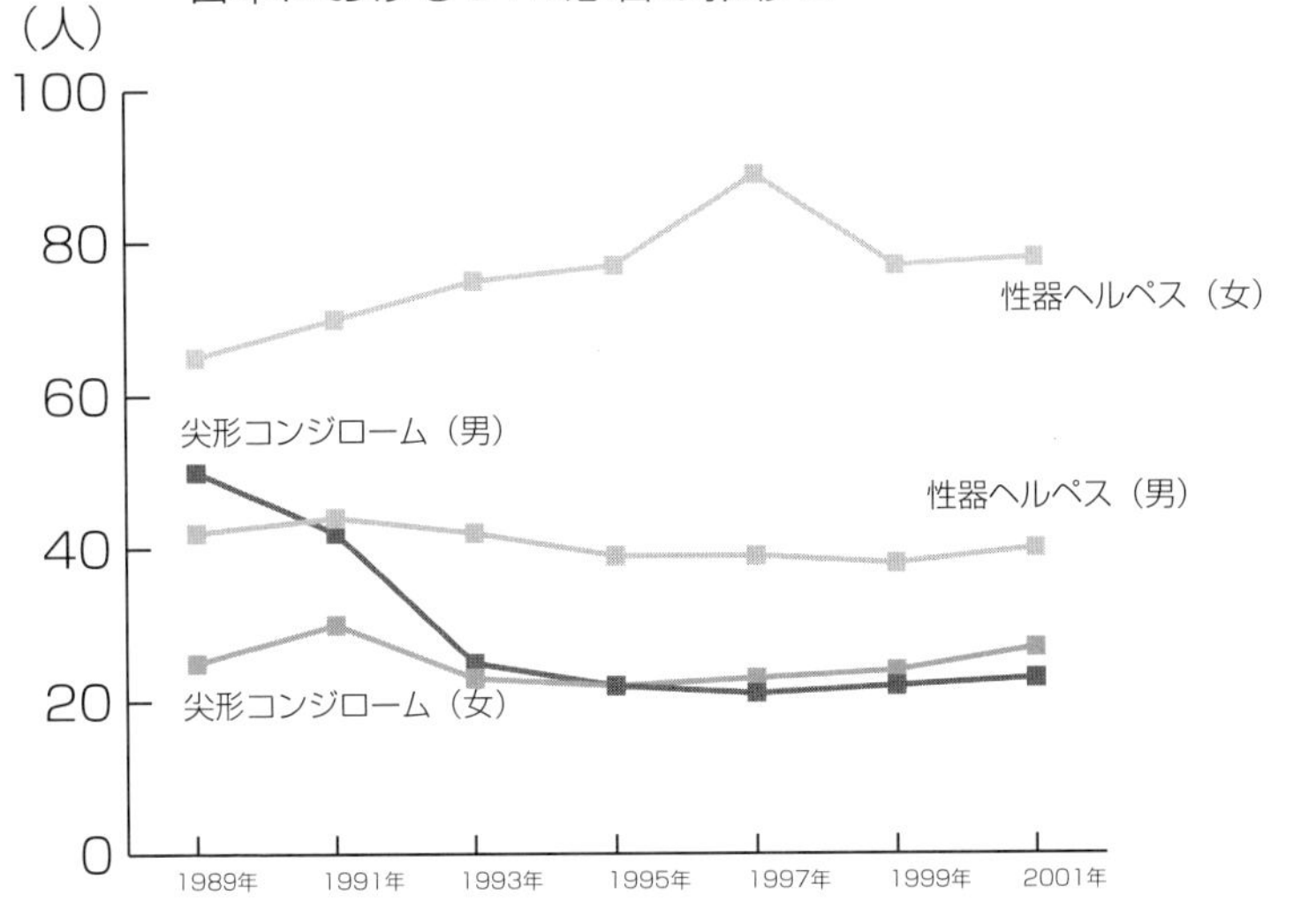

■性器ヘルペス

【症状】　性器に小さな水疱が出て、それが破れると潰瘍が多発しますが、2週間ほど続いて、いったん消えます。ことに女性の場合、膣前庭に潰瘍ができると尿が滲みて、排尿時の苦痛に悩まされます。

【トラブル】　この性器ヘルペスで厄介なことは、再発することがかなり多いことです。また感染しても数年から数十年も症状が出ないことがあり、現在のセックスパートナーともめることが多い。

【治療】　症状を抑える対処療法はあるが、根本治癒は不可能。

■尖形コンジローム

【症状】　良性型のヒト乳頭腫ウイルスによる感染で、性器に乳頭状のおできが発生します。

【トラブル】　このウイルスには悪性型もあり、子宮頸がんや陰茎がんの発生につながることもあります。

【治療】　おできは切除や焼灼して取ります。しかし、感染したウイルスが患部深くに残り、再発を繰り返すことが多い厄介な病気です。

■膣トリコモナス症

【症状】　鞭毛虫という原虫によって感染し、乳白色や淡黄色の泡沫状あるいは膿汁状のおりものが見られます。外陰部に発赤・かゆみ・灼熱感があることもあり、排尿時の痛みや不快感があるケースもあります。婦人科疾患の患者の40％はトリコモナス感染によるとさえいわれています。男性の場合は感染しても、これといった症状が出ない場合が多いようです。

【トラブル】　トリコモナスが膣内をアルカリ化させてしまうため、他の細菌が繁殖しやすくなる。混合感染がないか慎重に診察してもらうべきです。

【治療】　メトロニダゾールやチニダゾールを10日ほど投与することで完治します。患部への塗布剤もありますが、トリコモナス原虫は膣以外の臓器にも寄生しますので、全身投与が必要です。

■膣カンジタ症

【症状】　外陰部が赤くなったり、

●正常な子宮と性病にかかった子宮の違い

正常の子宮頸

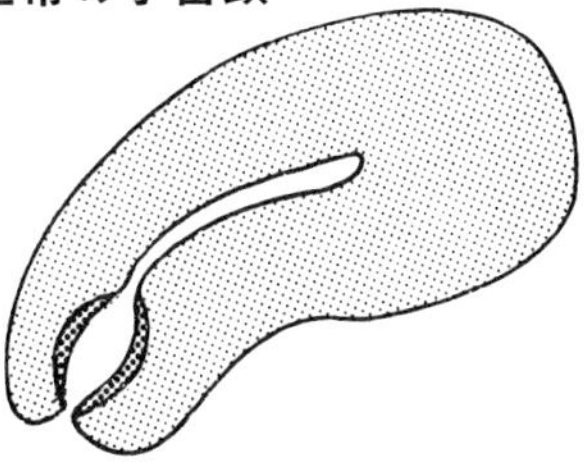

正常の子宮

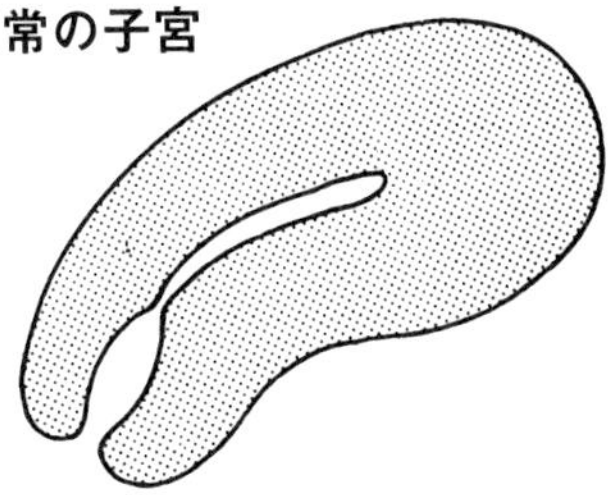

子宮腟部びらんの子宮

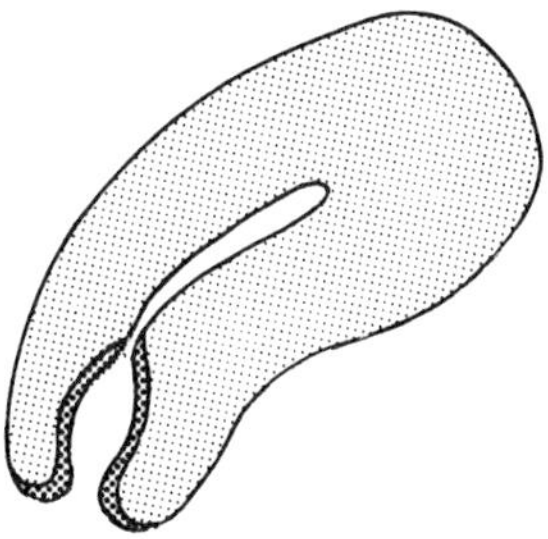

この部分に赤っぽいものが広がります。

筋腫のある子宮

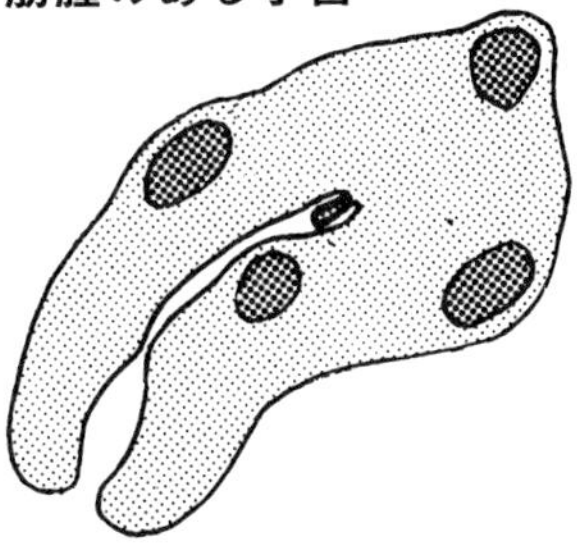

繊維組織のかたまりで、30歳をすぎるとふえてきます。

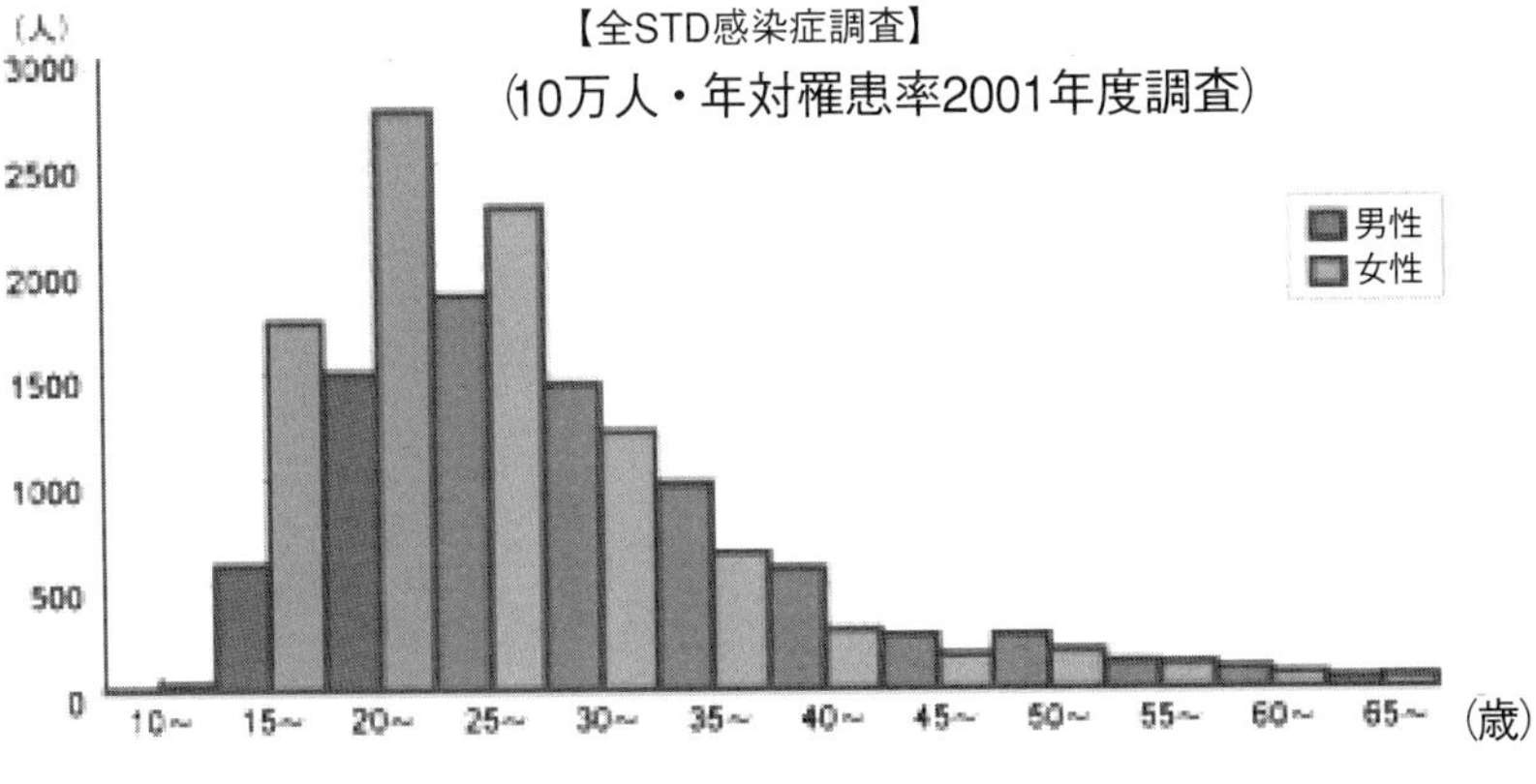

腫れたりし、白い苔のようなものが付着する。抗生物質の大量使用で起こることが多く、男性から女性に性感染することはほとんどありません。

【トラブル】　長期になると性器の皮膚が厚く硬くなることがあります。

【治療】　抗真菌薬を含む軟膏などの外用剤が有効です。経口剤や注射もありますが、副作用の不安がありますので避けた方がいいでしょう。

■毛じらみ

【症状】　毛じらみは1ミリ前後の大きさの吸血虫で、陰毛や腋毛に寄生します。非常に痒く、掻くことで皮疹や腫れが出ることがあります。

【トラブル】　セックスだけでなく、ふとんやタオルを介してうつることがあり、幼児にも感染します。

【治療】　クロタミトン軟膏を擦り込みます。陰毛を剃った方が効果的。薬は成虫にしか効き目がないので、卵の孵化時期を考えて数回行なう必要があります。

■淋病

【症状】　男性の症状は初期には尿道が冒され、むずがゆい感じがしてきます。その後、尿道の先から粘液がにじみ出て、排尿時に痛みが出、粘液が膿状に変化します。

　女性の場合は痛みはほとんどありません。黄色い膿状のおりものが増えたり、ときに膣口や鼠径部にしこりやグリグリができることがあります。

【トラブル】　一時期、根絶に近い状態と思われていましたが、最近、若い男性の間に増加する傾向があります。風呂やタオルなどで感染することもあるので注意が必要です。また近頃は、オーラルセックスなど性の多様化で淋菌性咽頭炎や直腸炎などが見られるようになってきています。

【治療】　ペニシリンの使用で数日か数週間以内に完全に治癒します。しかし、ペニシリン耐性淋菌が増加する傾向にあります。現状は合成ペニシリンやテトラサイクリン系、セファロスポリン系、アミノ配糖系の抗生物質が治療薬として使われています。

●疥癬の原因となるダニと毛ジラミ

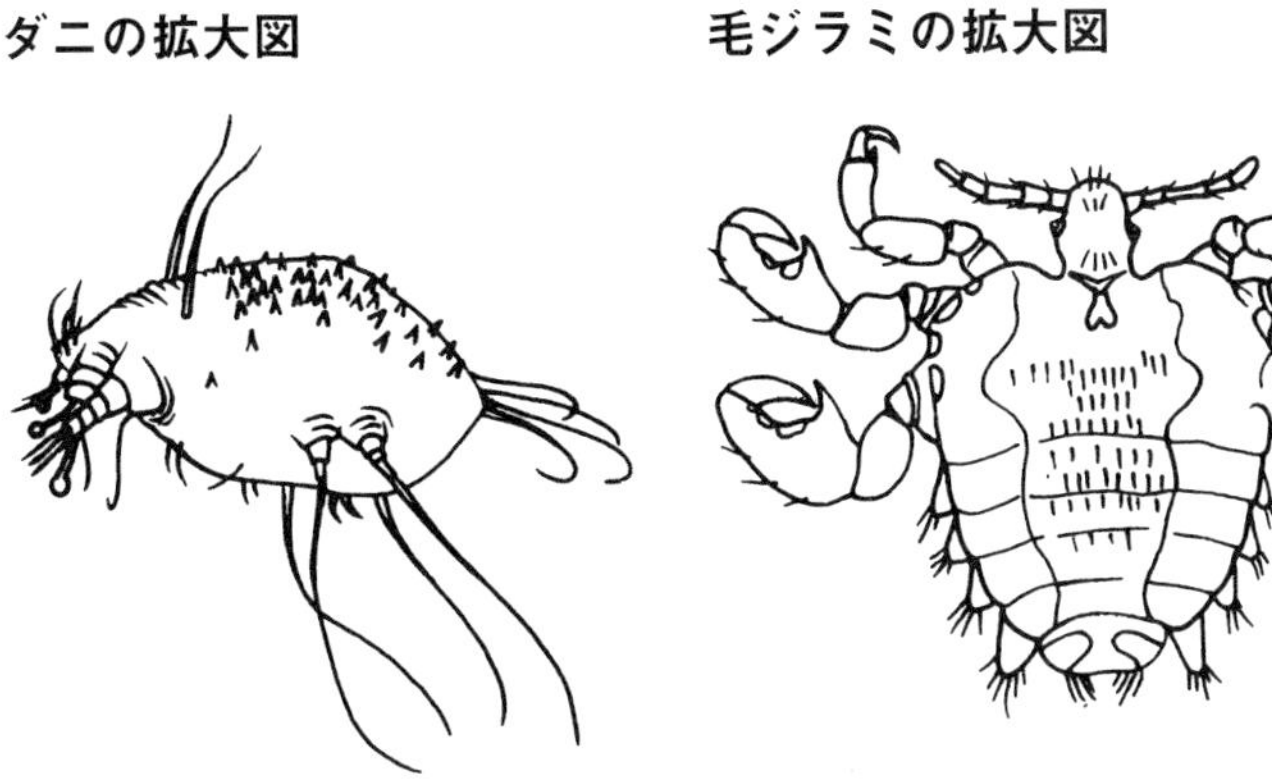

性器やその周辺にすみつき、卵を生みつけます

●自覚症状のない「淋病」も検査でわかります

生殖器を通じての広がり方

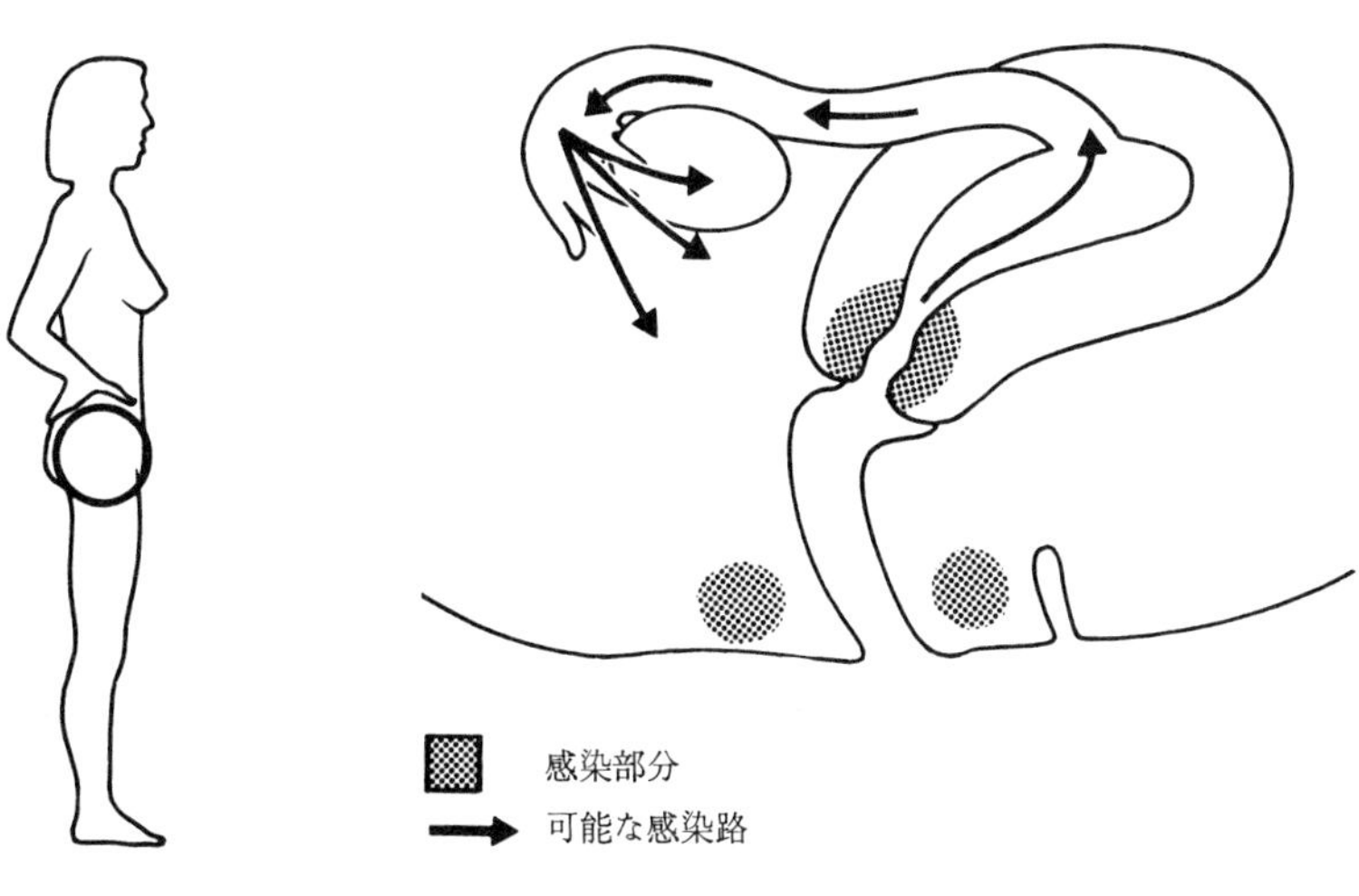

■梅毒

【症状】　梅毒は感染後、1～3週間の第一期、1～3カ月の第二期、1～3年後の第三期と3つの時期によって症状が異なります。

第一期症状　感染部分にしこりできますが、痛みもかゆみもなく気づかずに経過することがあります。

第二期症状　全身に発疹がみられ、バラ色をしているのでバラ疹とも呼ばれています。

この時期になると、全身のリンパ腺が硬く腫れ、痛みが出てくることがあります。

また、発熱や疲労・倦怠感などもあらわれます。しかし、これらの症状も数週間で消えてしまいますが、治ったわけではありません。

第三期症状　この時期の丘疹や潰瘍は顔や手足に出ることが多く、痕が残ることがあります。もうひとつは顔・頭・額などどすぐ下に骨のある部分の皮膚に生じる腫れで、ゴム腫と呼ばれます。

【トラブル】　母胎が無治療のままだと先天梅毒児を分娩することになり、子供の皮膚に水脹れや丘疹やびまん性偏平浸潤などがみられます。しかし現実には流産・早産・死産が多く、感染胎児の出生確率はかなり低くなっています。

【治療】　第二期までの早期発見なら100％完治します。

■軟性下疳

【症状】　潜伏期が短いのが特徴。感染後2～3日で赤く盛り上がったイボのようなものができ、膿が出て黄色くなり、やがて形が崩れて潰瘍状になります。発生する部分は男性では包皮・亀頭・包皮小帯など、女性では小陰唇・尿道・子宮頚部・肛門周辺です。

【トラブル】　治療が容易で完治するため、予後の大きな問題はありません。

【治療】　抗生物質やサルファ剤で完治します。

●梅毒の進行状態

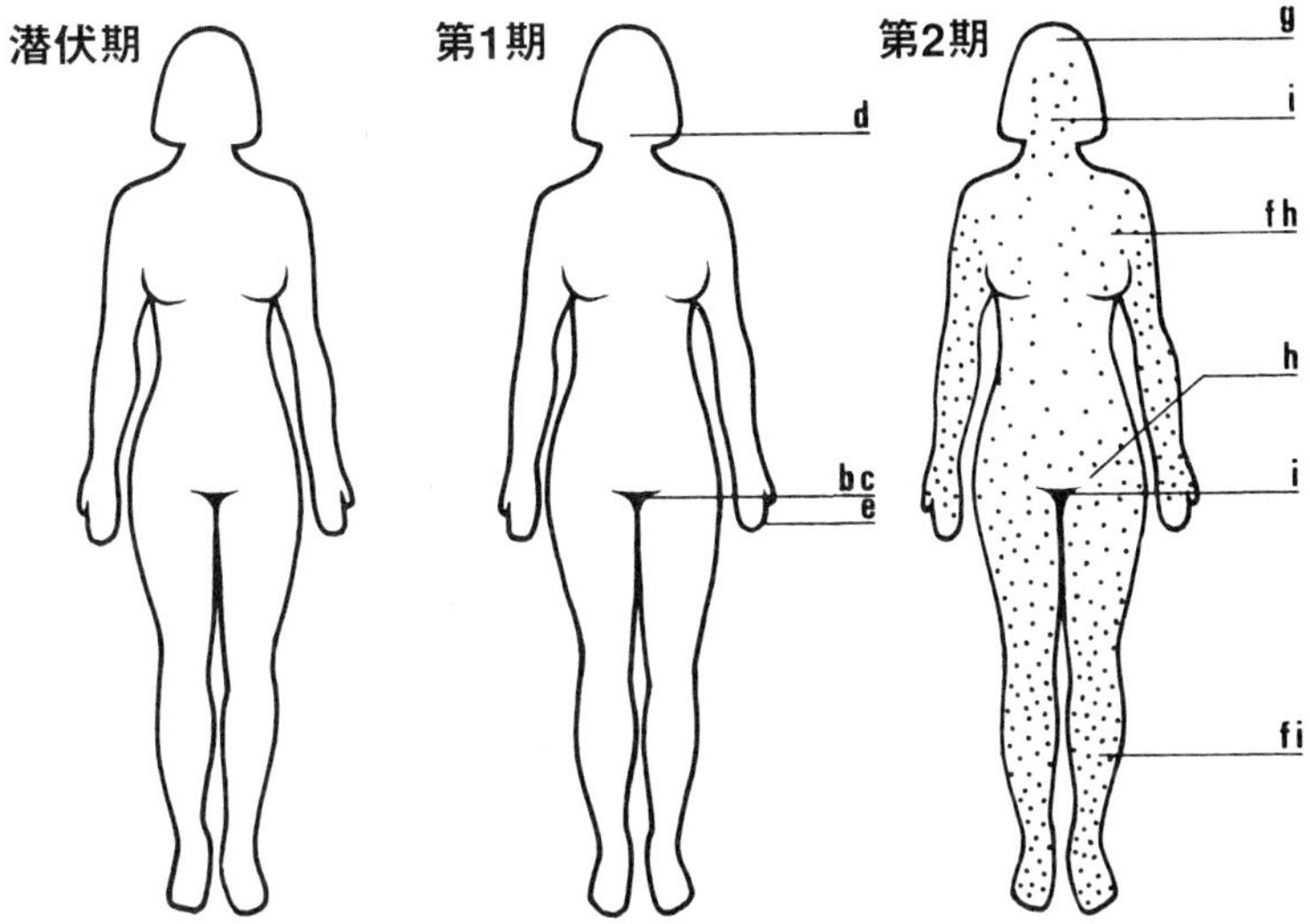

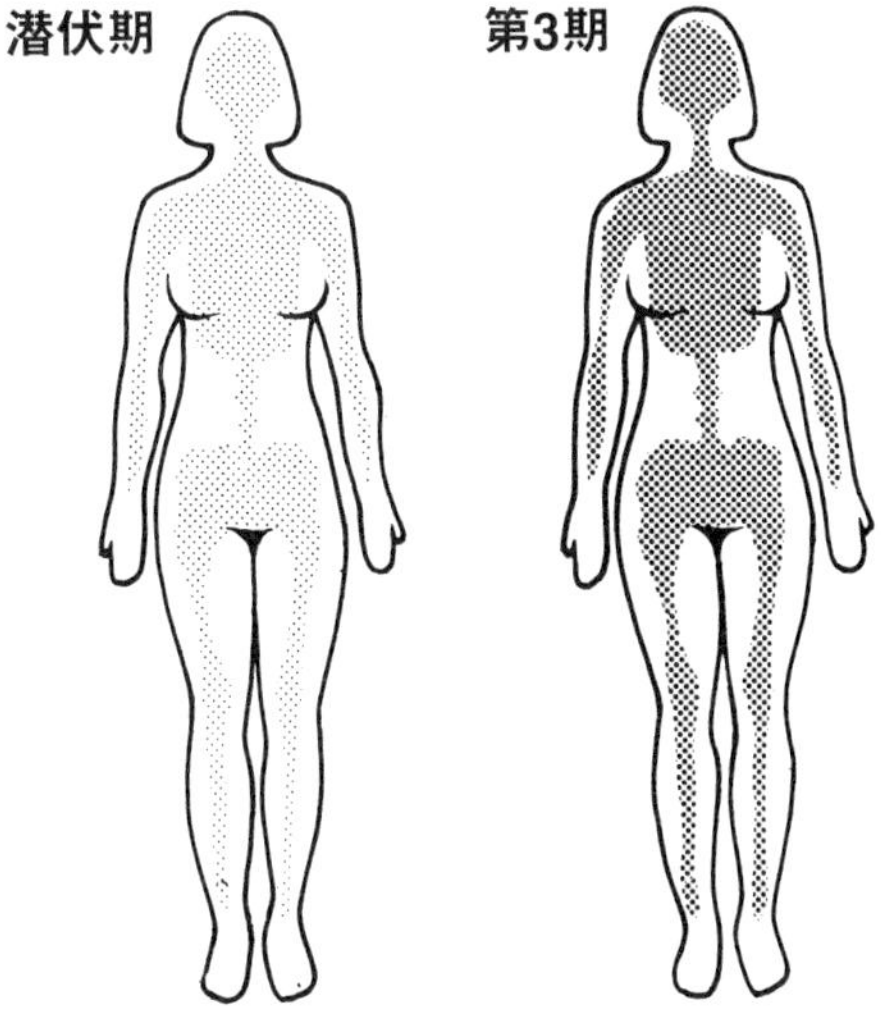

●軟性下疳の状態

初期硬結

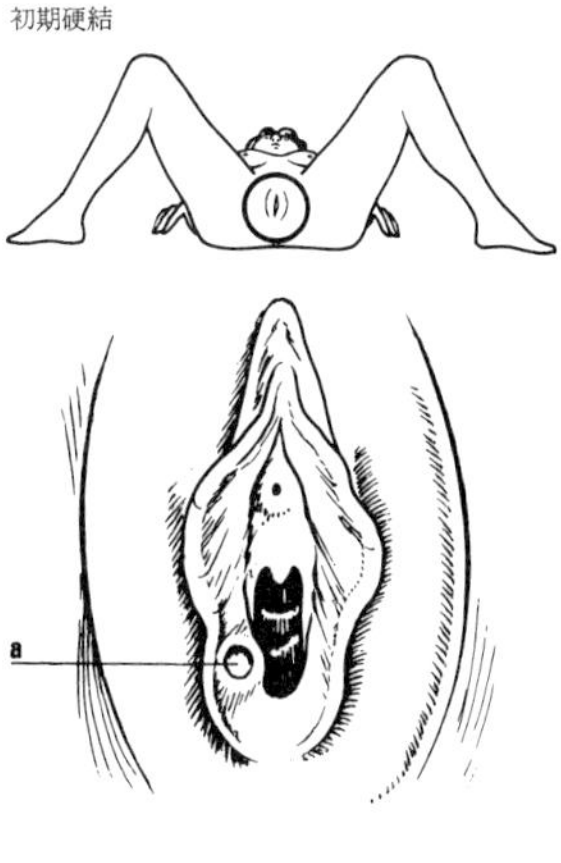

HIV
免疫組織を破壊する恐怖のウイルス

STDの中でも、発病してしまうと最後には死にいたる危険性が高いことで知られています。AIDSは一九八一年アメリカで初めて報告されました。当初は同性愛者・麻薬静注常用者、また血友病の治療中における輸血医療事故による発病が主でした。現在でも毎日5000人以上が感染しているといわれています。WHOの予想によると二〇〇〇年には累計4000万人に達するとしています。

その後、一般的な性行為での感染が増え、急激に世界中に広がっています。この他の感染経路としては、唇や口内に傷がある場合のディープキス、感染者の女性が妊娠したとき、子供に感染することがあります。歯ブラシや髭剃りで感染することは極めて少ないと考えていいでしょう。

AIDSの感染症状はおよそ5段階のステップがあります。

(1) 急性症状期

頭痛・発熱・関節痛・筋肉痛・リンパ節腫張・咽頭痛などインフルエンザにかかったような症状が特徴で、発疹をともなうこともあります。この急性症状は2〜4週間で自然に消えてしまいますから、風邪をひいたかなというていどに感じる人が多いようです。

(2) 無症候期

全く自覚症状のない状態が数年から十数年続きます。

(3) 持続性全身性リンパ節腫張期

無症候期の経過中リンパ節の腫張が見られることがあります。鼡径部以外の2カ所以上の部分に直径1センチ以上のリンパ節腫張が3カ月以上出ていることが多いようです。

（4）エイズ関連症候群が見られる期間

　体重減少・発熱・下痢・リンパ節腫張など、エイズによって引き起こされているであろう症状が見られる期間です。

（5）エイズの発症

　細胞性免疫不全が悪化、HIV感染による日和見感染・悪性腫瘍・痴呆症状などがみられるようになります。

　エイズ発症と判断できる二次疾患および合併症としては、薬剤耐性結核、カンジタ症、カリニ肺炎、トキソプラズマ症、単純ヘルペスウイルス感染症、真菌および原虫感染症、カポジ肉腫、エイズ痴呆症などがあります。

■治療法

　特効薬は、いまだに見つかりませんが、アメリカでは数年の間にエイズ患者の死亡率を70％以上減少させています。

　現段階でもベストな治療は発症を遅らせるものですが、それでも1カ月あたり15～20万円の費用がかかるのですから経済面から考えても深

エイズ患者・HIV感染者報告数

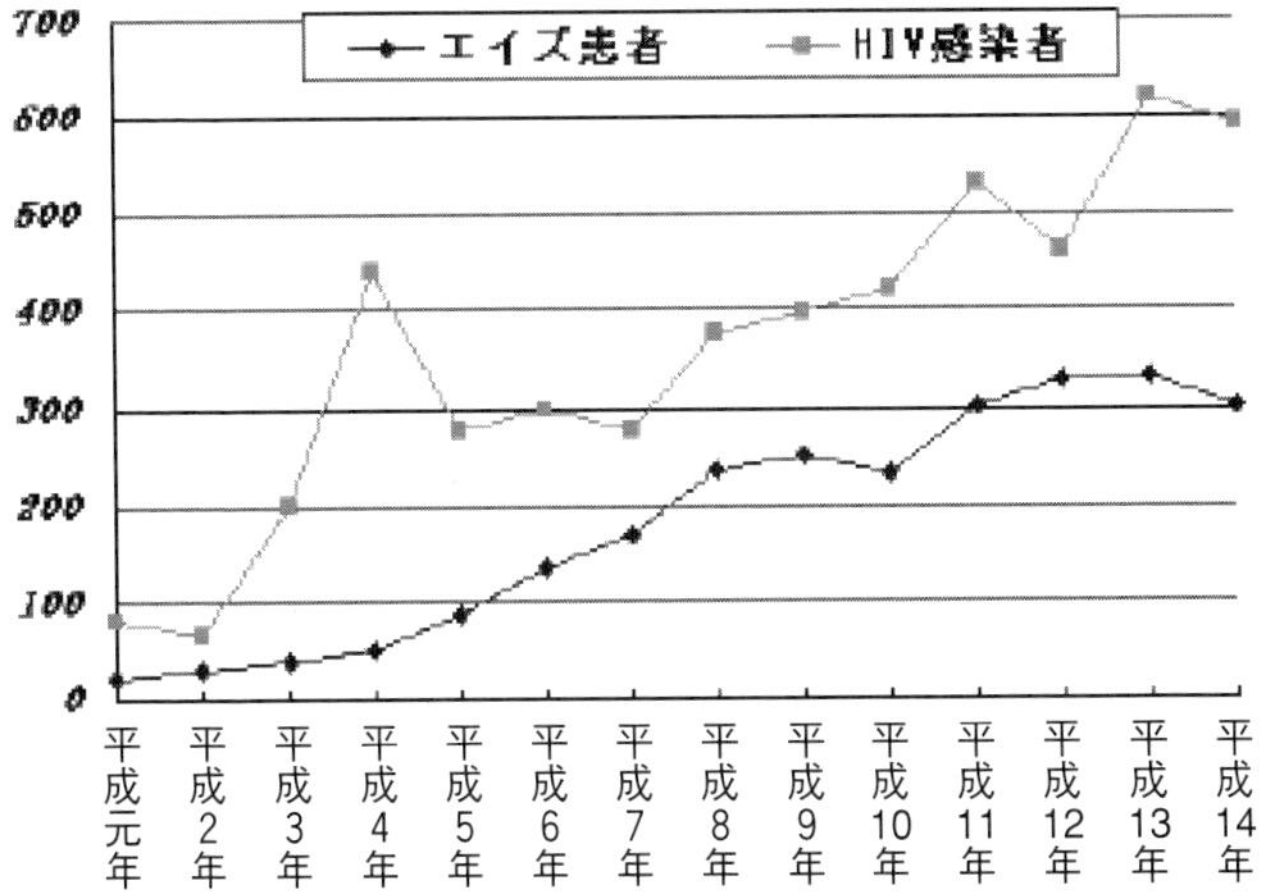

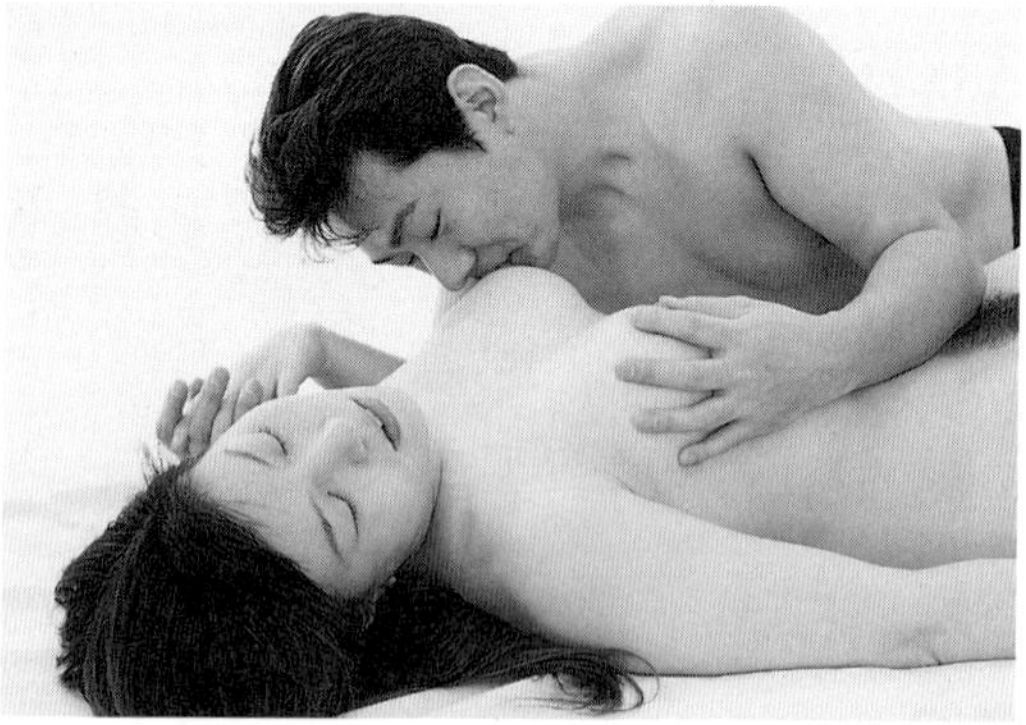

趣味と性的異常の大きな違い

人は誰しもいろんな趣味を持ち、その趣味や好みにとやかくいえるものではありません。蓼食う虫も好きずき、といいますが、好みも十人十色で、そこには基準などないのです。

趣味や好みならたいていのことは許されます。サディズムやマビヒスム（SM趣味）にしても「縛り」といわれる性的な趣味にしても、またスカトロジーといわれる糞尿趣味、アナルセックスなども、それが危険を伴わなければ許されます。

問題は事件にまで発展してしまいがちな「ストーカー」でしょう。

桶川事件は記憶に新しく、悲惨なものになってしまいましたが、その事件の影には、明らかに男性の精神的なものと性的な異常性がありました。昔から、「事件の影に女あり」といわれましたが、これも性欲につながるものとして考えられてきたことのひとつといってもいいでしょう。

でもストーカーとなると、その精神的な「闇」の部分は測り知れないものがあります。一人の女性を追いかけ回して、ついには殺人にまで及ぶ、そのエネルギーの異常さ、精神の高ぶりは測り知れません。

STAGE 8

「性の相談Q&A」

困ったときは「ゆうきれいお姉さま」に

Q あまりセックスをしたいという気持ちがないんだけど、これってヘン？

彼がしたがるから、セックスはけっこうやっていますが、自分からすすんでということはほとんどありません。ふつーじゃないのかと、ちょっと心配です。

A はっきりいって男性は、四六時中いつでもしたい生き物。でも女性はちょっと違う。あなただって、「なんか今日はむずむずする」なんていうときがありませんか？

それはたぶん、排卵日じゃないかな。排卵日になると、なぜかもう、「入れてって感じで欲しくなります」という女性は多いですよ。

生理前に性欲を感じる女性も少なくないです。排卵日が過ぎて、しばらくすると安全日がやってきます。

ほとんどの女性が、この時期は性欲が低下します。妊娠をしないのならSEXする必要がないという本能のため。よくいえば自分の性欲と生理周期の関係に対して自覚的。別の言い方でいえば現実的ってことですか？

私、セックスでイッタことがないみたい。

レディースコミックに描かれているような失神するような快感なんて経験したことがありません。彼は、いつも「イイか？」「イッタか？」と聞くのですが、イクという感覚がぜんぜんわかりません。

なるほど、コミックに描かれている女性は足を突っ張らせて、のけぞってエクスタシーに達していますね。でも、そこまでイケルことは、経験を積んだ女性でもめったにないものです。

セックスのときの男性の喜びは、いわば射精の一瞬に集約されています。でも女性の快感は、行為の最初から最後まで緩やかに続き、そのピークに「イク」というオーガズムがあるのです。

性的刺激を受けて興奮が最高潮になると、呼吸が激しくなってきます。心拍数の上昇も見られます。このとき、胸やお腹にセックス・フラッシュ（性的紅斑）という紅潮が現れる人もいます。その後、全身の筋肉が緊張して痙攣収縮、つまり気持ちよくて体が震えたりする状態になります。これが一般的なオーガズムですが、個人差もあり、人によってさまざまな感じ方があるようです。「どこまでも落ちていく感じ」「海に浮かんでいるような状態で、なにかにしがみつきたい感じ」「体がバラバラになって飛んでいく感じ」と、そんな報告があります。

あなたも少しずつ練習しながら、焦らないで楽しんでいけば、きっとわかると思いますよ。

Q オーラルセックスができないのは、なぜ？

彼がよくフェラチオを求めてきます。汚くて恥ずかしい行為だと思うし、自分の性器も彼の性器も口で触れることに嫌悪感があります。

A 一度じっくり自分の性器を鏡で見てごらんなさい。とっても愛らしい姿をしていると思いませんか？　ひとつひとつ大切な機能をもった女性のシンボルです。

可愛い豆粒のようなクリトリスはあなたにたくさんの気持ちよさを運んでくれますし、内陰唇も外陰唇も性器を守る役目を果たしてくれています。汚いという本音には、自分の体を心から愛する気持ちが未発達なあなたが眠っているかもしれませんよ。

彼の性器もよく理解してあげてください。彼を本当に愛しているなら、ペニスだって決して汚いものではないはず。

快感について追求することも、決して恥ずかしいことでも、悪いことでもありません。でも、無理をすることはありませんよ。

いやだったら、彼にもその気持ちを大事にしてもらって、少しずつ、無理せずやっていったらいいんです。

ほとんどの女性が、この時期は性欲が低下します。妊娠をしないのならSEXする必要がないという本能のため。よくいえば自分の性欲と生理周期の関係に対して自覚的。

別の言い方でいえば現実的ってことですか？

Q 私、不感症かな？ ヌレないの。

彼がいるのですが、愛撫されてもほとんどヌレないんです。でも、すぐに彼が入ってきてしまうので、痛いことが多いのです。

A

ヌレるということは男性のペニスがタッことと同じと考えてください。つまり気持ちよくなってきて、スタンバイOKという状態です。ヌレないというケースには三つの原因が考えられます。

①前戯が足りなくて、まだスタンバイ状態になっていない。

②心理的にセックスに没入できない環境がある。

③生理的な欠陥がある。

あなたの場合は、①か②ではないでしょうか。

パートナーも若くて未経験の場合には、どうしても行為を急ぎがちでスタンバイ状態前に挿入ということが起こりがちです。もしそうなら、彼ともよく話して、前戯にたっぷり時間をかけることで解決します。

②も、よくあることで、たとえば隣の人に聞かれそうな狭いアパートとか車の中といったときには、不安が先に立って、なかなかスタンバイ状態にはなりません。

愛液ってなに？

ところで愛液とは、いったいなんなのでしょう？ ここでちょっと、お勉強しておきましょうか。

実は、この愛液の正体は、研究者の間でも長らく謎とされていました。膣前庭にあるバルトリン腺から出る粘液こそ愛液と、いまでも信じている男性がいます。ところがバルトリン腺は、実際にはとても愛液には足りないほどの、ごく少量しか分泌しなかったのです。これに対し、愛液はもっと奥の壁面から、ちょうどスポーツをした後の汗のような状態で出てくる粘液こそ愛液としたのが、アメリカの有名なマスターズ博士とジョンソン博士です。

両博士は、７００人もの被験者を使って観察と測定を繰り返した結果、粘液が膣のペニスの挿入に充分なほどの愛液が滲み出てくるというのです。どうやら正解はこちらで、一度のセックスで出てくる愛液の量は10ＣＣから40〜50ＣＣといわれています。しかし、いくら探しても肝心な分泌腺が、膣の奥から発見されませんでした。愛液についてはまだまだ謎が残ります。

ところで、生理的な欠陥でこの愛液が出にくい人がいます。また、あるていどの年齢になると同じ状態になります。でも、ぜんぜん問題ありませんよ。もし少なかったら、ローションの力を借りればいいのです。セックスそのものには、なんの支障もありませんから。

Q 男の人って、どのくらいでイッちゃうの？

結婚する前はそうでもなかったんですが、男の人ってどのくらいでイッちゃうのか気になります。ちなみに、うちのダンナさまは、挿入すると、6分くらいしかもちません。

A

男性が挿入してから射精、つまりイクまでの時間は平均して5～10分です。

あなたのパートナーは、どうやら平均値に入っていますね。日本人の場合、前戯から挿入、性運動を含めて射精まで平均10～15分というデータもあります。これはあくまで平均値で、個人差はかなりあります。

Q いつもイッタふりをしているけど、ホントはイッテないんですが…?

彼とのセックスで、いつもイッタふりをしています。レディースコミックを真似て失神したふりとか大きな声をあげると、とても喜んでくれます。でも最近、なんだか空しくって。いまさら、ホントはフリだったなんていえないし。

A イッタふりもセックスのうちではないでしょうか。それで彼が喜んでくれるなら、いまさらウソだったなんていう必要はないですよ。

第一、よほど経験の浅い男性ならともかく、本物かふりか普通はわかります。

それより、こんどはこうしてほしい、そうすればもっと深く感じられる、もっとエッチになってしまうとかいって、彼にあなたの秘密の場所を伝授したらどうでしょうか？

Q 彼がちっとも触ってくれない。

彼とつきあって半年になるんだけど、一度もセックスしたことがありません。私にどこか欠陥があるのか、気になります。

A

この数年、セックスレスに悩むカップルが増えつづけているようです。セックスレスになる原因は実にさまざまです。ある調査では原因のベスト5は次のようになっています。

①勃起障害、②性嫌悪症、③性欲障害、④性的回避、⑤性交疼痛症、このうち①と⑤は肉体的なもの、②③④は心理なものです。肉体的なものは医師の診断と治療で解決しますが、厄介なのは心理的なものです。性嫌悪症は子供時代の生育歴やセックスの初体験に、なにか引き金になる出来事があった場合に起こりやすいようで、主に女性の側に多いそうです。性欲障害や性的回避は、なにかのきっかけでセックスをしたいという意欲が薄まる症状で、男女を問わず出産が契機になっているケースが目立ちます。女性の場合、出産後の体調が思わしくなかったり、授乳や育児にふりまわされ、そのうえ男性の理解が得られないということでセックスがわずらわしくなってくるのです。若い人、とくに男性に多いのは相手に対し姉妹や家族のような感情を抱き、性的な意欲に結びつかないというケースです。あなたの場合は、おそらくこれではないでしょうか。まず手をつなぐこと、次に唇を合わせるなどと少しずつ段階を踏んでみて。

Q 彼が肝心なときにタタナイのは？

ペッティングのときはヤル気満々なのに、いざ挿入というときになると、急にペニスがしぼんでしまいます。

A

彼は疲れていませんか？　もしそうでなかったら、がんばりすぎかもしれませんね。あなたの期待にこたえようと一生懸命元気なペニスにしようとして、かえってそのプレッシャーに負けてしまっているのです。イカセなくちゃとか、いつも硬い、強いペニスでなくちゃと考えてしまうと、逆に本番で萎えてしまうという男性、けっこういるんですよ。とくに真面目な男性ほど、こういうことが起こりがち。

いいかえれば、とってもあなたを愛しているんです。

お互いに過度の期待をしないように、余裕をもって触れ合いを楽しむくらいの気持ちでいれば、そのうち彼の元気も戻ってきます。

彼の部屋にアダルトビデオがいっぱい。私がいるのにどうして？

Q この前、彼の部屋に行ったとき、偶然、ビデオラックにアダルトビデオがいっぱいあるのを見つけました。ショックです！

A 女性、それも若い女性にとっては、こういうのってけっこうショックなんですよね。ビデオとはいえ他の女性で興奮していると思うと、とても許せなくて別れてしまったというカップルもあるくらいです。

でもね、男性にとっては、こんなのは常識。ビデオを見ながら、あんがいあなたのことを思い浮かべたりしているんですよね。

最近はカップルでいっしょにアダルトビデオを見ながら、気分を盛りあげて前戯に入るという人たちもけっこういます。かつては男は視覚で感じ、女はイメージで感じるといわれましたが、いまでは視覚で感じる女性も少なくないみたいです。

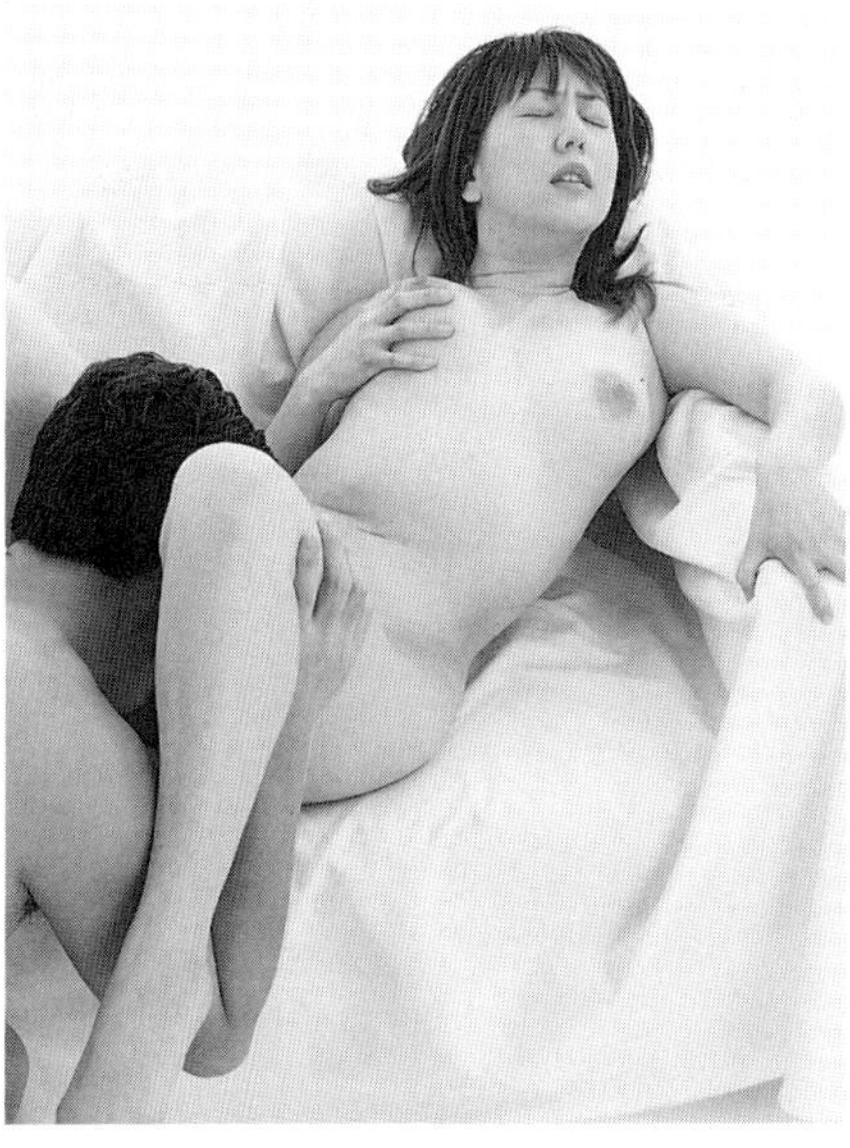

Q 彼が私のアソコのニオイが強いって…どうしよう？

ペッティングのときはヤル気満々なのに、いざ挿入というときになると、急にペニスがしぼんでしまいます。前から、もしかしたら私って臭い？　って感じてはいたんです。結婚前はなにもいわなかったのに、最近クンニのときに、夫が「けっこう匂いきついな」というんです。

A

誰でもみんな、あるていどの匂いはありますよ。有名なナポレオンのエピソードに、チーズの匂いに目を覚ますなり、「ジョセフィーヌ、今夜はよそう」といったとか。そうなんです、女性のアソコはチーズの匂いがするんです。これは膣の分泌物の匂いです。

専門家に聞くと、あの部分の匂いには分泌物のほかに恥垢臭、下わきががあるそうです。恥垢臭は処女臭ともいって、文字どおり男性経験の少ない女性に多く、小陰唇などのひだに垢がたまり、それが発酵することで生じる匂いです。これは入浴の際に気をつけて洗うようにすれば、即解決する問題です。下わきがは陰部にある汗腺から汗と皮脂が分泌され、細菌で醗酵することで生ずる匂いです。もし気になるようなら携帯用の使い捨てビデで事前に洗浄するといいです。問題は、これ以外の匂い、トリコモナスや雑菌によって起きる膣炎の場合です。これはかなり強烈な匂いを発することがあります。こんなときは、他に自覚症状があるでしょうから早めに医師に診断してもらった方がいいですね。

Q

潮吹きってなに？私は違うみたいなんですが。

結婚して三カ月、最近、夫が「どうやったら潮吹きになるんだろう」と、しきりに興味をもっています。潮吹きって、男性にとってそんなにいいんですか？

A

それはたんに体の中にある分泌物が刺激を受けて外に出るということにすぎません。人によって、それが噴出するような勢いで出るので、おもしろがってビデオで見せたりしていますが、別に快感とつながっているわけではありません。

膣内のいわゆるGスポットといわれている場所を刺激することによって体液が出るわけですが、男性にはこれを浴びたいという願望があるようです。

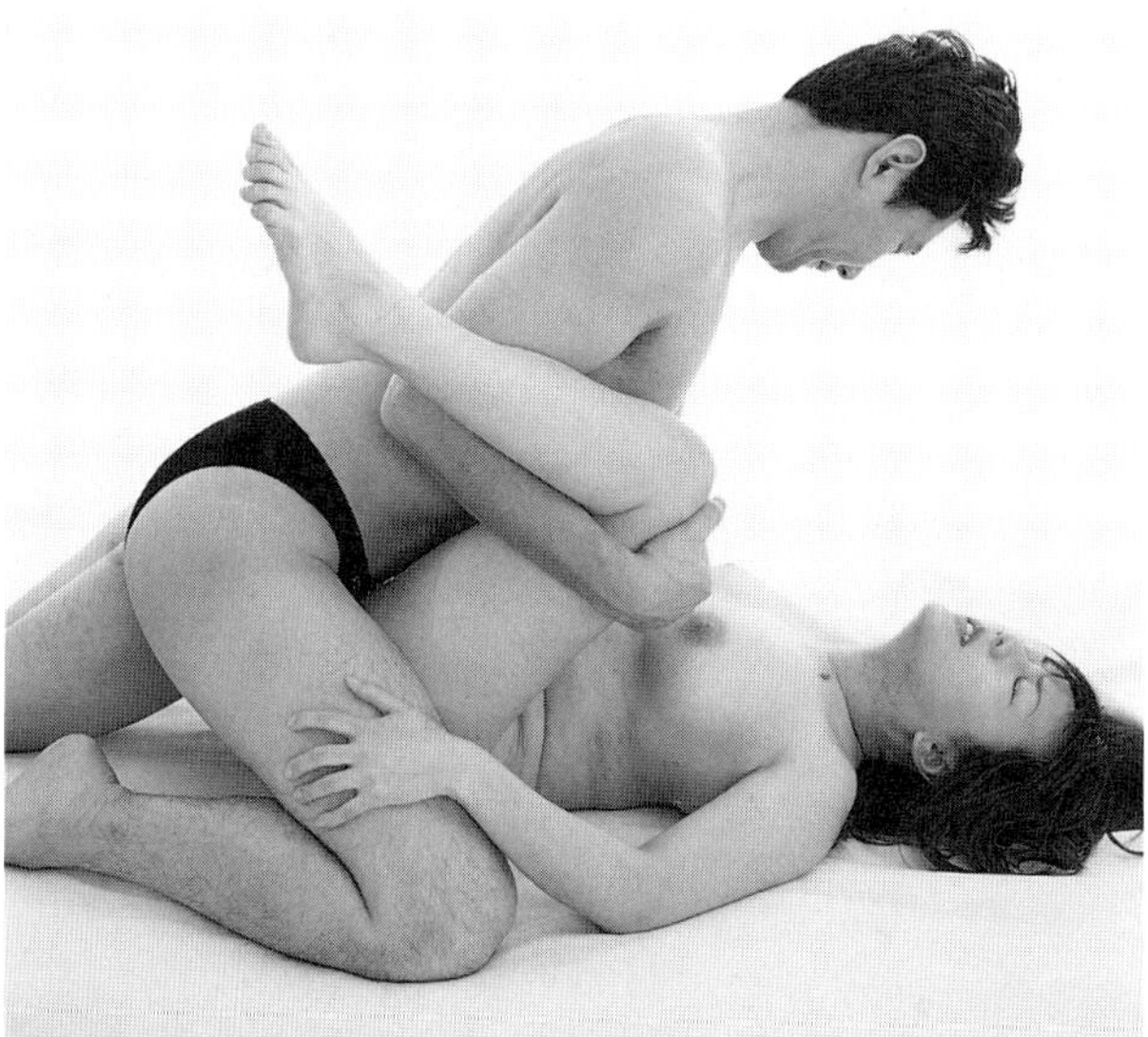

アダルトグッズあれこれ

アダルトグッズを使うといえば、昔はよほどの好き者と見られていましたが、いまはかなり様子が変わってきています。レディースコミック雑誌には女の子向けのアダルトグッズの通販広告が載っていますし、ラブホテルで貸してくれるところも少なくありません。もちろん、インターネットのアダルト系サイトにも女の子向けのショップがたくさんあります。

そのなかのいくつかを紹介しましょう。

●ローター

いま、いちばんポピュラーなのが、このローター。なかでも人気なのがピンク色のピンクローター。いわばバイブのシンプル版で、素材はプラスチックやシリコンなど。ちょっと見た目はアダルトグッズらしくないところが人気の秘密？

なかには防水加工のものがあり、これならお風呂でも使用ＯＫ。

●バイブ

いまや振動音のない無音型も出て技術革新が進んでいるバイブ。

一本棒のストレート型……どちらかといえば初心者向け

二股型（膣とクリトリス責め）……一般的。

三股型（膣とクリトリスとアナル）……上級者用。

●クリキャップ

まだあまり知られていませんが、女性専用のオナニーグッズ。風船状のものをスポイトのようにしてクリトリスにかぶせると、吸い上げられるような刺激がありま

クリキャップ

バイブ

ローター

Q ただ抱き合ってるだけで満足。これ、普通じゃない？

彼がいて、週に1回ほどセックスをしますが、私はただ抱き合って、キスとかしてもらうだけで満足です。彼も私の気持ちを知って過激なセックスを我慢しているみたいなのですが、これって普通じゃないんでしょうか？

A

セックスで普通とか普通じゃないとか、あまり考える必要ないですよ。

二人が納得して楽しんでいるなら、別にみんなと同じでなくていいでしょう？　あなたのように感じている女性は、けっこういます。

ただ、あなたの場合、彼は納得しているのではなく、ただ我慢しているようですね。これでは、いつか亀裂が生じる原因になってしまうかもしれません。もうひとつ、まだあなたの心が未成熟ということもありそうです。

できるだけ積極的に心を開いて、セックスについて勉強してみたらどうでしょうか。それとオナニーもセックスで心を開くトレーニングとして効果がありますよ。いつもということでなく、ときには積極的なセックスを楽しんで、また別のときはただ抱き合って寝ることを楽しむ。そんなパターンになれば最高ですね。

Q 男性は車でいちゃいちゃするのは、あまり好まない？　私は好き！

ドライブに行くと、私、彼のアソコを握ったり、撫でたりするのが大好き。彼は危ないから、よせっていうんだけど……。

A

男性は好まないのではなく、やっぱり危ないからでしょう。ある行楽地で横を走っていた車で、運転している男性を助手席に座った女性がフェラチオしているのを見たことがあります。

運転しながら隣の女性の胸を触っている人もいます。

これはたんに運転に集中できないから危ないというより、もっと医学的な裏づけがあるようですよ。エッチなことをしていると、あるホルモンが数倍も増えて、その結果、ハイになるだけでなく攻撃的で、自己中心的になるんですって。これは運転にいちばん危険なことですよね。

いちゃいちゃするのはいいですが、ほどほどに！

名器ってどういうこと？

Q

この前、セックスが終わった後、彼に「おまえって、もしかして名器？」といわれました。名器ってどういうことなんでしょう？ なんだか、やりなれている女みたいで、いやなんですが。

A

いやなんてぜいたくな！ 昔から男性は名器にあこがれをもちつづけているようで、「巾着」「数の子天井」「ミミズ千匹」とか、いろいろな言い方がされています。せんじ詰めると、膣の入り口の締まりぐあいと膣内の感触ということになります。まず巾着といわれる締まりぐあいのことですが、女性の場合、尿道から膣、肛門までは括約筋でつながっていて、この括約筋が膣の締まり具合を決めます。ということはトレーニングもできるわけで、お尻の穴をすぼめる感じで何度も繰り返すと効果があります。

もうひとつの膣内の感触は、ひだや起伏が微妙な蠕動運動をすることで、これは生まれつきのもの。トレーニングで獲得できるものではありません。これが三拍子そろっていたら、それこそ鬼に金棒。自信をもってOKです。

Q 彼がアナル・セックスを求めるんですが？

彼のことは大好きなんですが、アナル・セックスだけはしたくないんです。断ると、他でしてくるからいいと拗ねるんで困っています。

A

どうしてもいやですか？

いやなことを無理にするのは、よくありませんね。でも、もしタブーだからという偏見から拒んでいるのだったら、一度試してみることをおすすめします。

いきなりインサートではなく、たとえば綿棒で触れてみるとか、ジェルを使ってマッサージしてみるとか。思った以上に敏感な快感が隠れています。

喘ぎ声って自然に出るの？

ビデオとか見ていると、けっこうみんなすごい声を出していますし、友達もそういいます。でも私、息は荒くなりますが、声はほとんど出ないんです。

声を出す女性は多いようですが、それが自然に出たものか、あるいは演技なのか、判定はなかなか難しいですね。

声を出すのが恥ずかしいという女性もいて、我慢をしていると、逆に苦しくなってつい喘ぎ声を出してしまうというケースもよくあります。この耐えきれずに、つい出してしまうというのが男性にとっては好ましいようです。

でも、わざとらしく大袈裟に出さなくても、自然にふるまっていればＯＫ。気にする必要はないですよ。

Q 夫がバイアグラを使っているのですが？

まだそんな年でもないのに最近、夫がバイアグラを使っています。
いままで、たしかに挿入してから急に元気がなくなることがありました。バイアグラを使うようになってからはそれがないどころか、続けざまに二度というのもしばしば。あまりの効果に逆に怖くなったのですが…。

A
確かにご主人のように、いわゆる「中折れ」という状態の人にはとくによく効くようですね。あるデータによると使用者の80〜90%が「満足のいく結果」が得られているといいます。すでにTVコマーシャルでもご存知のようにED（勃起障害）に悩む男性は日本だけで980万人もいるそうです。
そうした男性にとっては、まさに福音でしょう。そんなわけで、いまではED以外の正常な人も使うケースが増えているようです。というのは勃起力がふだん以上になり、しかも持続力も増すからです。バイアグラを使った場合、射精してもそのまま勃起状態が続くので、あなたのいうようにつづけて二度というのも可能になってきます。ただ気をつけなくてはいけないのは、持続勃起症という副作用です。
勃起状態が6時間以上つづき、痛みをともなうもので、ほっておくとペニスの組織が傷つけられ使いものにならなくなってしまいます。また心臓病で治療を受けている人、心筋梗塞や脳卒中を半年以内に起こした人、肝臓障害のある人、低血圧の人は使用できません。

いずれにしても個人輸入などで入手し、医師に相談しないで使うのは感心できませんね。

Q 生理のときでもセックスしてだいじょうぶ?

彼が生理のときでも「平気だよ。絶対安全日だし」といって求めてきます。私は、やっぱりいやなんですが…。

A

なかにはビニールシートを敷いてまで、という人もいますよ。でも、セックスはお互いの気持ちを開放して楽しむためにあるもの。生理のときのセックスで楽しめますか? きっと無理ですよね。だったら無理してやることはないと思います。

それに生理中は女性の膣内が過敏になっていますし、雑菌も繁殖しやすい環境です。それを考えても、無理することはありませんね。

それと生理中は妊娠しないという迷信。生理中でも妊娠する可能性は十分あります。生理の周期が正確な人で、生理が始まって2日目くらいなら妊娠の可能性はあまり高くありません。でも生理の後半、しかも周期が不安定な人は、かなり危険。

もし生理中にどうしてもセックスをというのであれば、いつもと同じように避妊した方が賢明ですね。

Q 恥ずかしいところを見られたい私は異常？

一人でオナニーをしているところを誰かに見られることを想像すると、すごく興奮してしまいます。そんな私は異常？

A

世の中になにが正常で、なにが異常という物差しはありません。ただ他人を傷つけないとか自分を痛めないという基準があるだけですね。その範囲であれば、どんな想像も実現も許されると、私は思っています。

むしろ問題があるとしたら、あなたの心にオナニーをすることに対する罪悪感があることではないでしょうか？

誰かに見られることを想像するのは、心のどこかに、してはいけないことをしているという意識が潜んでいるからですよね。

もしそうなら、そんな罪悪感は脱ぎ捨てて、もっと自由に心と体を開くようにしてほしいですね。

Q セックスがよくて、前の彼と別れられません。

いまの彼は誠実で、私のことも大事にしてくれます。でも前につきあっていた彼とも、たまに会ってセックスしています。前の彼のセックスがすごくよくて、頭ではいけないと思っていても、ついフラフラとよりが戻ってしまうんです。

A

たしかにセックスの相性ってありますね。心とか、相手を愛している度合いとか、まったく関係なく、はっきりいってしまうと性器の相性みたいなものです。

いったい、なんだろうと思いますが、でも、これもよく考えてみると、ちゃんと理屈があるんですね。

つまり、セックスの相性というのは、あなたのツボを相手が知っていて、それに応えているということなのです。

ものすごく具体的にいえば、たとえばあなたが上つきでクリトリス刺激に強く反応するタイプなら、ペニスの根元が太い男性が相性のいい相手になるでしょう。

膣のひだが敏感なら、雁のくびれが大きくて、ピストン運動のむしろ引き技が上手な男性。

Gスポット刺激に敏感なら、後背位の得意な雁高の男性……そういうことなのではないでしょうか。

いまの彼だって、そういうことをそれとなく教えてあげれば、そのうちきっといい相性になると思いますけどね。

Q がまん汁で妊娠することってある?

うちはセックスの途中で、いよいよとなったらコンドームを使うんですが、ときどきがまん汁が出ちゃうことがあります。夫は「がまん汁だからだいじょうぶだ」といってますが、ちょっと心配です。

A

まず、がまん汁を知らない人のために解説します。

カウパー腺から出るアルカリ性のねっとりした透明の液体のことで、女性が愛撫によって濡れてくるのと同じようなものです。

がまん汁はアルカリ性ですが、これは精子が酸性に弱いため、酸性の女性の膣内を中和するために出るものだそうです。

つまり、射精の準備をしている状態なんですね。

専門家に聞くと、ごく少量の精子が含まれているそうですが、まずこれで妊娠という確率はゼロに近いといいます。

とりあえず安心ですが、セックスの途中でいよいよというときにコンドームをつけるというのは感心できません。男性がイキそうになってがまんしたとき、けっこう精液がもれることがあるからです。

いろいろな意味で失敗の確率がとても高くなります。

絶対に避妊したいなら、前戯が終わって挿入という段階でつけるべきですね。

Q 犯される妄想で感じる私がコワイ。

電車や映画館、それにトイレで知らない人に犯されることを想像しながらオナニーするのが癖になってしまいました。どこまで行くのか、だんだん自分でもコワクなってきました。

A

日常とかけ離れた世界で遊ぶことって自由でいいですよね。

頭が疲れすぎているときなどに、いったんリセットするにはとても有効な妄想プレーだと思います。でも、それが想像の域を飛び出してしまうと、とても危険です。もし自分で自己否定的になるような行為があったら、一度信頼できるセラピストに話してみたら?

あなたが自分で気づかなかった心の中の実相が垣間見られるかもしれませんよ。でも、決して自分を恥じたり、否定したりはしないでください。この妄想をしているあなたは変態ではなく、いつものあなたのほんの一部であると信じてあげてください……ということなのです。

Q 自分から縛られたいって思うなんて、異常かしら？

なにも彼とのセックスに不満があったり快感がないわけではないのに、ぼんやりとそんなことを想像してしまいます。そんな自分を異常性欲者に思えるのです。

A

そんなことないんじゃない？　「縛り」の趣味の人はこの世の中に案外といるもので、それが外の世界に現れてこないだけ。人にはいろんな趣味がありますから、一概にそれを異常とはいえません。たしかに性に対する欲望はマンネリになってエスカレートしかねない性質を持っています。でも、それが危険を伴ったり事故につながったりするのは薦められません。

緊縛の趣味は趣味として認められますし、きちんとルールと安全な方法に従うなら、危険もないでしょう。しかしセックスの最中に首を絞めるとさらに興奮するということで、いつも彼に首を絞めてもらっていて、つい力が入りすぎて窒息死したという事件もありましたから、くれぐれも気をつけなくてはいけません。そのためにもちゃんとした縛りの方法にのっとって楽しむべきで、素人考えで始めるのは危険が伴います。

Q おしっこをかけて、と彼がいいますが……？

そんなことで男は興奮するのでしょうか、ヘンだとしかいいようがありません。

A 世の中には変わった人もいれば、おかしい趣味を持った人もいます。あなたの彼は、いわゆるスカトロと呼ばれる汚物愛好というか、どちらかといえばマゾヒズムの被虐趣味なのではないかしら。いじめられたりひどくあしらわれることで歓びを感じる人は多いものです。これはホモやレズにもいえることですが、その人の好みや感覚、生き方、生理の問題ですから、とやかくいえません。

彼がスカトロでもいいじゃありませんか。それで彼が喜ぶとしたら、一度あなたも試してみてはいかがなものかしら。意外にも彼の顔におしっこをかけるとスッキリするかもしれません。

新しい快感を発見できるかもしれません。二人の歓びは二人で作り出し、高めていくのが基本であり原点だと考えます。

恋人どうしでお風呂場なんかでおしっこをかけあったり、なかにはなめたりする人もいますから、すべて異常とはいえません。でもそれをするときは、やはりバスルームが基本。二人で一緒にお風呂に入り、二人でいろいろと愛撫を重ねる中で、その一つとしてやってみてはいかがでしょうか。最初は手や足など体の一部に。だんだん慣れてきたらおなかや肩に、そして顔にもしてあげれば抵抗も少なくなってきます。

Q 彼がハイヒールでふんずけてくれっていうの、困ってしまう……

そんなことで怪我をしたら大変だし、彼だって痛いと思うんだけど、平気なものなのでしょうか？

A　これも趣味の問題ですね。多くの男は心の底で「いじられたい」という密かな欲望を持っている、といわれています。それも立場の偉い人や知的レベルの高い人に多く潜む感覚だ、ということを読んだことがあります。その真実は知りませんが、しかしそうした欲望があっても不思議ではありません。人の欲望に垣根もなければ限りもありません。

あなたも彼がしてもらいたい、やってもらうと嬉しい、気持ちいい、というのなら、一度試してみては。もちろん、ふんづけるといっても、ハイヒールの踵で思いきり、というわけにはいきません。

彼はいじめられたいわけですから、よくいわれるマゾッホ。だからムチで打って欲しがるのと同じです。慣れるまでは彼の背中に乗ってお部屋の中で「お馬の稽古」をするとか紐でぶつとかして、そのひとつとしてハイヒールを使ってみてはいかがでしょう。まずヒールの先で背中をにじるくらいから始め、だんだん慣らしていきます。

あなたにしても、意外とそんなことをしている自分が好きになるかもしれませんよ。新しい自分の発見にもなるかも……。

Q ハイヒールをはいたままセックスをしたいって彼がいうの。

ベッドの上でそんなことするのもヘンだし、落ち着かないし、夢中にも慣れないんじゃないかしら。

A

男には征服願望があって、そのひとつが強姦願望である、といわれています。強姦といっても、いまさらあなたを強姦するわけではなく、セックスを当たり前にするのを少し雰囲気を変えてやってみようというのでしょう。

たとえば、あらかじめストッキングをはかせてみたりガードルをつけさせてから、それを無理やりはぎ取ったり引き裂いてからセックスに入っていく、というのと変わりはありません。

こうするだけで彼はなんだか新鮮な興奮をおぼえます。普段にない設定で始めるセックス。もうそれだけでマンネリにさようならできるのです。刺激のだんだん少なくなっている二人のためには、大きな力となってくれます。

だからハイヒールをはいたままのセックスも、設定としたら外、というもので、裸のあなたがハイヒールだけをつけている、そんなあなたを想像するだけでも興奮したり、またハイヒールの女性を強姦している自分に興奮してみたり……、いろんな刺激が出てきます。

Q 挿入されるときすごく痛いの……

別に処女でもないのに、痛いためにだんだんセックスが嫌になり始めています。そんな私を彼は理解してくれません。

A

男って、セックスすれば女性は必ず気持ちよくなるものだ、と頭から信じ込んでいるみたい。だけどセックスの仕方によっては、けっして気持ちよくもならないし、体調しだいってこともあります。

体質によっても、性器が乾きやすかったりきょくたんに膣が狭くて柔軟性がないケースも考えられます。

そこで幾つか考えてみましょう。なにしろ苦痛が伴うようでしたら、そのうちに愛情までおとろえかねません。

まず処女の場合は処女膜がペニスに慣れないで裂けたり伸びたりしますから、痛みや出血を伴う場合があります。とくに処女膜が強靭なケースでは手術も必要となります。

ペニスの進入で膣痙攣をおこす場合は、指を1本、2本とだんだんと時間をかけて慣らしていき、ペニスの挿入に対応できるようにしていきます。

厄介なのは性交不快症の場合。これは体質的に潤いが少なくて、ペニスの進入に膣内部がこすれて痛くなったり、コンドームを使用することでこすれがひどくなるケースも考えられます。その場合にはゼリーを使ったり、唾液をペニスや局部に塗って潤いのかわりにすると、ある程度は防止できます。

ほかに年齢が高くなって、膣が固くなったり、長いあいだセックスをしなくて、いわゆる「蜘蛛の巣が張る」状況が続きますと、膣閉塞症となり、入り口はおろか中まで狭く固くなって、挿入には耐えられません。

もうひとつは骨盤の中が痛むケースで、これはいわゆる「巨根」のせいだといわれています。つまり挿入が深すぎて、ペニスが子宮頸をたたく結果となるためで、「ペニス、大なるも尊からず」になってしまいます。これはペニスの深度を浅くする体位を選ぶことで防ぐことができます。

Q 彼は私のことを「下付き」だといいます

下付きとはなんでしょう。なにかセックスをするときに障害にでもなるのでしょうか、心配です。

A

なんら心配することはありません。女性の性器の位置で「下付き」だの「上付き」だのといいますが、それはけっして欠点ではありません。

下付きとは、膣口が肛門の近くについているもので、会陰が短いともいえます。また上付きとは、肛門から膣口がはなれて上についていることで、会陰が長いことにもなります。いずれが優れている、ということはありません。
一般的にいえることは、膣口の位置というよりも、膣口とクリトリスの位置の関係のほうが重要です。上についている「上付き」では、屈曲位や正常位で行ないやすく、下付きの場合は後背位や騎乗位がしやすくなりますから、簡単に解決できます。また体位の工夫しだいで快感も変わってきて、楽しくなりますが、クリトリスの位置によっては、厄介なことが考えられます。

クリトリスの位置が膣口のすぐ近くにある場合は、ペニスの進入と運動によってクリトリスに触れるチャンスが多くなり、早く快感が高まります。つまりイクことが早くなります。

一方、クリトリスが膣口から離れている場合には、体位にもよりますが刺激が少なくなり、運動によっても触れられたり、刺激されるチャンスが少なくなってしまいます。

これらも体位の選び方で大きく異なってきますが、要するに下腹部どうしの密着度を高める体位で解決できます。クリトリスの刺激は主に男性の下腹や固くなった陰嚢によってたたかれたりこすられますから、そのような体位を選べばいいのです。

Q 彼ったらすぐ私の足や足の指のあいだをなめたがったりします。

なぜか私の汚い部分に興味を持ちますが、どうすれば清潔なセックスができますか？

A

なにも清潔なセックスなんて期待しなくてもいいと思うわ。たとえばペニスにしても女性のアソコにしても、普段はおしっこの出てくる場所でしょ？　アナルなんてうんちの排泄される場所ですが、それを触ったりなめたりするから清潔ではない、というのは考えすぎ。潔癖なのもいいけど、セックスにルールなし。互いに気持ちよくなれて、二人の愛が高められてこそ本物のセックスといえるんじゃない？　もっとおおらかに、もっと正直に、もっと大胆に、もっと楽しく、それが基本だと思います。

【参考文献】
『ラブ・レッスン』(池田書店)
『幸せの性革命』(笠井寛司 小学館)
『セックスルネッサンス』(マガジンハウス)
『快楽道48手』(ポッケットブック)
『セックス&プレイ』(工作社)
『モア・レポート』(集英社)
『セックスマニュアル』(データハウス)
『男と女の事典』(西東社)
ほか多数を参考にいたしました。

LOVE《ラブ》 Technic《テクニック》

監修　ゆうき れい
発行所　株式会社 二見書房
東京都千代田区神田神保町 1－5－10
電話　03(3219)2311[営業]
　　　03(3219)2315[編集]
振替　00170－4－2639

カメラ　Regare Hajime
デザイン　島田みゆき
小川万里
イラスト　佐川千佳
編集　高山美千代
工藤幸世

印刷　図書印刷株式会社
製本　株式会社 進明社

落丁・乱丁本はお取り替えいたします。 定価は、カバーに表示してあります。

ISBN978－4－576－03080－7
http://www.futami.co.jp